幼儿园课程研究丛书

南京师范大学学前课程研究中心组织

YOUERYUAN SHENGTAIBOLAN KECHENG

幼儿园生态博览课程

沐文扬 / 等著

南京师范大学出版社

图书在版编目(CIP)数据

幼儿园生态博览课程 / 沐文扬等著. —南京：南京师范大学出版社，2023.3
（幼儿园课程研究丛书）
ISBN 978-7-5651-5508-6

Ⅰ.①幼… Ⅱ.①沐… Ⅲ.①幼儿园－课程－教学研究 Ⅳ.①G612

中国版本图书馆 CIP 数据核字(2022)第 216625 号

书　　名	幼儿园生态博览课程
丛 书 名	幼儿园课程研究丛书
丛书组织	南京师范大学学前课程研究中心
作　　者	沐文扬等
丛书策划	徐益民
责任编辑	徐文娟
出版发行	南京师范大学出版社
地　　址	江苏省南京市玄武区后宰门西村 9 号(邮编：210016)
电　　话	(025)83598919(总编办)　83598412(营销部)　83598312(邮购部)
网　　址	http://press.njnu.edu.cn
电子信箱	nspzbb@njnu.edu.cn
照　　排	南京开卷文化传媒有限公司
印　　刷	扬州市嘉成印刷有限公司
开　　本	787 毫米×960 毫米　1/16
印　　张	14.75
字　　数	234 千
版　　次	2023 年 3 月第 1 版　2023 年 3 月第 1 次印刷
书　　号	ISBN 978-7-5651-5508-6
定　　价	45.00 元

出 版 人　张　鹏

南京师大版图书若有印装问题请与销售商调换
版权所有　侵犯必究

序
用生态理念构建幼儿园课程

我与扬州机关三幼沐文扬园长相识有三十多年了。沐园长是幼教的"老兵",也是省内知名的幼教专家。她一直在孜孜不倦地探索和构建幼儿园课程,在她的《幼儿园生态博览课程》即将出版之际,让我写个序,我觉得义不容辞。

党的十八大报告指出,要坚持新发展理念,必须坚定不移贯彻创新、协调、绿色、开放、共享的发展理念,要坚持人与自然和谐共生,建设生态文明国家是中华民族永续发展的千年大计,要像对待生命一样对待生态环境。党的十九大报告也指出要加快生态文明体制改革,建设美丽中国。人与自然是生命共同体,人类必须尊重自然、顺应自然、保护自然。人类只有遵循自然规律才能有效防止在开发利用自然上走弯路,人类对大自然的伤害最终会伤及人类自身,这是无法抗拒的规律。党的二十大报告指出,中国式现代化是人与自然和谐共生的现代化。人与自然是生命共同体,无止境地向自然索取甚至破坏自然必然会遭到大自然的报复。我们坚持可持续发展,坚持节约优先、保护优先、自然恢复为主的方针,像保护眼睛一样保护自然和生态环境,坚定不移地走生产发展、生活富裕、生态良好的文明发展道路,实现中华民族永续发展。由此可见,加强生态文明建设是党和国家的重大战略决策,需要从社会生活的方方面面加以贯彻和落实。加强对儿童的生态文明教育,既是落实生态文明战略的重要举措,也是符合儿童天性和发展需要的一项重要工作,应该切实抓早、抓好。生态文明教育是指向可持续发展的教育,是遵循自然发展基本规律的教育。

自然教育和生态文明教育正在走进各级各类教育机构的课程之中。《中共中央　国务院关于学前教育深化改革规范发展的若干意见》指出,坚持以游戏为基本活动,珍视幼儿游戏活动的独特价值,保护幼儿的好奇心和学习兴趣,尊重个体差异,鼓励支持幼儿通过亲近自然、直接感知、实际操作、亲身体验等方式学习探索,促进幼儿快乐健康成长。广大幼教工作者越来越觉得让儿童接触大自然、理解大自然、喜欢大自然,对于儿童身心各个方面的发展都具有重要的意义。美国幼教专家珊妮进行了一项在学前班不断扩展自然教育、增强自然性的实践研究,结果显示在学前班进行自然教育是一个逐步展开的过程,完全可行,也很有效,对于减少儿童的自然缺失,促进其身体、精神和创造性等方面的发展十分有益。他们为儿童设计了新的一日生活环节,展开了一系列相关的活动,丰富了儿童相关的经验。包括扬州机关三幼在内的很多幼儿园都进行了积极有效的尝试,并取得了显著的成效。

学前教育是终身教育的重要阶段,是人类可持续发展的一个重要领域,更是教育可持续发展目标的重要方面。研究和探索学前教育的可持续发展,要坚持专业、科学和综合的原则,借鉴多学科的理论和方法,努力在理论和实践上实现新的突破。澳大利亚学者朱莉·M.戴维斯的见解很有启发意义。她在《幼儿与环境:致力于可持续发展的早期教育》一书中较系统地梳理了联合国关于可持续发展的基本脉络,深入讨论了可持续发展的本质,指出可持续性强调的是人类在社会、政治、环境和经济方面的联结和相互依存,认可人与人之间、人与其他物种之间关系的重要性,也建立在对人类使用和分享资源方式的批判以及对代际公平问题的认识上。因此,可持续性是一个广泛的议题,涉及众多的关系,连接过去和未来。可持续性不但涉及自然界的状况,还与贫困、人口、消费、性别、原住民问题、和平和解、群体生活和人类健康有关。

要落实生态的、可持续发展的理念,关键在课程改革。只有深化课程改革,转变课程观念,环境才能不断优化并转化为儿童多样化活动的场所,才能真正促进儿童的发展。幼儿园课程的改革需要更全面和高位的视角,需要更协同和整体的机制。同时,课程改革又要求教育实践的深入和细化,要求关注细节,回到生活,回到教育的本原,真正让幼儿园课程充实儿童完满、幸福的童年。

将人与自然的关系纳入课程之中。我国著名教育家陈鹤琴先生早在20世纪30年代就倡导大自然、大社会是活教材,要引导儿童在大自然、大社会中学习。大自然中的万事万物是相互关联的,是变化发展的,是源源不断的活教材。今天我们仍然需要这样的立场和观念。美国学者罗斯·威尔逊认为,"共同的世界和后人文主义思维呼唤我们超越以自然为基础的学习,走向以自然为基础的生活和以自然为基础的存在。基于自然的学习,如果仅限于获取自然世界,可能是消极的,缺少了为保持与自然的持续健康关系而产生的挑战和乐趣"。因此,课程中的大自然不是仅仅给儿童以知识和经验,不只是儿童认识和感知的对象,也是我们生活的背景和生存的依靠。大自然的任何改变都将影响人类的生活,人类的生活方式和行为习惯也将影响大自然,最终又反过来影响人类。今天的幼儿园课程需要这样的关系思维,只有这样,儿童才能真正去享受、关心和保护自然,才可能与自然产生情感的联系。也只有在童年的心灵深处打下这种情感、态度和行为烙印,未来的一代又一代人才可能真正成为可持续发展的促进者。因此,幼儿园环境中的动物和植物都将成为课程的内容,它们之间是相互联系的,再结合土壤、水以及天气等因素,幼儿园课程就形成了一个真正基于自然的活动体系,能给儿童带来多样化的综合经验。

在行动中感受自然。自然是我们的生活,自然也应该是我们生存的状态。在自然中学习,就是在自然中生活和发展。幼儿园儿童的自然生活过程就是与同伴和教师共同生活的过程。没有深入参与的活动,就难以有真正的理解。因此,要给予儿童充分接触大自然的机会,充分利用幼儿园和周围的自然环境,让儿童真正置身于自然之中。在亲近自然的过程中,包含了众多的活动,如观察、种植、照料、收获、测量、称重、品尝、欣赏等,这都是经验获取的重要渠道。在种植、浇水、松土等活动过程中儿童感受到了阳光、空气和水与植物生长的关系,在除草和沤肥、施肥的过程中感受到了不同植物之间的相互影响和促进,在观察动物食草、排便及蜜蜂采蜜等现象的过程中,感受到了动物和植物之间的复杂关系。儿童在参与具体活动的过程中,理解了季节的变化与人们生活的关系,理解了一些社会节日和风俗习惯产生的原因和意义,理解了人们的劳动与动植物的关系,理解了人类的生活与动植物的关系,从而真正理解世界是相互联系的。在此过程中,儿童感受到了自然的博大、变化、多样和美好。这样儿童才能真正理解要珍惜和爱护大自然,合理利用大自然。生态文明的理念就会播撒在儿童的心间。因此,幼儿园课程不是一堆死记硬背的知识,而是一系列相互联系的活动,包含了不同领域的经验,是综合的学习,也是儿童对大自然的欣赏和理解,这也是儿童童年生活的重要内容。

长期以来,沐园长带领她的团队一直在努力探索生态教育,探寻幼儿园课程和儿童发展的可持续机制,形成了体现生态精神和可持续发展意识的幼儿园课程理念,构建了具有适宜性、生活化的幼儿园课程体系,尤其是生态博览活动充分反映了生态文明和可持续发展的理念,是与生活紧密结合,体现儿童需要和兴趣的活动体系。相信《幼儿园生态博览课程》一定会给广大幼儿园教师很多启发和引导,对提高学前教育质量发挥积极的作用。我也相信沐园长的团队一定会继续深入地研究和实践,不断攀登课程建设的新高峰。

2023 年 2 月 10 日

前 言
保护幼儿生命成长的绿水青山

扬州市机关第三幼儿园创办于1994年,正值我国学前教育课程改革初期,社会经济快速发展的时期,也是国内外对生态环境的重视期。伴随着教育理念的不断更新,课程改革的不断深化,构建符合生态教育理念、满足幼儿健康成长的生态课程,成为我们的追求。28年来,我园一直以生态文化为核心,秉承生态理念,营造生态环境,创建生态课程,创新生态管理,构建生态园所,努力打造具有"绿色、本真、融合"的生态乐园;以清晰的办园思路、科学的管理模式、鲜明的园所特色、优质的保教质量,赢得了社会信任,实现了跨越发展。我国现有总园、京华城分园、绿杨分园、泰安分园、文昌分园、海德分园六所幼儿园,是扬州发展速度快、教育质量高、社会信誉好的优质园。

党的十八大将生态文明放在突出位置,纳入"五位一体"的中国特色社会主义总体布局。幼儿园担负着为祖国培养未来接班人的重任,应该重视生态文明教育,将生态文明建设的理念和要求落实到幼儿园课程建设中。但不少幼儿园存在课程在生态文明和可持续发展方面考虑不充分,教师的生态意识不强等问题。我园从建园初期,就致力于生态课程建设,用28年时间持续实践,从环保课程到生态博览课程,探索具有专业性、可持续性的课程系统和实施路径。

一、始终如一围绕"生态教育",建构课程

课程围绕"如何有目的、有计划地在课程中整合渗透生态文明的理念和要求""怎样用生态思维的方式构建课程,培养可持续发展的幼儿,并推动社会、经济、文化的可持续发展"等进行实践探索。

1. 确立和谐生长的课程理念与目标

以培养"阳光好问、健康活力"的儿童为目标,建构具有生命活力的课程共同体。以"人与人、人与自然、人与社会"三个层次,融入"整合、联系、和谐、发展"的生态理念,让儿童成为生态人、课程的主人和创造者,实现和谐生长。在帮助师幼实现自我可持续发展的同时,推动社会、文化、环境的可持续发展,实现和谐共生。

2. 形成统整协调的课程结构与形态

以"领域整合、虚实结合、内外融合"重构课程结构,根据儿童需要灵活规划课程,实现动态发展。根据幼儿学习的特点,以"游戏化创意设计、参与式深度沉浸、场景化视域增强、资源库超市建设、自建博览园展示"等形式拓展课程内容,以鲜活生动的博览园,激发幼儿想象创造,使课程可选择、可循环。实现教育活动的体系化、生态活动的持续化。

3. 丰富多彩、生成性的课程内容与资源

以《幼儿园教育指导纲要(试行)》(以下简称《纲要》)、《3—6岁儿童学习与发展指南》(以下简称《指南》)为依据,从儿童的兴趣和能力出发,以"贴近生活、满足生长"为要求,根据生态"全面、均衡、联系、整合"的原则,开发、利用、整合广博多样、鲜活生动的资源,注重内容的趣味性、适宜性、发展性。根据五大领域的核心经验,有目的、有计划地选择符合幼儿身心发展特点、能够促进幼儿健康成长的课程内容。从儿童的生活出发,分析他们的兴趣和需要、能力和经验,关注儿童讨论的问题及其生活中的偶发事件,灵活地选择有价值的内容,生成课程内容,使课程更适宜、更鲜活。

4. 探索游戏体验的课程实施与学习方式

运用"整合课程资源、延展实施空间、自主学习探究"等策略,变革幼儿学习方式。提供资源可选、材料可玩、空间可变、经验可得、学习可见的生态博览环境,支持幼儿以"自主选择与规划、自主设计与探究、自主调适与监控、自主交流与评价"为路径的自主学习方式。丰富生活联结、环境渗透、区域游戏、专门活动等实施路径,提升幼儿经验水平。

5. 创新持续发展的课程评价与支持系统

以尊重、参与和创造为原则,多主体、多维度、多元化评价,支持儿童创造。以评价途径和方法的多样化、评价内容的综合化、评价关系的对话化,促进幼儿、教师和课程的可持续发展。

二、自始至终突出"儿童主体",优化课程

1. 树立实现和谐共生的课程价值立场

在长期坚持生态和谐发展的园本课程实践中,明晰尊重、赋权和支持的课程理念。以尊重为核心,尊重幼儿生命本真,尊重幼儿身心发展规律,建构具有生命活力的生态课程共同体,促进幼儿自然有序地成长。以赋权为重点,给予幼儿充分的学习与游戏的权利,让幼儿自主决策、自主探究、自由游戏,实现幼儿思维、行动和学习方式的改变。以支持为保证,充分利用丰富的课程资源,创设有准备的学习环境,支持幼儿学习探究、合作体验、行动参与,引导幼儿树立生态意识、建构生态知识、提升生态能力、丰盈生态情怀,最终实现生态成长。

2. 构建动态平衡的生态博览课程

生态博览课程是以生态文明建设和可持续发展教育理念及要求为指导,以《纲要》《指南》为依据,以生态系统和建构主义理论为基础,以尊重儿童天性、和谐生长为要求,以丰富多元的课程资源,创设独特的"博览园"学习环境,支持幼儿自主学习,以整体协调、动态平衡的多元化活动,丰富幼儿有益经验,促进幼儿全面和谐、可持续发展的各种活动总和。

三、持之以恒坚持"持续发展",创新课程

生态博览课程将生态理念和可持续发展要求创造性地落实到课程中,确立幼儿的主体地位,以教育活动的体系化、生态意识养成的持续化,实现课程从物到人、从教到学、从静态到动态、从书本到周围世界的根本性改变。

1. 创设游戏化博览园环境

根据幼儿学习与发展需要,结合课程资源的开发利用,建设能够为幼儿提供多种操作、持续探究和创造表现的空间,充分体现"广博多元、参与行动和丰富经验"的生态博览课程特色。

2. 组织专门性博览园活动

根据儿童的兴趣、季节变化、时令节日、文化传统等,以及幼儿生活中的

重要事件,结合幼儿的年龄特点,选择适宜的主题,创设生动形象、好玩有趣、可随时体验、可自由触摸的系列化博览园,供幼儿自主探究、合作学习。根据参与人数和空间范围,分为大型、中型和微型博览园。

3. 设计渗透型博览园活动

根据幼儿园课程实施的特点,将生态理念和可持续发展要求整合渗透到幼儿的各种活动中,使所有的活动都是生态博览课程,都能促进幼儿和谐生长。如与生活联结,将自然有序、友好合作、绿色消费、节约能源的生活和行为方式融入一日生活中。主题性活动,以幼儿为主体,以教师为主导,集体、小组、个别活动相结合,以"观察分析、确立目标、选择内容、设计方案、课程审议、确定方案、灵活实施、评价调整"为路径,使学习优质高效。区域性游戏,以"自主规划与设计、自主探究与交流、自主调节与评价"的幼儿自主学习路径展开,关注幼儿个体差异,满足其学习发展需求。

4. 拓展博览园活动空间

充分利用自然资源、社会资源以及家长资源,拓展学习空间,延展学习时间,让整个世界都成为幼儿学习与发展的博览园。如:"家庭博览园",发挥家园共育的重要作用,引导家长和幼儿利用家里和周围的资源,构建适合亲子共同学习的博览园,如"盒子博览园",帮助家长和幼儿共同成长。"社区博览园",充分利用丰富的社会资源,师幼和相关人员在幼儿园附近的社区共建情境真实、协作对话、合作探究的博览园,如"气象博览园""世界环境日""社会实践活动"等,拓展学习空间,与园内的课程资源互补,让幼儿的学习更加多元。"自然博览园",我们利用广博的自然资源,带领幼儿走进大自然,置身于广阔的环境中,探究自然的奥秘。如"树博园",在开放式公园中,幼儿观察、比较、发现、认识千姿百态的树,与大树做朋友,在贴近生活的自然环境中探究知识、丰富经验、体验自然的博大,通过参与行动,尊重自然、爱护自然,建立呵护自然的责任感。

四、长期实践形成"生态文化",保障课程

在课程开发过程中,我们采取全员参与、逐步推进、整体建构的开发策略,突破时间与空间、内容与方法、环境与资源的限制,使课程充满生机。

课程形成了全体参与、学习激励、协同共创、课程审议、动态调整、课程研究、课程保障等机制,自然撬动了和谐共生的课程文化,形成了可迁移的开发机制。

幼儿园生态博览课程,为生态文明和可持续发展教育探索出了具备实践性、操作性、可行性的课程方案,具有发展性、时代性和前瞻性,能够促进幼儿全面和谐、可持续发展,并推动社会、经济、文化等可持续发展,为祖国未来培养具有生态文明意识和全面发展的接班人。

目 录

序　用生态理念构建幼儿园课程/1

前　言　保护幼儿生命成长的绿水青山/1

第一章　幼儿园生态博览课程概况与背景/1
　　第一节　课程缘起/1
　　第二节　课程发展历程/6
　　第三节　课程理论依据/12

第二章　幼儿园生态博览课程理念与文化/18
　　第一节　课程内涵与价值/18
　　第二节　课程理念与特点/21
　　第三节　课程的价值取向和文化追求/25

第三章　幼儿园生态博览课程目标和结构/41
　　第一节　课程目标与内容/41
　　第二节　课程结构/44
　　第三节　课程实践思路/47

第四章　幼儿园生态博览课程保障/51
　　第一节　组织保障/51
　　第二节　制度保障/52
　　第三节　人员保障/57
　　第四节　物质保障/60

第五章　幼儿园生态博览课程资源/62
　　第一节　拓展课程资源范围/62
　　第二节　规划课程资源种类/63
　　第三节　课程资源的选择与利用/65
　　第四节　课程资源的整合与重构/68

第六章　幼儿园生态博览课程实施/70
　　第一节　生活联结/70
　　第二节　环境渗透/80
　　第三节　区域游戏/89
　　第四节　博览活动/113

第七章　幼儿园生态博览课程评价/151
　　第一节　发展性评价理念/152
　　第二节　多元化评价主体/158
　　第三节　多维度评价内容/159
　　第四节　多样化评价方式/162

第八章　幼儿园与家庭、社区协同育人/178
　　第一节　丰富家长的生态理念/179
　　第二节　引导家长参与课程/183
　　第三节　促进家园合作形式/190
　　第四节　建立家园合作机制/197
　　第五节　充分利用社区资源/202
　　第六节　带领幼儿走进社区/207

参考文献/219

后　记/222

第一章　幼儿园生态博览课程概况与背景

第一节　课程缘起

一、生态环境与幼儿教育

任何教育都涉及知识技能、能力情感等因素,涉及"教什么""怎么教"的问题。人类社会走过了原始文明、农业文明、工业文明,即将迈入生态文明的时代,工业文明促进了社会各项事业迅猛发展,在经济取得快速发展的同时,也造成了严重的环境资源问题。人们在享受丰富物质生活的同时,又为频繁出现的雾霾天气、交通堵塞、洪水地震等状况深感痛苦。生态环境影响着人们的正常生活,也成为社会发展的重要内容。

保护环境成为世界有识之士的共识。20世纪初,当我国还在为国家的民族独立解放而斗争的时候,西方发达国家已经进入工业革命的快速发展时期,也比我国更早经历了环境变化给社会、经济和文化造成的影响。1952年英国伦敦的烟雾哮喘事件、1961年日本四日市哮喘事件、1986年苏联切尔诺贝利核电站事故等给人们敲响了警钟。保护环境、珍惜环境成为全世界的呼声。早在20世纪70年代,联合国教科文组织就在国际会议中提到"环境教育"的概念。1987年,世界环境与发展委员会的《布伦特兰报告》(也被称作《我们共同的未来》)中,提出了可持续发展的概念,即"既能满足当代人的需求,又不对后代人满足其需求的能力构成危害的发展"。

保护环境既是履行国际责任,也是中国的战略部署与基本国策。我国自古就提倡"天人合一"的哲学观,强调热爱生命、热爱大自然,与大自然和谐共存。1949年后我国推行的勤俭节约、反对铺张浪费、植树造林是生态环境保护的萌芽。随着改革开放时期的到来,我国也进入经济快速发展的时期,不免和许多西方发达国家一样,未能平衡好经济发展和保护环境的关系,滥伐森林造成水土流失、滥用农药造成污水横流等现象,保护环境、保护生态也到了刻不容缓的地步。1989年,《中华人民共和国环境保护法》颁布,我国的环境教育也和西方国家一样,逐渐走向法制化和制度化的轨道。1992年,联合国环境与发展大会颁布了《21世纪议程》,我国也于1994年制定了《中国21世纪议程》,文件中规定,我国的教育改革要加强对学生的生态文明和可持续发展教育,不仅要获得可持续发展的知识和能力,还要形成保护生态的意识和价值观。

幼儿教育作为基础教育的重要组成部分,在回答"教什么""怎么教"的问题时,也和中小学一样,要在教育改革中,加强生态文明和可持续发展教育,将环保纳入课程内容。环境要生态发展,教育要生态发展,幼儿也要生态发展。在幼儿园课程中融入生态环境教育,既是国家的要求,也是幼儿发展的要求和幼儿园自身发展的要求。20世纪90年代,环境教育强调开展有利于生态环境可持续发展的活动,如植树等,在内容上明确了教育的要求和方向。幼儿园开始有了一定的生态环境教育意识,有的尝试将生态环境教育的要求贯彻落实到课程中。

二、生态教育与教育生态

当生态环境教育成为国际、国内共识之时,人与自然和谐共处的生态教育成为学校教育的重要内容,也成为幼儿教育的重要内容。任何时候教育都要遵循两条基本规律:适应并促进人的发展以及适应并促进社会的发展,而适应并促进幼儿的身心发展规律是幼儿教育的根本要求和目的。

我国所有关于幼儿教育的文件都有一个宗旨:促进幼儿的身心健康和全面和谐发展。但20世纪末,随着改革开放的不断推进,经济发展迅速,人们的生活水平显著提升,人们对教育的要求也越来越高,幼儿教育生态失衡的现象也越演越烈。特别是随着独生子女政策的出台,家长把所有的期望都寄托于唯一的孩子身上,望子成龙、望女成凤现象普遍。尤其是随着民办教育不断发展壮大,满足家长的要求成为民办幼儿园的通常做法,小学化、成人化倾向严重,当然也受到教师专业性不足的影响,许多幼儿园的教育不符合幼儿教育的规律,不能满足幼儿身心发展的需求。幼儿园教育生态不断发生变化,教师俨然是权威,教师教孩子学、教师讲孩子听、教师直接要求孩子执行的现象比较严重,作为幼儿园教育生态中的主体的幼儿的感受不被尊重,幼儿学习是被动的、机械的。幼儿所学的内容也是完全按照原有的课程计划按部就班地执行,教师完成教学计划即可,很少有教师考虑幼儿学得怎样,是用什么方法学习的。学习的内容是割裂的、碎片的。还有幼儿园为了所谓的"不让孩子输在起跑线上",根本不考虑教育的规律和幼儿身心发展的特点,用"填鸭式"教学教年幼的孩子学习许多小学课程的内容,不仅扼杀了幼儿的天性,还剥夺了幼儿游戏的权利,影响了幼儿的健康成长。

生态教育是顺应自然的人性教育,它唤醒教育工作者和整个社会,不能任由这种生态失衡的、功利性教育再蔓延下去,否则会影响整个人类的生存和未来。生态教育首先要按照人的成长规律来实施教育,如同要尊重自然界的发展规律、保护自然一样,要按照幼儿成长的节律,组织符合幼儿身心发展特点的活动内容和方式,开展生态式教育。其次,人是自然的一部分,人与自然和谐相处的生态教育是幼儿园教育的重要内容,要在幼儿园的课程中体现尊重自然、爱护自然、了解自然、探究自然,把"自然"作为学习的内容和要求。最后,生态教育还要帮助幼儿形成正确的生态观和生态意识,为幼儿的终身可持续发展服务。

进入21世纪,关注幼儿身心发展的生态教育越来越成为幼儿教育工作者关注的内容。教育首先是人的教育,人是教育的根本,幼儿是幼儿教育的主体。2001年,《纲要》颁布,标志着幼儿教育发展进入了一个新的阶段,《纲要》明确指出:幼儿园教育应尊重幼儿的人格和权利,尊重幼儿身心发展的规律和学习特点,以游戏为基本活动,保教并重,关注个体差异,促进每个幼儿富有个性地发展。

如何让幼儿教育成为真正意义上"幼儿"的教育成为所有幼教工作者研究的内容。如何开展游戏活动,怎样设计符合幼儿身心特点的教育活动,课程如何实施等,成为幼儿教师实践和研究的方向。幼儿园生态环境教育的实践与研究、幼儿园生态式主题活动的实践与研究、幼儿园综合性课程等一大批有代表性的课题在幼儿园实践着。在幼教专家学者的带领下,以及环保专业人士的指导下,我们幼儿园和许多幼儿园一样,也将教育的完整性、科学性、时代性,以及教育内容与方法多样性,与社会和时代要求的环保意识、环保理念、环保教育内容等相结合,在转变教育观念,树立科学的儿童观和教育观的同时,将生态教育的原则、理念与方法融入幼儿园教育中。这不仅成为良好生态教育的重要组成部分,也成为实践和研究幼儿园课程中的一个新的观念、新的视角。

三、博物、博览与儿童博览

(一) 关于博物和博物馆课程

博物是动植物、矿物和生理一类学科的总称。汉语词典对博物的解释是:本意是辨识了解各种事物,引申指万物,现在经常用来形容通晓众物,见多识广。提到博物,人们可能最先想到的是博物馆,作为人类社会政治、经济、文化发展的缩影,博物馆是征集、典藏、陈列和研究代表自然和人类文化遗产的事物的场所,以供人们参观、学习、研究,以弘扬民族传统和文化精神。博物馆的英文"museum"是由希腊文"muse"(缪斯)演变而来,现在全球各地都有各种类型的博物馆。

世界上第一所儿童博物馆——布鲁克林儿童博物馆,于1899年创办于纽约的布鲁克林劳尔公园。随着社会的发展,儿童博物馆也不断发展,儿童的特殊性和社会的教育职能不断显现,不断强调儿童的主动参与、儿童的发展和社会的发展。20世纪中叶,儿童博物馆增加了互动展览,为儿童与展品的互动提供方便,重视儿童的主动参与和自由探究,进一步发挥博物馆为社会、为儿童的教育功能。

随着博物馆的不断发展,教育功能成为博物馆的第一功能。包含各种教育内容和教育形式的博物馆课程应运而生,儿童博物馆也针对儿童学习的特点,开设了馆内的教育活动、辅导学校的教育活动以及为社区服务的教育活动,其中辅导学校的教育活动成为最重要的组成部分。

最初,博物馆的课程是由儿童博物馆承担的,西方许多儿童博物馆都有课程。随着博物馆课程的发展,幼儿园走进博物馆开展课程的现象开始出现。当下,国内许多学校和幼儿园都开设了博物馆课程,不仅带幼儿走进儿童博物馆,借助于博物馆开展活动,还在幼儿园内建设各种供幼儿学习与探究的博物馆,开展博物馆课程。如南京市第一幼儿园多年来开展博物馆课程研究,从幼儿园和班级两个方面着手,研究幼儿园博物馆和班级博物馆,为儿童感知、欣赏和探究自然、社会、文化及科技而呈现物品并提供操作机会,以培养幼儿广泛关注、深入观察、精心欣赏和积极探究的博物意识。

(二) 关于博览和博览会

博览意为广泛阅读。博多解释为渊博、广博,多、广、大的意思,也有用自己的行动获得的意思,如博取、博得。览为动词,看、阅的意思,如游览、展览。人们经常用博览古今、博览五车形容人学识渊博、经历丰富。

博览会是指规模庞大、内容广泛、展出者和参观者众多的展览会。开办展览会的目的一般是展示产品和技术、拓展渠道、促进销售、传播品牌等。如世博会,不仅展示技术和商品,还有异彩纷呈的表演、富有魅力的壮观景色、充满现代感、生活中无法体验的、具有节日氛围的空间,让人流连忘返,不管哪个地方举办世博会都是人潮涌动,摩肩接踵。

博物馆和博览会既有相同点,也有不同点。相同点都是展示物品和技术以及文化,供人们学习、观察和交流。不同点体现在如下几个方面:从展示的物件来讲,博物馆的展品往往代表过去和历史,博览会的展品则代表现在和未来;从展示的内容来说,博览会主题更多、内容更丰富、方式更灵活、变化更多样;从展示的地点来看,博物馆一般有固定的地点与开放时间,而博览会一般根据需求定期或不定期举办,属于临时性组织,在特定的日期或期限里,通过展示产品达到交流产品、服务和信息的社会形式;从功能方面比较,博物馆具有社会教育功能,而博览会是现代化的大型综合展览会,主要是宣传和推广产品或技术。

(三) 关于儿童博览

儿童博览是从儿童的视角观察世界、探索世界、研究世界,充分利用儿童生活中广博多样、丰富多彩的资源,为儿童探索学习、参与行动、收获经验提供环境、条件和机会。儿童博览具有"丰富、多样、参与、行动和经验"的特点。

我们用"儿童博览"作为设计课程的理念,不是生搬硬套,也不是标新立异,而是基于儿童的身心发展特点和幼儿教育规律综合思考后的决定。

1. 儿童博览是课程理念

博物关注的是"物",而博览关注的是"人",关注的是儿童作为学习的主体、课程实施的主体,我们从儿童学习发展需要出发,规划、设计丰富的环境。

2. 儿童博览是课程追求

博览有经历丰富、主动获取、学识渊博之意。儿童博览追求儿童在知识、能力、态度、情感和学习品质等各方面和谐可持续发展。

3. 儿童博览是课程特点

幼儿的学习以直接经验为基础,儿童博览即丰富的资源、多元的途径、全程的参与,能够最大限度地支持幼儿通过直接感知、实际操作和亲身体验来获取经验。

4. 儿童博览是课程方式

博是广博多样、丰富多彩,览是主动参与、积极探究,我们利用儿童生活中丰富的课程资源,创设多样的学习环境,激发幼儿学习的动机和兴趣,让幼儿与环境积极互动,不断丰富有益经验。

儿童博览指向"儿童",利用广博多样的资源,创设丰富多彩的环境,激发幼儿学习和探究的兴趣,幼儿主动参与、积极行动,在与自然和环境的互动中,不断获取知识、提升能力、丰盈情怀、养成习惯、丰富经验,为全面和谐、可持续发展奠定坚实的基础。

第二节　课程发展历程

"课程是幼儿园发展的核心"是所有幼教人的共识,20世纪90年代中期,学前教育领域的课程改革如火如荼。虽然我园建园较晚,但建园之初恰逢扬州市开始启动幼儿园教科研项目,我园成为较早开展教科研工作的幼儿园,并把"科研立园、科研兴园、科研强园"作为幼儿园发展的要求。建园28年来,幼儿园成长的每一步都与课程建设、课题研究有关,课程成为研究的重要内容。与此同时,江苏各幼儿园正经历由分科教学到领域教学的过渡。受到南京市实验幼儿园"综合课程"和南京市鼓楼幼儿园"单元课程"的启示,作为成立不久的新幼儿园,我们也跃跃欲试,尝试在领域课程基础上,加入一点属于我们的"绿色",于是我们踏上了课程研究之旅。

幼儿园生态博览课程不是一蹴而就的,在每个研究阶段我们都围绕生态教育的总体要求,结合幼儿园的实际情况和大家的共性问题,集中围绕一个比较突出的问题开展研究。每个阶段的研究都取得了一定的成效,课程理念和实践得以不断优化。从环境教育到可持续发展教育的研究,至今已经28年,历经了四个研究阶段。

一、第一阶段:边学习边研究——探索环保课程

我园地处市政府附近的一个早期的拆迁安置小区"四季园"内。四季园新村是扬州市住建部门鼎力打造的一个示范小区,以四季景色优美、花草树木繁多等特色成为当时为数不多、深受老百姓青睐的小区。我们把陈鹤琴先生的"大自然、大社会都是活教材"的课程理念以及我市建设"生态城市和旅游城市"的要求结合起来,申报了扬州市教研课题"幼儿园生态环境教育的实践与研究——花草和树木",虽然有重认知的现象,但这是幼儿园利用身边的自然资源和社会资源开发课程的萌芽,也是教师把课堂、教学延伸到幼儿园之外的开始,是教师利用幼儿感兴趣的事物生成课程的开端。此阶段的研究主要包含以下几个方面。

1. 利用周围自然环境,开展环境教育

幼儿园周边自然环境丰富,树木葱茏、鲜花盛开,我们带领幼儿走到户外、走进自然,将生态自然环境作为学习的媒介,引导幼儿在自然中开展探究活动,从而了解环境、认识自然,激发爱自然的情感。在实践中,教师们选择可供不同年龄段幼儿学习和认知的树木与花草,在带领幼儿户外学习时重点介绍,并形成了《幼儿园生态环境教育——花草与树木案例集》(幼儿园内部整理编辑,未正式出版)。教师利用自然环境资源开展教育活动,激发了幼儿的学习兴趣,拓展了课程实施的空间。

2. 通过环境教育,培养环保意识

我们力求从多角度、多渠道培养幼儿的环保意识,如通过专门的集体教学活动,选择有关的环保内容,帮助幼儿了解环境与人类的关系,感受环境保护的重要性;通过游戏活动,把环境保护的内容融入游戏当中,寓教于乐,让幼儿在轻松愉快的氛围中学习知识;在一日生活中,帮助幼儿形成保护环境、节约资源的生活习惯。

3. 专门环保活动,提高环保能力

我们组织形式多样、丰富多彩的专门环保活动,如"我是环保小卫士"活

动中,引导幼儿设计宣传环保的小卡片,来到户外公共场所,向人们宣传环保知识;"设计环保小舞台"活动中,引导幼儿用各种废旧材料制作生动、活泼、可爱的舞台形象,通过自身行动宣传环保知识;在"6·5环境宣传日"开展各种活动,帮助别人了解环保知识的同时,提高自身的环保能力。

4. 家园配合,帮助幼儿养成环保习惯

通过宣传、指导帮助家长理解、支持配合幼儿园的环保教育,形成家园共育,帮助幼儿进一步形成环保意识,养成环保习惯。另外,在帮助幼儿养成环保习惯的同时,促进家长也形成环保意识,实现一个幼儿影响一个家庭的愿景。

通过不断学习、实践、研究,我们寻找到利用自然环境开展探索学习的路径并取得了实效,出版成果《幼儿园生态环境教育的实践与研究》(由中国轻工业出版社出版)。

二、第二阶段:拓展生态研究——尝试构建生态环境课程

环保教育取得初步成效,幼儿和教师的发展"与众不同",环保意识增强了,环保能力提升了,幼儿园也随之快速发展,社会影响力逐步提高,幼儿园成为早期"年轻"的江苏省示范实验幼儿园。

基于此,我们认为前面一个阶段是课程意识发展的初级阶段,教师们在实践研究中,找到了一些方法和策略,特别是在课程内容方面有了资源的意识,有了儿童意识,接下去继续围绕"生态"教育前行,将生态教育的价值取向从"环境教育"转化为生态式的价值取向上来,在教育生态学的理念影响下,着重围绕生态平衡、环境与适应、人际关系等问题,设计组织适合幼儿发展水平的教育活动,以幼儿的和谐发展和全面发展为宗旨,保护幼儿生命成长的"绿水青山"。

通过教师们的共同实践与研究,我们在一日活动中有意识地融入"生态活动",形成可操作、可实施的具体有效的活动,初步构建生态环境课程,"生态环保课程"与"生态环境课程"虽只有一字之差,但我们跨出了课程理念变化的重要一步。

1. 走近大自然

人类天生就是大自然的观察者,我们渴望通过感官探索大千世界。到大

自然中去直接观察自然事物是幼儿园生态环境教育最重要的途径,蚂蚁搬豆子、蚯蚓松土、种植小树苗、拿小铲子挖土等,这些都让孩子在大自然中感知生命的多样性,发现生命的变化,了解动植物与环境之间的关系。不能直接观察的事物则通过图片、录像提供间接的经验,如海洋动物等。

2. 设立班级"生态馆"

围绕一个生态主题,组织系列活动,并将活动的过程、内容展示在"生态馆"内,既有立体的、直观的实物与丰富的图片、卡片,又有活动过程中记录的幼儿的问题等,展示师幼共同学习、收集材料的过程,不仅本班幼儿和家长可以参观,还可以邀请其他班级的幼儿和家长来参观。如在"恐龙世界"主题活动中,除了展示幼儿收集的各种恐龙模型、恐龙玩具外,还将有关恐龙的知识、幼儿提出的问题和对问题的回答、幼儿想象中的恐龙等用图片展示在教室里,使幼儿不仅学习了恐龙的有关知识,了解了恐龙灭绝的原因,而且还意识到保护生态环境的重要性。

3. 倡导生态式的生活

幼儿生活中的每个环节都是生态环境教育的内容,也是帮他们养成生态习惯的好时机;从节约用水到水资源与人的关系,再到水环境的保护;从爱惜粮食到动植物的饮食,再到不浪费粮食的生态道德观;从游戏中不抢玩具、不破坏玩具到不大声吵闹、团结互助,体验感受和谐的环境是所有人的共同期望。

4. 融入生态观的教学

在教学活动中有意识地渗透生态观是幼儿园生态环境课程必不可少的方式。为了使生态环境教育有计划地融入教学活动,教师在设计各种活动时,会有意识地渗透生态环境的知识内容。如小班活动"青青小草"中,幼儿在对小草的探索中,了解了小草的特点,知道小草为人们提供休息场地,为小动物提供嬉戏场所,了解了草与动植物的关系,知道保护青青小草的重要性,从而萌发了环境保护的意识,自觉养成生态环境保护的习惯。

5. 建立"生态活动区"

幼儿喜欢开展与动植物相关的活动。在观察种子的发芽、种植小花、饲养小动物等活动中,幼儿通过直接经验获得有关自然界现象的知识,增加认识大自然的兴趣,可以自由地操作、想象、验证、体验,从而深刻了解不管是动物还是植物都离不开良好的生态环境。

如果说研究的第一阶段是部分行为的调整,第二阶段则是围绕"生态"理念的全方位尝试。我们通过"幼儿园生态环境课程的实践研究"省级教研课题,发表多篇文章,出版《沐浴阳光:幼教改革实践》(扬州教育专集)。通过这一阶段的研究,教师们对生态环境课程坚定了信心,认为研究"生态"、实践"生态"这条路走对了。

三、第三阶段:确立理念——初步形成生态主题课程

《纲要》颁布以来,幼儿园的教学活动从过去的分科走向综合,越来越多的幼儿园以主题活动的形式组织教学活动。在实践中,我们发现,有的主题活动过大过杂,有的主题活动深浅不一,有的主题活动东拼西凑……这些影响了主题活动的质量,影响了幼儿的和谐发展。主题活动作为幼儿生态教育中的重要组成部分,每个活动应该是联系的、平衡的、协调的,满足幼儿全面和谐发展的。如何使主题活动充满活力、充满生机、充满童趣、充满吸引力,是我们在开展主题活动时常常思考的问题。

我们将目光聚焦在教育的生态行为上,学习运用教育生态学的原理,树立生态理念,实施生态行为,开展生态式主题教育活动;引导教师学会以生态的思维方式和方法,思考、设计、组织幼儿园教育活动,以系统观、整体观、联系观、和谐观、均衡观等生态理念设计幼儿园主题活动、组织与实施和评价活动。

这个阶段我们研究的重点是:遵循幼儿身心发展规律,创造自然、平衡、和谐的教育环境,建立互生、互补、共融、持续发展的生态关系,达到教育各要素全面、协调、自由、充分发展与良性互动和整体优化,促进幼儿全面和谐发展。研究取得了系列成果并产生了比较大的影响。

一是创设生态式主题活动的教育环境,营造良好的生态式教育氛围,构建人际生态环境,形成幼儿与教师,幼儿与幼儿,幼儿与社会、自然,教师与家长之间一种宽松、和谐、平等的人文环境。

二是构建生态式主题活动与领域主题活动整合的课程,根据小、中、大班幼儿年龄特征,设计符合幼儿身心特点的主题活动目标。

三是借鉴生态学的理念,选择合适的生态式主题活动教育内容,设计适宜的教学方法,促进师幼共同发展。

四是整合课程资源,根据《纲要》精神以及幼儿发展水平,设计生态课程中的幼儿评价指标。

通过课题"幼儿园生态主题课程的实践研究",我园全体教师研究生态课程的目标、原则、内容、路径、方法与评价,构建了《和谐课程》(由广陵书社出版),这套课程涵盖了教师参考书、幼儿操作手册以及亲子操作手册。随着这套课程的出版,我园进入了发展的快车道。

四、第四阶段:优化调整——系统建构生态博览课程

1. 整合思考与课程相关的因素

生态的联系观告诉我们,课程作为幼儿园重要的子系统不是孤立存在的。在人类发展生态学的理念下,我们系统地、联系地思考与幼儿发展相关的社会、环境、管理、人员、课程等诸多因素,面对相互联系、相互影响、相互作用的生态系统,充分利用各类有利于幼儿发展的生态环境,开展"生态幼儿园构建的理论与实践研究"的课题研究,以达到真正实现为了幼儿的教育目的。

2. 重点研究幼儿自主学习方式

我们重视、鼓励和支持幼儿在师幼共建的环境中,成为问题的发现者、解决者和行动者,赋予幼儿自主设计、自主选择、自主学习的权利。教师为幼儿做决定和选择提供机会。改变传统的学习、思维、行为方式以及人际关系,实现学习由"内部"生长出来,而不是外部强加和命令,鼓励幼儿全体、全面、全方位参与。我们开展"生态博览园:幼儿自主平台建设"的省前瞻性教学改革项目研究,引导幼儿随着自己的发展节律,运用自己喜欢的学习方式,激发幼儿内部成长的动力,促进幼儿可持续发展。

3. 系统构建幼儿园生态博览课程

如果说我们在第一个阶段重视课程内容的丰富,第二阶段重视课程理念和课程方式的变化,第三个阶段关注课程目标和课程评价,那么第四个阶段我们更注重课程的整体建构,不仅关注生态理念和生态思维,关注课程和人的关系、课程和环境资源的关系,还关注幼儿学习方式的变化。近几年,我们

围绕国家生态文明建设的总体要求以及可持续发展教育在幼儿园的实践,在江苏省课程游戏化的大背景下,在分析和总结前几个课程实践与研究的基础上,进一步梳理生态博览课程的核心理念,在以尊重幼儿的成长规律、促进幼儿可持续发展的目标下,以幼儿生活中熟悉的丰富多元的资源和环境为课程内容,以幼儿自主学习探究与师幼共同互动为课程实施路径,以生态可持续发展为课程评价标准。经过几年的研究,我们的课程体系逐渐完善,课程文化自然形成,课程影响力逐步增强,生态博览课程成为许多教师共同实践的课程。

第三节　课程理论依据

28年的生态博览课程建构和研究,离不开不同时期对我们产生积极影响的多种经典理论。在实践研究中,我们认真学习各种理论,用理论指导实践,用理论指导研究,并用理论检验研究的成果。

一、关于生态教育的相关理论

(一) 教育生态学

生态学是研究生物与环境、生物与生物之间相互关系的生物学学科。教育生态学是根据生态学的原理和方法研究教育现象和问题的,这一概念由美国哥伦比亚大学教授克雷明首先提出。我们应围绕生态平衡、环境适应、人际关系等问题,为了幼儿的健康快乐成长,建立合理的生态环境,提高教育效率,从社会的自然生态角度,探讨幼儿行为的发生、发展及其与教育的关系。

1. 生态的环境

人、教育、环境彼此互相联系,幼儿教育应利用合理的生态环境,促进每个幼儿的可持续生长。教育生态学认为幼儿的学习潜力是在学习环境中与其他因素不断相互作用生发出来的,是无限的,幼儿的生长是在其与环境互动中获得的,是持久的。那些有利于幼儿身心发展的环境是理想的教育生态环境,教育者应营造和建构符合生态取向的学习环境。

2. 教育的节律

作为用生态学研究教育与人的发展规律的科学,教育生态学揭示了教育本身和教育对象学习的规律。教育生态学认为教育节律是客观存在的,要遵循教育节律安排教育活动;教育者和被教育者都是人,人有各种生理节律,教育节律要与人的生理节律相适应,要按照人的生理节律设计课程、安排教育活动。这样才有可能取得教育质量的提高,才能促进人的发展。

(二) 人类发展生态学

人类发展生态学是由美国学者布朗芬·布伦纳提出的,他认为,儿童的发展是与其直接或间接联系的生态环境相关的,对其产生影响的生态环境是由若干个系统组成的,分别是微观系统、中间系统、外围系统和巨观系统。这些系统中的每一个系统都是相互联系、相互影响的,都对儿童的发展有着生态学的意义。

1. 系统理念下的课程建设理念

人类发展生态学理论又称为生态系统理论,在课程建设时我们也要在生态系统观的理念下,充分考虑课程的微观系统、中间系统、外围系统和巨观系统。

微观系统是中心,是课程的主体——幼儿,幼儿是课程实施的对象,幼儿在园的各种各样的活动、师幼关系、生活学习环境等都是课程微观系统中的元素。活动、角色和人际关系等都是幼儿在环境中所体验的,这里的环境不仅包含幼儿园环境、家庭环境、班级环境,还包含非物理的心理环境。

中间系统是幼儿积极主动发展的过程以及发展环境之间的相互关系。构建课程要充分考虑与幼儿发展相关的家庭和社区等资源,充分利用这些资源开发各种课程活动,为幼儿的发展服务。

外围系统不直接对幼儿产生影响,不直接影响幼儿园课程建设,但其中所发生的事件却对幼儿发展、课程建设的环境产生一定的影响,从而间接地影响幼儿的发展和课程建设,如教育行政部门、父母工作单位等,虽不直接影响幼儿的发展,但对幼儿的发展和课程建设起间接作用。

巨观系统是存在于文化或社会的层次,如信念和意识形态,与幼儿发展相关的社会价值观、道德观念等都是重要的影响因素,这些也涵盖于微观系统、中间系统和外围系统中。

在促进幼儿发展的课程构建中,不仅要关注与幼儿发展密切相关的微观系统,还要关注有间接影响的中间系统和外围系统,此外,还要考虑所有的课程都在法律法规、文化价值、道德观念的宏观系统中。

在课程建设中,微观系统中的目标、内容、组织实施与评价等要与中间系统中其他优秀课程相结合,学习其他优秀课程的先进理念和实践,指导本园课程的建设,课程建设还要考虑外围系统中行政部门、业务部门及专家学者的参与指导,以使课程建设更加专业和科学,同时还要符合法律法规、满足文化价值等,在系统观的理念下,建设促进幼儿全面发展的课程。

2. 发展目标下的课程建设主体

发展是第一要务,人的发展是人类发展生态学研究的主要内容,也是课程建设的根本目标。幼儿的全面和谐发展、教师的专业发展以及幼儿园的可持续发展是课程建设的永恒主题。幼儿是课程的主人,是课程的出发点和归宿点。课程建设必须符合幼儿身心发展特点,满足幼儿学习与发展的需求,根据幼儿的兴趣爱好、能力发展和生活经验以及个性潜能去设计和实施,以促进每个幼儿的全面和谐发展为己任,建设适合幼儿发展的课程,让课程成为幼儿幸福成长的桥梁。教师是课程的设计者和实施者,课程建设也是教师专业发展的重要内容。为了建设好课程,教师应不断学习,把握《纲要》《指南》的精神,用科学的儿童观、教育观引领课程建设;要观察分析,在充分了解幼儿发展状况的基础上,通过不断思考研究、实践调整、总结提炼,形成独具特色、适宜发展的课程;要保持建设课程的热情,将课程建设与教育研究结合起来,实现专业能力的不断提高。

3. 互动联系下的课程建设环境

课程建设中的微观系统包括幼儿的发展水平,教师的专业素质,幼儿园的物质条件、设施设备,以及已有的正在实施中的课程情况等。在课程建设中,我们不仅要考虑幼儿的学习活动、游戏活动,还要考虑生活活动,不仅要考虑目标的适切性、内容的适宜性,还要考虑组织与实施的合理性与科学性。家长是课程建设的重要因素,也是微观系统的一个组成部分,家庭条件、家长素质、家长职业等也是重要的课程资源,社区及周围的自然和人文环境也是课程的重要参考因素。宏观系统方面,课程要以国家、地区以及校园文化为依托,弘扬传统文化,利用当地资源,符合相关要求。

(三)幼儿与环境——致力于可持续发展的早期教育

澳大利亚学者朱莉·M.戴维斯在《幼儿与环境:致力于可持续发展的早期教育》中提出儿童早期可持续发展教育,她将儿童早期可持续发展教育定义为"发生在早期教育情境内,围绕可持续性的问题、主题和经验,开展的具有改革性、赋权性和参与性的教育"①。

1. 创设"可持续发展的文化"

通过嵌入"可持续发展的文化",改变现有的思维和行为方式,在幼儿园内部形成生态的思维方式、行为方式以及生态的人际关系,使"可持续"成为全体师幼行动的自觉。幼儿园通过日常丰富多彩的活动以及以可持续为导向的项目学习,不断丰富幼儿的经验,培养幼儿可持续性的态度意识、知识能力、情感习惯,不仅满足幼儿当下的发展需要,还为幼儿终身发展提供服务,不仅让幼儿本身获得可持续发展,还使幼儿现在以及将来在可持续发展方面发挥作用,成为可持续发展理念的传承和创新者。

2. 从环境教育到可持续发展教育

对于"如何改变环境和利用环境开展教育",戴维斯指出了行动的方向:儿童是有力量的、有责任感的公民,他们有能力关心周围世界并主动解决问题。环境教育是可持续发展教育的基础,可持续发展教育是由环境教育演化而来的,可持续发展教育不仅重视知识和体验,更重视行动和参与,这样的教育需要跨学科的、真实的体验,更需要师幼共同将民主决策、幼儿体验和行动作为学习的主要方式。改变幼儿的学习方式,引导幼儿自主学习是我们课程的重要研究内容。我们的课程不仅是环境教育下的生态课程,更是可持续发展教育的有益尝试。

二、与幼儿心理与学习特点相关的理论

(一)陈鹤琴的课程论

大自然、大社会都是活教材。这是陈鹤琴活教育理论中关于课程的核心

---

① [澳]朱莉·M.戴维斯.幼儿与环境:致力于可持续发展的早期教育[M].南京:南京师范大学出版社,2018.

思想。幼儿园的课程内容应该来自自然和社会,来自幼儿的生活,让幼儿在与自然和社会的真实情境中直接感知,在亲身体验中获取知识和经验。大自然、大社会能够提供源源不断的鲜活的学习素材和课程资源,能够不断激发幼儿的好奇心和学习兴趣,能够让幼儿持久地深入其中,探索奥秘、发现问题、深度学习。大自然、大社会还能增进幼儿的情感和态度,培养幼儿爱护自然、保护环境的积极情感。幼儿园课程应该追求将自然、社会、儿童生活以及幼儿园教育形成一个有机联系的整体。

做中教、做中学、做中求进步,这是陈鹤琴活教育思想中关于教学的基本原则。所有的活动都以"做"为主,而不是以"静听"为主,在活动中突出幼儿的主体地位,一切的活动让幼儿自己去做、自己去想、自己去发现,教师是幼儿"做"的支持者、鼓励者和引导者,幼儿在观察思考、动手操作、创造表达中不断进步。

生态博览课程就是开发和利用大自然和大社会这样的课程资源,不断激发幼儿学习、创造的兴趣,让他们在与自然的互动中进步成长。

(二)杜威的教育思想

杜威从心理学、教育学以及实用主义哲学等不同角度,提出了教育的本质:教育即生长,教育即生活,教育即经验的连续不断的改造。杜威认为教育的本质和作用就是促进儿童本能生长的过程。他指出儿童的本能生长总是在生活过程中展开的,生活就是生长的社会性表现,最好的学习就是生活中学习,教育本身应该是一种美好的生活,帮助儿童学会适应生活环境。杜威还认为,教育是让儿童通过自身活动去获得各种直接经验的过程。人在适应环境的活动中,以旧经验解决问题,教育就是不断重组经验,使经验在原有的基础上不断丰富,从而获得有益的生长。

我们认为:课程内容得源于幼儿生活,与幼儿的生活密切相关,要使幼儿在幼儿园的美好生活中,丰富有益经验,获得不断生长。

(三)皮亚杰的建构主义理论

认知建构学习的理论是皮亚杰的重要贡献,他长期潜心研究儿童的学习过程,在研究中发现:知识不是被动吸收的,是由儿童主动建构的,学习是儿童主动建构知识的过程。他认为决定学习的既不是外部因素,也不是内部因素,而是个体与环境的交互作用。儿童的学习取决于他的发展水平,儿童是学习的主体,要高度重视儿童在学习过程中主动建构知识经验的作用,要重视教师在引导儿童主动建构知识经验的作用,要调动儿童的积极性和主动性,鼓励儿童用自己的方式去探索周围世界,让儿童主动建构知识经验。

儿童的自主学习是我们转变幼儿学习方式的重要研究内容。我们应激发幼儿在有准备的环境中,主动建构知识经验,获得自我发展。

(四) 维果茨基的最近发展区理论

维果茨基认为儿童的学习与发展有两种水平,一是现在的发展水平,二是可能的发展水平,两者之间就是最近发展区。课程应该着眼于最近发展区,提供有一定难度,能激发学习的动力,能让儿童发挥潜能的课程,让儿童都能达到新的发展水平。他还认为,每个儿童的最近发展区是不同的,是有个体差异的,教师要关注每个儿童的最近发展区,促进每个儿童在各自的阶梯上都能获得属于自己的发展。

最近发展区理论给我们提出了课程设计的适宜性启示,课程要基于儿童现有的水平和可能达到的水平,注重儿童的个体差异性,设计阶段性目标,难度适中,促进每个儿童在原有的基础上获得发展。

此外,怀特海关于教育学观点"学生是有血有肉的人,教育的目的就是激发和引导他们的自我发展之路",也坚定了我们开展以广博多样的资源,引导幼儿自主学习、主动探究,帮助他们丰富有益经验、获得自我发展,建构让幼儿自主学习、自我发展的生态博览课程的信心。

第二章　幼儿园生态博览课程理念与文化

28年的生态教育理念的实践中,我们从环保课程到生态主题式课程,从和谐课程到生态博览课程,不断优化课程的结构,不断尝试用生态的思维、生态的方式建构课程。生态博览课程就是在多年的实践和研究中自然而然生成的,带有鲜明的生态特征,以实现可持续发展教育为目标。

第一节　课程内涵与价值

一、生态博览课程内涵

(一) 生态

"生态"一词源于古希腊,本义是家或者我们的环境;现在指生物在一定环境下生存和发展的状态,也指生物的生理特性和生活习性,具有自然、和谐和可持续之意。生态是人们生活中常用的词语,通常人们用"生态"形容保持本来面目、不经过刻意加工和雕琢的状态,如生态农庄、生态乡村;有时生态也被人们冠以美好之意,如舞姿生态、行为生态;生态还用于对事物发展的追求和愿景,生活生态是指健康的生活状态,生态幼儿园是各方面和谐发展、可持续发展的幼儿园等。

(二) 博览

博览原义为广泛阅读,现在经常被用来形容规模庞大、内容广泛、参与者众多、档次比较高、对社会和文化影响力比较大的展览活动,如园艺博览会、教育装备博览会。生态博览课程中的博览既有社会博览活动中丰富多彩、形式多样之意,又有幼儿园独特的释义:"博"即课程的环境和资源广博多样,自然、社会、人文、科学等都是课程内容的来源,"博"还表示个性多元,每个儿童都是独特的个体,幼儿园是百花齐放的乐园;"览"是动态、操作,是阅读游览、观察欣赏,这里是指幼儿具有广泛关注、深入观察、主动学习、积极探究的学习方式与状态。我园创设的博览园是利用幼儿周围生活中广博多样的资源,为幼儿创设的可学习探究的环境,是可以促进幼儿富有个性地发展的乐园。

(三)生态博览园

生态是生活状态,具有动态平衡、协调发展的美好之意。生态博览园是构建有利于幼儿全面和谐、可持续发展的博览园,在幼儿园呈现出这样一种美好的学习生活状态:广博的自然环境、丰富的课程内容、多样的学习方法、富有个性的教师和幼儿,让每个幼儿在相互联系、相互促进的生态系统中,主动建构知识、丰富有益经验、获得持续生长。

(四)生态博览课程

生态博览课程是以生态文明建设要求和可持续发展教育的理念为指导,以《纲要》和《指南》为依据,以生态系统和建构主义理论为基础,以尊重幼儿生命本真、遵循幼儿身心发展规律、促进幼儿自然有序成长为要求,通过师幼开发与利用"博"课程资源,创设以幼儿自主学习为中心"览"学习环境,激发幼儿强烈的学习动机和积极的学习兴趣,支持幼儿从原有的经验出发自主探索、主动建构知识,生长新的经验,以形成良好的学习品质,为实现幼儿全面和谐可持续发展所采取的活动及活动方式的总和。

生态博览课程是生态文明建设要求在幼儿园课程中的具体实践,也是可持续发展教育在中国学前教育领域的具体实践。生态博览课程将基础课程与环境教育、可持续教育相链接,帮助幼儿养成可持续发展所需要的价值观念、知识能力、情感态度、生活方式,以及思维和行为习惯。

生态博览课程中,幼儿通过学习探究、参与体验等活动,在教师的引导下,走进自然和社会,对社会、环境方面的问题进行观察与思考,提出问题,并通过独自探究或与同伴及老师、家长共同研究,解决问题,在提升自我能力的同时,对父母和周围其他人可持续发展的思维和行为产生影响。

生态博览课程通过协调人与自然、人与社会、人与人的关系,推广可持续发展教育理念,追求人与自然、人与社会、人与人的可持续发展,构建人类可持续发展的未来。

二、生态博览课程的教育价值

课程是每所幼儿园、每个教师每天都在实践的内容,也是教师和幼儿园十分关注并倾力研究的对象。使课程既满足幼儿的学习需求、符合幼儿的学习规律,又能达到《纲要》《指南》的要求,同时还能在实践中真正得心应手地实施,更能得到社会和家长的认可等是课程研究的根本要求。

(一)开展生态教育,培养可持续发展的儿童

以生态的"自然、协调、平衡、动态、可持续发展"理念,整体地、联系地、系统地思考幼儿园教育,以保护幼儿发展的"绿水青山"为宗旨,创设符合幼儿年龄特点,满足幼儿发展需要的环境,支持幼儿主动探究、自主学习,促进幼儿可持续发展。

(二)创新学习理念,建构生态博览课程

作为幼儿自主学习的新形式,运用生态的思维方式和教育理念,建设新颖的、能激发幼儿主动学习的、能满足幼儿自主学习需求的、专门的生态空间和环境,探索建构自主设计、自主规划、自主创设、自主探究、自主调整的生态博览园,不仅改革幼儿的学习方式,也改革幼儿园的管理方式,实现尊重与支持、帮助与指导、平衡与协调、支撑与鹰架、搭建与评价的结合,为幼儿的自主学习和自我发展服务,是幼儿园生态教育的突破。

(三)统整利用资源,丰富课程样态

每个人都生活在丰富的自然和社会环境中,广博多样的环境是取之不尽、用之不竭的课程资源。如何用生态的理念,整合身边丰富的学习资源,构建各种各样的生态博览园,使之成为幼儿自主学习的平台,不仅能满足幼儿学习需求、丰富课程形式,也能拓展幼儿的学习空间。生态博览课程的实践与建构,是对原有课程的优化和提升。生态博览课程会随着幼儿自主学习的状态而调整和改变,实现动态平衡,从而不断满足幼儿的学习需求,实现资源为幼儿经验提供服务。

(四)重构课程文化,帮助幼儿全面发展

生态博览课程作为一种新的学习样态,是生态教育在幼儿园课程中的具

体体现,从幼儿的生活中收集他们感兴趣的、易操作的材料,构建幼儿自主学习平台,供幼儿自主学习探究。这是当代课程内容和组织形式的创新,幼儿参与了生态博览课程的开发,成为课程开发的主体,增强了学习的内在动机和学习的兴趣,提高了学习的效率。幼儿的成长是全面和谐的,生态博览课程不仅着眼于幼儿现阶段发展目标的实现,更为幼儿终身学习打下坚实的基础。

第二节 课程理念与特点

生态博览课程旨在用生态的思维方式,运用生态的课程理念,利用丰富的生态资源,变革幼儿的学习方式,促进幼儿全面和谐可持续发展。

一、课程理念

生态博览课程从幼儿心理发展的特点出发,设计能够满足幼儿生长需要的课程,又从《指南》目标出发,利用与幼儿生活密切相关的、丰富的课程资源,创设能够让幼儿主动探究的学习环境,通过多种形式的活动,激发幼儿学习的兴趣和动力,引导幼儿发现问题、想象创造、解决问题,在可持续发展中发挥影响力。

(一)坚持"幼儿的视角"

基于幼儿心理发展的规律而设计的课程主张以幼儿的兴趣和爱好、动机和需要、能力和态度为基础来设计课程,课程围绕幼儿的发展,课程设计来自教师对幼儿的观察、了解、分析,随着幼儿的发展不断变化和调整。生态博览课程正是以幼儿为中心设计课程思路与路径,在观察了解幼儿、科学分析幼儿的基础上,发现幼儿的兴趣和需要,了解幼儿的能力和发展水平,根据幼儿的发展需要而设计的。

(二)坚持"可持续发展"

可持续性强调的是人的能力在社会、政治和经济等方面的联结及相互依存,认可人与人之间关系、人与其他物种之间关系的重要性。生态博览课程在人类发展生态学视角下,以系统、联系、生态的理念设计课程,不仅重视微观系统的课程结构,还重视国家法律法规、自然和社会环境、经济发展状况等,培养幼儿具有可持续发展的生态意识、知识能力、态度情感以及行为习惯,不仅满足于幼儿现在的学习与发展,还立足于幼儿终身学习与发展;在帮助幼儿实现自我可持续发展的同时,还帮助他们发挥在社会变革中的作用,为推动社会可持续发展贡献幼小的力量。

(三)运用"系统性资源"

"生态博览"既是课程方式,也是课程理念。幼儿生活的博大世界都可以成为课程资源,与幼儿生活密切相关的一切人、事、物也都可以成为课程资源。微观系统方面,与幼儿共同生活的人,发生在幼儿身边的事,与幼儿的学习、生活直接或间接相关的物可以成为课程资源;中间系统方面,幼儿生活的社区、幼儿园附近的各类公园、医院、超市等也可以成为课程资源;外围系统和巨观系统方面,地方、国家的文化、习俗、政策等都可以成为课程资源。课程资源广泛存在于自然界与社会生活中。动物、植物、天文地理、社会风俗、社会活动、文化产品等都是课程资源的范畴。

与幼儿学习与发展相关的课程资源是广泛的、丰富的。课程资源为生态博览课程的设计和实施提供了基础。教师和幼儿一起收集、挖掘课程资源,共同开发与利用课程资源,使其更好地为课程服务、为幼儿的学习与发展服务。

(四)坚持"自主学习"

自主学习是通过多种手段和途径,进行有目的、有选择的学习活动,实现自我发展的学习方式和途径。"生态博览"是利用和开发适合幼儿发展的"博"课程资源,为幼儿主动积极的"览"创造条件,"博"是幼儿"览"的环境,"览"是幼儿利用"博"开展的自主学习,以"博"的多样性和丰富性及"览"的自主性和探索性,形成稳定的幼儿自主学习生态系统。

幼儿园生态博览课程是自然开放、丰富多元、探索体验、平衡持续的,不仅为园内的幼儿自主学习服务,还可以对社区和其他想要学习的幼儿开放,使幼儿园成为共享的幼儿自主学习基地。我们通过"博"的环境条件,支持"览"的学习探究,引发幼儿充满好奇、积极主动、认真专注、自主探究、克服困难、想象创造,激发幼儿自主学习,从而提升学习品质。

二、课程特点

生态博览课程是在生态理念和可持续发展教育要求下的课程,具有生态自然性、广博多样性、开放共享性、自主探究性、平衡协调性以及全面可持续性。

(一) 生态自然性

尊重是生态博览课程的前提。我们应尊重幼儿、尊重自然。幼儿是博览园的主体,是博览园的规划者、建设者和使用者;绿色是博览园的主色调,有序循环利用自然环境,师幼、家长共同收集、整理丰富的物质材料,供幼儿选择设计、感受了解、体验操作、探究学习,以帮助幼儿主动获取知识经验、建构概念、发展智能、养成习惯、提高能力。生态博览课程崇尚自然理念,教师尽量保持原有的面貌,减少刻意的改变和改造,也不人为地干预和影响幼儿的自主探究活动,而是引导幼儿去发现、去研究、去创造,追求幼儿活动的自由自主,通过爱护自然、顺应自然、探索自然获得幼儿生命的自主成长。

(二) 广博多样性

"博"即广博多样、丰富多彩,"览"即自主探究、主动学习。大自然、大社会为幼儿的主动学习提供了取之不尽、用之不竭的学习资源,既有园内的资源,又有园外的资源;既有自然资源,又有社会资源、人文资源;既有现成的资源,又有需要开发利用的资源。所有的资源都可以成为幼儿自主学习的重要载体。幼儿、教师、家长以及其他相关人员是广博多样的。幼儿是广博多样的,每个幼儿都有不同的发展水平,不同的兴趣爱好,独特的擅长的智能点,教师根据幼儿的兴趣需要、能力发展水平,提供不同层次的探究内容,供幼儿学习探究。教师也是广博多样的,如年龄的差异、性格的不同、水平的高低、教育方法的不同等。家长也是广博多样的,他们来自各行各业,兴趣爱好不同,文化高低、需求不一,每个幼儿背后都有不同类型的家长,家长会影响幼儿的发展,也会促进课程的发展。如我们幼儿园的阳刚课程,就是根据家长不同职业的特点,选择了具有一定的育儿能力、愿意为幼儿成长服务的家长。这些家长走进幼儿园,为幼儿带来了不一样的课程,既弥补了幼儿园男教师不多、缺乏阳刚之气的不足,又让教师和幼儿开阔了视野,家长的专业性为教师和幼儿打开了一扇扇精彩之窗。

(三) 开放共享性

生态博览课程不是封闭的，其强调开放性。即使有的活动是预设的，但也是在教师观察幼儿、了解幼儿的基础上预设的，而且在活动的实施过程中，会随着幼儿的变化而做相应的调整。课程的目标、内容和过程都是开放的，既有一定的目标与要求，又在实施中体现灵活性。课程跟随幼儿的兴趣需要和能力经验，紧贴幼儿的学习与发展设计，从而促进幼儿更好地发展，让每个幼儿都幸福快乐地成长。课程的开放性还体现在资源的丰富多样，我们利用现有的资源，形成良性的动态生成的学习环境。一是园内的开放与共享，园内所有的资源对所有幼儿开放，实现全园资源的共享共用；二是园外的开放与共享，在保证安全的前提下，对社区和全市适龄幼儿开放，实现更大范围的共享共用。

课程的开放性还体现在时间、空间、材料的开放和共享。时间是弹性的，根据幼儿的兴趣和学习需要而定；空间是开放的，幼儿可以根据自己的愿望自由选择向往的地方；材料是开放的，一物多玩、一物多变，多数材料来自幼儿生活中的废旧物品，不仅能够让幼儿展开丰富的想象和创造，也符合生态教育中爱护自然、节约资源的要求。

(四) 自主探究性

幼儿是生态环境的主人，也是课程的主人。生态博览课程就是要充分发挥幼儿的主体性，真正让幼儿成为课程的主人。好奇好问、爱玩爱学是幼儿的天性，幼儿是天生的学习者。生态博览课程强调环境应既具有艺术性、主题性和教育性，又能体现幼儿的学习特点。我们应鼓励幼儿与资源材料互动，激发幼儿的探究动机和情趣，为幼儿提供直接感知、亲身体验和动手操作的机会、条件，帮他们实现有益经验的不断丰富。除必要的集体教学活动和生活活动外，区域游戏活动、户外游戏活动都由幼儿"自主"，自主规划、自主设计、自主选择、自主探究、自主交流、自主监控、自主调节、自主评价，教师只是支架的搭建者、材料的支持者，随时为幼儿的自主学习提供服务和支持。

(五) 平衡协调性

生态是多样的，环境是丰富的，资源是广博的，选择什么样的资源、创设什么样的环境是课程设计的重点也是难点。幼儿的发展是不平衡的,从个体的发展来说,幼儿在多元智能的各个方面发展不平衡,就整体的发展而言,发展的速度不一、发展的水平不同,这需要教师在课程中不断调节,使课程跟上幼儿发展的节奏,引导每个幼儿在不同的发展水平上获得应有的成长。从课程实施来说,课程要平衡协调好每个年龄段、每个领域、每种活动组织形式,不能顾此失彼。生态博览课程为幼儿自主学习提供的环境是丰富多彩的,但也应该是适宜的,不能多而乱、多而杂,那样就失去了生态的平衡性。在建构生态博览课程的过程中,教师关注幼儿的合理需要和兴趣,通过专业的判断和评价,了解幼儿需要什么、喜欢什么,能达到什么水平,实现什么样的目标。在课程实施中教师应充分赋权,让幼儿有充分的自主权利,心情愉悦、身心放松,认知、情感、能力等协调发展,实现全面和谐的发展。

(六)全面可持续性

生态博览课程是可持续发展早期教育的中国实践,幼儿的全面可持续发展,以及通过幼儿的力量推动政治、社会、经济、文化的可持续发展是课程的根本宗旨。幼儿园的教育应该是全面的、启蒙性的,生态博览理念下的幼儿园提供的环境和条件也是全面的、符合幼儿身心发展特点的,从健康、语言、社会、科学、艺术等五大领域,通过游戏、学习和生活的方式,以及各种教育策略,培养幼儿的主动探究精神和自主学习能力,为幼儿的探究理解和世界观的形成提供强有力的开端支持;帮助幼儿养成积极主动、认真专注、不怕困难、敢于探究和尝试、乐于想象和创造等学习品质,为幼儿的终身学习服务;围绕"可持续性",帮助幼儿建立生态的思维方式、生活方式、学习方式、人际关系和行为习惯,并引导幼儿将这些习惯和方式一直保持下去,促进幼儿全面和谐发展和终身可持续发展。

第三节 课程的价值取向和文化追求

文化是指人类生存和发展的方式。课程文化是幼儿园文化的重要组成部分,也是幼儿园文化的核心部分。有专家认为,课程文化是主体发展的文化资源,是课程意识、课程思想和课程价值等意识形态和课程制定、课程政策的总和。生态博览课程文化是幼儿园课程观、价值观、儿童观、教师观的集中体现,是师幼在课程中生态的理念、原则和方法的总和,核心是以生态教育的方式培养立足于现在和未来的生态人的生态价值观,是区别于其他课程的独特气质,但又根植于幼儿园的生态文化之中。

一、课程的价值取向

相对论的观点认为,所有与人类有关的价值都根植于其特有的历史文化之中。我园 20 多年的生态教育自然推动了生态文化的形成,带有鲜明的生态价值观念,伴随着生态博览课程建设的始终,也推进了课程的不断优化和丰富。

(一) 和谐共生的生态价值观

人类需要建构一种人与自然的新型关系,即人与自然协调发展的关系。我园最初开始实践生态课程是秉着非常朴素的课程价值观,当时受到社会学和教育学诸多理论的启示,认为应该在幼儿阶段开展环保教育,以保护我们共同生活的环境。因为环境污染已经到了严重威胁人类生命健康的程度,教育要肩负起社会的责任,让幼儿从小懂得:人与自然应该友好相处,以尊重和爱护代替对自然的占有和征服行为。

随着课程的推进和研究的深入,人与自然友好相处的生态价值观也不断丰富。第一是环境保护观。人人有保护环境的责任意识和担当意识,对自然环境保护的义务。第二是生态道德观。我们不仅要考虑现在的生活需要,还要考虑后代人的生存环境和生活需求,强调对未来后代的责任,从现在与未来的角度出发考虑自然资源的配置、利用和分配。第三是自然价值观。重新认识和评价人与自然的关系,人是自然之子,是自然的一部分,人离不开自然,自然是有内在价值的,人与自然是平等的,追求生态中心主义的和生命中心主义的价值观。第四是可持续发展观。可持续发展是一种人与自然、人与社会的和谐发展,追求人与自然的和谐统一,兼顾经济、社会、文化等,实现经济可持续发展、生态可持续发展和社会可持续发展三者统一。可持续发展是生态教育的根本要求,教师不仅带领幼儿走进自然、认识自然、了解自然、探究自然,还帮助幼儿形成了一定的生态意识和生态情感,使幼儿懂得尊重自然、保护自然和敬畏自然。

（二）尊重节律的自然发展观

《揠苗助长》的故事人们耳熟能详，它告诉我们生命的发展是自然而然的过程，这种过程看上去是随意的，却是由小到大、由简单到复杂的过程，内含一定的秩序和规律。蒙台梭利的"生命自然发展理论"指出：幼儿是一个发育着的机体和发育着的心灵，在幼儿的心理发展中会出现各种"敏感期"，幼儿的智力发展正是建立在幼儿敏感期所打下的基础之上的。

幼儿的生长和自然界其他生物的生长一样，有其规律和节奏，人们不能刻意地去改变或改造，违背自然规律，否则就会受到自然的惩罚。幼儿的生长有自身的节律，不同的阶段有不同的特点，有不同的节点，这是人生长发展的关键点，教育必须了解这些节点和关键点。我们的教育要满足幼儿发展的需求，符合幼儿生长自有的节律。

自然发展观就是激发生命力，使生命能够自然地发展。让幼儿生命自由发展，使幼儿能够自然成长也是生态博览课程的理念和价值观。我们在课程中发现并且满足幼儿的生长需要，激发幼儿学习的内在动机，让幼儿发挥自身的生命潜能，使幼儿能够专注地发展内在的潜能，通过培养幼儿自觉主动的学习和探索精神，让他们获得自我生长，获得知识和能力，情感及价值观，实现生命的自然成长，为终身发展奠定基础。

（三）开放宽广的整体教育观

叶澜教授指出，教育对人的影响应该是整体的，教育的力量也应该是整体的。教育需要横向的聚合，以促进各领域教育的整体融通。整体性也是幼儿园课程的重要原则，规划幼儿园课程时应该将各种教育活动、教育形式和方法有机结合，形成整体对幼儿进行教育，以形成系统的、丰富的经验，促进幼儿健康成长。

整体、联系、协调、平衡是生态教育的主要特征。生态博览课程的整体价值观建立在联系、协调和平衡的基础之上，以幼儿的整体发展为核心，以幼儿园整体生活为基础，系统规划课程，促进幼儿整体全面发展。其一，课程是相互联系的。不同内容和方法之间是相互联系的。一方面，幼儿学习的内容是一个整体，各领域之间是相互联系的；另一方面，各种教育的方式方法也是一个整体,主题活动、区域游戏、专门性活动等,相互协调,构成幼儿一个完整的生活,整体对幼儿实施影响。其二,课程是系统的。课程本身是一个整体,课程目标和内容、课程规划和课程实施、课程评价等相互联系、相互促进。其三,课程的实施主体也应该是整体的。幼儿园、家庭、社会是幼儿教育的重要组成部分,要形成一个相互协调、相互支持、相互补充的教育整体。

二、课程的文化追求

(一) 建设以人的持续发展为本的课程文化

育人是课程文化的本质价值追求,以人为本的课程文化是伴随着生态博览课程建构过程而不断完善和丰富的。生态博览课程文化既关注幼儿的可持续发展,也关注教师的可持续发展。

1. 以幼儿发展为本的课程文化

幼儿是课程的主体,课程是为幼儿的全面发展、和谐发展、终身发展服务的。生态博览课程就是以幼儿的可持续发展为核心理念,努力营造一种自然开放的、民主和谐的、动态平衡的课程文化,充分尊重幼儿的兴趣爱好、重视幼儿个体的经历和经验的获得,使园本课程成为适合幼儿发展的课程,成为能让幼儿幸福成长的课程。

(1) 体现关注幼儿生命的课程文化

可持续发展的核心价值观是尊重,尊重自然、尊重生命也是生态博览课程文化的重要内容,每个幼儿都是独特的生命存在,尊重每个幼儿的成长速度和发展需求,为每个幼儿的个性发展提供支持,如同任何植物的生长都离不开阳光、空气和水一样,在幼儿发展过程中,我们需要提供合适的温度、湿度和养分,促进每个生命个体蓬勃向上,有旺盛的生命力。

(2) 体现关注幼儿生活的课程文化

课程来源于生活并回归生活,生态博览课程努力将课程内容与幼儿的生活经验联系,引导和激发幼儿走进广阔的生活世界,学会在生活中思考、发现、创造,课程关注生活经验和学习方式,帮助幼儿理解知识和生活之间的关系,使课程内容贴近幼儿的生活并融入幼儿的生活中,使幼儿在生活化的课程中感受生活的美好,热爱生活、热爱学习、热爱探究,从而学会生活、学会学习、学会创造。

(3) 体现关注幼儿生长的课程文化

生态博览课程的丰富性和多样性为每个幼儿的生长提供了可能,开阔的学习空间、自由的游戏环境、适宜的游戏材料、自主的学习机会为幼儿的学习和发展创造条件和机会。幼儿的成长是有规律的,我们应顺应幼儿成长的规律,尊重幼儿的年龄特点和认知规律,不加码、不超速,关注幼儿的全面发展、和谐发展和可持续发展,滋养幼儿的生命成长,让每个幼小的生命都如雨后春笋,拔节生长。

2. 以教师发展为基的课程文化

教师是课程的另一个主体,教师决定了课程质量的高低。没有教师的发展就没有幼儿的发展,也不可能形成独特的课程文化。教师课程观、教育观、儿童观的不断自我更新和自我超越,是课程文化形成的核心,生态博览课程充分考虑课程文化中的两个最重要的生态因子,通过课程文化自然而然地促进教师的专业发展。

(1) 激发教师内在发展动力

一是创设宽松的环境,让教师感受到被尊重的快乐。尊重是可持续发展的核心价值观,我们应尊重教师的想法,理解教师的行为,常与教师换位思考,了解不同教师的发展需求和个体差异,尊重每位教师的尊严、价值和独立性,尊重教师的人格,尊重教师的合理需要,尊重教师的工作,不是用命令、指挥、督促、检查、评比,而是让教师自我思考、自我决策、自我管理。二是关怀教师的感受,关心教师工作、生活中的难处,帮助教师解决生活、工作中的困难,要与教师做心灵的交流、情感的沟通。三是理解教师的失误,理解教师工作中的小失误。当教师在工作中出现失误后,我们应帮助教师分析原因,如确实违规失误,需了解教师行为的动机和想法,再提出自己中肯的建议,特别是不能当众批评教师,不要轻易否定教师。四是接纳教师的建议。我们要善于激发教师的智慧,要有海纳百川的胸怀,广泛吸纳教师的建议,让教师树立"人人是主人、个个献计献策"的思想。教师在生态文化中感受到尊重关心,感受到温暖与幸福,他们会把这种文化传承到课程中,成为内在的动力。

(2) 帮助教师提高专业素养

一是在学习中提高专业素养,知识的不断更新、信息的不断涌现、幼儿素质的不断变化,都需要教师的知识要成为"流动的水",专业的理论学习、多样的实践学习、在职的学历进修等,集体共读、小组研读、个人自读等多样化的学习方法,促进教师专业理论的不断丰富。二是在实践中提高专业素养,教育教学是教师基本素质的关键,在平时的工作中,根据新理念,不断提出新要求,让教师朝着新理念和新要求的方向努力,不断挖掘教师教育教学的潜能,提高教育教学水平。每个教师都有最近发展区,我们要善于观察、发现、掌握每个教师的发展情况,把握教师的最近发展区,在不同时间段对不同教师提出不同的要求,激励有才能的人向着更高的目标迈进。三是在研究中提高专业素养,新课程新理念、课程文化建设、教学问题的解决都依靠教师,园本教研、课程审议、课题研究等都是教育科研的最好抓手,教师是教科研的主力军,他们有实践的经验、有一线的素材、有反思的积累、有研究的条件,要给教师创造物质资助和心理支持,让每位教师都参与教科研,做到"人人有课题,个个有研究"。

(3) 实现教师专业能力提升

一是观察儿童能力。观察儿童、了解儿童、支持儿童是课程设计和实施的基础,也是教师课程能力中的基础能力。教师要了解观察幼儿的方法、原则和程序,学习在实践中通过观察儿童行为,分析儿童学习与发展的情况,提出合理的课程设想,为设计好课程打下基础。二是课程设计能力。理解生态博览课程理念,理解国家、地方对幼儿园课程的总体要求,不断用新理念、新要求指导实践,根据幼儿的年龄特点、身心发展规律,课程资源等,设计适宜的课程,以满足幼儿学习与发展的需求。三是课程实施能力。根据课程设计方案科学合理地实施课程,并在专业判断的前提下,根据幼儿在课程中的学习与发展情况做灵活的调整,使保教活动成为师幼互动的活动,成为师幼共生的活动。四是课程研究能力。成为研究型教师是当代教师追求的目标,除了在日常教育教学实践中要实践、反思、研究,幼儿园还要为教师创造教学研究的机会,搭建教学研究的平台,或请专家来园看活动做点评,或围绕一个主题各自设计方案,或各自设计有自己特色和特长的方案,请专家修改、评奖等,引导教师在教学研究中感受成功的快乐。将教师在教育教学实践中设计的方案、论文等汇编成册,将教师创编的故事、歌曲制成图书,将音像、图片、照片汇编成集,这些都能让教师在欣赏自己成果的同时感受成功的快乐。

和谐共生是生态博览课程文化的核心。幼儿的自主发展、教师的专业发展是课程文化的出发点和归宿点。幼儿的发展基于教师的发展,幼儿在幼儿园这个生态的大家庭中愉快地学习、幸福地生活、快乐地成长。

3. 以课程自身持续发展的课程文化

生态课程的持续发展自然推动了课程文化的形成,在课程文化的形成中,课程也持续发展和变化。

(1) 课程理念的变化和发展

以生态的理念思考和实践课程是我园办园之初提出的课程思想和理念。当时,年轻的、多数是独生子女的新教师刚走上工作岗位,对事业充满了热情,但在工作中也出现了独生子女的特征,当时,我们提出"机关三幼　用心教育"的"十心"要求,既是工作要求,也是课程要求,即对待事业忠心、对待幼儿爱心、教育幼儿精心、服务幼儿全心、个别教育耐心、工作负责专心、服务教学热心、教育科研恒心、接待家长真心、对待同事诚心。

在研究和实践生态课程一段时间后,发现社会上和我园的家长以及部分教师对幼儿的期望值过高,提出增加课程内容、创造所谓的特色课程,我们坚守生态的课程理念,提出"三幼花开　四季绽放"的课程理念,要求按幼儿的身心发展规律开展课程,即开展生态教育,使课程既不是原生态的荒漠与落后,又不是无止境的挖掘与开采,而是有序的师幼互动。我们努力实现"融合学与乐　启迪知与行　播种爱与美",避免课程内容的超载和加码,课程方法的成人化和小学化。

进入21世纪,生态课程的组织与实施成为重要的课程研究内容,我们提出"四然教育、生态成长"的课程主张:一是怡然环境,阳光明媚、鸟语花香、诗情画意、时空畅想;二是淳然心境,上善若水、安然淡定、厚德载物、平和宁静;三是陶然教育,呵护天性、引发兴趣、陶冶心灵、激发性情;四是自然成长,顺其自然、生动活泼、体验感悟、自由灵性。我们在尊重幼儿身心发展规律,顺应幼儿成长节奏方面用实际行动践行生态教育的课程理念。

近年来,我们建构体系完整、完善的生态课程,提出生态博览课程的想法,结合江苏省课程游戏化的"自由、自主、愉悦、创造"精神,形成"拥抱绿色　尽享和谐"的课程文化,即以刚刚好的课程,培养活泼的儿童、蓬勃的教师,创办欣然的幼儿园。

（2）课程研究的变化和发展

伴随着课程文化形成脚步的是课程研究。从20世纪末办园之初提出"以研建园、以研兴园、以研强园",研究就成为课程发展不可或缺的一部分,从"幼儿园生态环境教育的实践与研究"到"幼儿园生态式主题活动的实践与研究""幼儿园生态课程建设""生态幼儿园建构的理论与实践研究""儿童博览课程研究""生态博览——幼儿自主学习平台建设的实践研究"等,不同时期不同课题,但都以"生态"为中心,在多年的生态研究中,自觉地推动了生态课程文化的形成。

（3）课程自身的变化与发展

建园初,我们使用规定的教材,严格按照课程计划备课和上课,几乎没有自己的课程,那时课程就等于教材。我们在实践中发现,"死"课程教不出"活"幼儿,教师尝试在课程中添加幼儿感兴趣的大自然中的课程,于是带领幼儿走出户外,认识一些有趣的花草树木,随后提出环保教育的理念,在带领幼儿走出户外时,我们发现了身边的不文明现象、不环保行为,通过课程帮助幼儿建立环保意识,养成环保习惯。我们收获了研究成果,也是生态课程雏形——《幼儿园生态环境教育的实践与研究》;随着理念的不断更新,课程内容和实施不断变化,促进了课程的持续发展,先后出版《和谐课程》(包含教师指导、幼儿操作、亲子操作全套用书)、《幼儿园主题区域游戏》、《幼儿园科学小游戏》、《多元体制幼儿园共生》等多个研究成果,促进生态课程文化的逐步彰显。

（二）建设与幼儿园文化相匹配的课程文化

和谐共生是生态博览课程文化的追求,它根植于幼儿园的生态文化,共生是目标,和谐是状态,是实现共生的保证。

和谐的校园文化是幼儿园建设的精髓。和谐是校园文化建设的真谛,是生态的本质特征,音韵和谐则优美,色调和谐则入目,关系和谐则顺达,文化和谐则雅正。我们对构建生态和谐的校园文化进行实践与探索。

1. 和谐共生的组织文化

组织文化是幼儿园在长期发展过程中积淀下来的求本真、求实效的文化底蕴。其核心是共同的价值观念、价值判断和价值取向。生态和谐文化以和谐为宗旨,以思想管理为前提,以制度管理为基础,以人本管理为核心,将和谐管理文化贯穿于幼儿园的管理之中,使管理充满人文关怀、实现民主互动、达到自我实现,使管理要求成为教职工自觉的行为,使幼儿园成为"健康、快乐、幸福、和谐"的大家庭。

(1) 制度管理"适"

合适的制度是和谐文化的基础,所谓"适",就是合适、适合,所有的规章制度要符合本园的实际。现在的教师个性强、能力强、法制意识也强,幼儿园应根据实际情况开展规章制度的调整、修改、学习等专项活动,带领教师根据幼教法规、行业要求、本园实际、个人情况等研究职业道德规范与劳动纪律要求、各类人员岗位责任制、园本教研制度、教师评价制度、奖惩制度等核心制度,让制度成为全体教师民主智慧的结晶,变成共同约定并能得到真正遵守的行为规则,让教师们在参与研究合适的规章制度的同时,更加明明白白知道规章制度的内容、清清楚楚了解工作规范和要求,使规章制度的制定不仅是园长的事,而是所有教师自己的事,不是写在本子上、挂在墙上的,而是内化为教师自觉的行动,形成人人自觉执行规章制度、按规章制度行事的良好氛围。

(2) 常规管理"实"

常规管理一定要落实。首先,要在"常"字上下功夫,做到"四常",即常观察、常指导、常检查、常观摩。活动时,园长在班级之间巡回,有时听课、有时答疑、有时帮助,将检查与帮助融为一体;备课时,园长参与教师的共同讨论与研究,指导教师们开展有价值的研究。其次,要在"规"字上做文章,通过培训与指导,帮助每一位教职工熟悉与掌握一日工作的每一个流程、每一个细节、每一个要求,帮助教职工形成规范的工作意识、合理的工作流程,做到人人职责明确、处处权责分明、事事有章可循。

(3) 教师管理"乐"

和谐教师管理是和谐文化的核心,要树立以"尊重人、关心人、理解人、凝聚人、培养人和成就人"的人本管理理念,采取"四多四少"的管理方法,即讨论多、指挥少;表扬多、批评少;帮助多、指责少;奖励多、惩罚少;充分调动教师的积极性,发挥教师的主观能动性,努力提高教师的社会责任感和使命感,使幼儿园和教师成为真正的命运共同体和利益共同体。

2. 和谐共创的环境文化

绿色环境是和谐文化的保证。

一是创设绿色的外部环境,生态和谐文化强调环境创设中的"三维互动",即教师、幼儿、家长共同创设环境,使环境不仅是课程内容的体现、教学活动的反映,更是幼儿学习过程和结果的记录,让幼儿成为环境的主人。同时,还应该邀请家长参与环境创设,让家长认识到环境对幼儿发展的意义,使其成为环境的支持者、欣赏者、参与者和创造者。

在物质环境文化方面,要按照"层层有教育主题,班班有教育特色,处处有教育契机"的要求,突出温馨雅致,突出科学操作,突出绿色生态。让环境如同一本立体的、多彩的、趣味的、富有吸引力的无声教科书,幼儿在这里观察、游戏、探索、创造,如沐春风,如浴花雨,在潜移默化中获得情感的体验、智慧的启迪、成长的快乐。

二是构建和谐的人际关系,要让和谐、生态、绿色的理念在每位教职工的心中扎根,和谐的管理、和谐的教育、和谐的环境体现在每一项工作中、每一处环境中。教室里,教师和幼儿之间,既是师生关系又是伙伴关系,流淌在心里的是快乐与幸福;幼儿园仿佛一个和谐的大家庭,园长与教师之间、教师与家长之间、教师与孩子之间,一切都亲切自然。

3. 和谐共建的课程文化

课程文化是校园文化之本,和谐的课程文化是在和谐校园文化引领的基础上,经过全体教师多年研究和提炼、多年建设和积淀所形成的,有着深深的生态、绿色、和谐烙印的课程目标、内容、方法和策略以及评价等,是教师和幼儿共同构建的和谐课程文化的整合。

(1)课程参与"全"

将和谐的课程文化贯穿于日常工作中的每一个流程,不管是园长还是教师,不管是新教师还是老教师,不管是名师还是普通教师,都参与幼儿园课程文化建设,努力构建生态和谐园本课程。

(2) 课程研究"常"

课程目标是否符合幼儿身心特点,是否具有层次性;课程内容是否与幼儿的生活密切相关,是否是幼儿喜欢的形式;课程实施过程是否是师幼积极互动、共同发展的过程,是否强调以幼儿为本,尊重幼儿的人格,关注个体差异,尊重幼儿独特的体验等,要努力形成课程研究文化,立足于更高层次的研究。

(3) 课程内容"和"

生态的课程观旨在帮助幼儿理解人与自然的关系,树立环境保护意识、培养生态行为习惯,同时还要将目光聚焦在教育的生态行为上,运用教育生态学的原理,树立生态理念,构建生态课堂,开展生态式主题教育活动。教学活动既不是原生态的荒漠与落后,也不是违背规律的深度挖掘与开采,而是自然的、和谐的、有序的、科学的师幼互动。

4. 和谐共进的发展文化

近几年,发展成为幼儿园成长的主题曲,各幼儿园都争相扩大规模、创办分园,要使生态和谐成为每所幼儿园的文化,必须做到管理同步、要求相通、资源共享,都追求和谐共进的发展文化,同时总园的和谐文化要一脉相承地传播到分园,成为每所幼儿园、每个教师骨子里的印记,实现各幼儿园齐头并进、共同发展的优质发展态势。

(1) 共同愿景——为规模发展明确方向

愿景是人们为之奋斗并希望达到的图景,它是一种意愿的表达;和气生财、以和为贵是事业发展的保证。要让所有教师唱一台戏、唱和谐的戏,就要在发展过程中,让教师成为发展的主人,要让发展成为所有教职工的共同愿景,使发展成为所有教师的愿望。

(2) 文化传承——为品质发展推力助行

文化是一种力量,文化是一种情怀,文化是一代人又一代人传承下来的,是所有教职工放置于灵魂深处,并落实在行动中的。从外显的物质文化看,要有同样的色彩、同样的园标、同样的装修风格;要有人手一册、必须遵守、统一的制度文化;在规模化发展幼儿园时,除了将物质文化、制度文化和课程文化带到新的幼儿园,使每所新办分园都烙上总园的"文化印记",还通过营造精神文化氛围、加强精神文化学习、建设团队合作精神等加强教职工的师德教育,提高教职工精神素养,提高教职工人文品位,从而使幼儿园的文化成为每个教职工"骨子里"的精神,使幼儿园文化像一双隐形的翅膀,时刻伴随每个教职工。

(3) 控制质量——为可持续发展保驾护航

可持续发展是和谐发展文化的目标,过硬的教育质量和较高的办园水平是可持续发展的保证。生态和谐文化既要让幼儿对学习、生活和游戏感到快乐,感到安全、温暖,也要让教师感受到信任、自主,感受到职业带来的幸福。在扩大规模时,我们要严把幼儿园的质量关,使其如同雨后春笋,蓬勃发展,欣欣向荣。

生态和谐文化使幼儿园绿意盎然,春色满园,发展了孩子,成就了教师,成长了幼儿园;生态、绿色、和谐文化会让幼儿园奏响科学发展、快速发展、可持续发展的和谐乐章,呈现出"树木丛生,百草丰茂"的勃勃生机;和谐使幼儿园"日出江花红似火,春来江水绿如蓝"。让我们循着文化的路径,沿着绿色的足迹,建设幸福的校园,享受和谐的教育。

(三) 建设和生态文明要求一致的课程文化

生态文明建设是关系人民福祉、关乎民族未来的长远大计,新中国成立后,我国几代领导人都强调科学发展、持续发展,特别是科学发展观的提出,党的十八大报告中第一次单独阐明生态文明建设,提出了努力建设美丽中国,实现中华民族永续发展。十九大报告更将生态文明建设列为党的国策,提出政治建设、社会建设、经济建设、文化建设、生态文明建设五位一体的新格局。幼儿园是基础教育的重要组成部分,幼儿园文化要在党的国策下,符合国家的政策、法规,课程文化要和幼儿园文化同步。我园的生态文化就是在国家政策、城市建设要求下初步形成的。

1. 传承与创新

生态文化是生态文明建设的核心和灵魂,生态文明建设要靠生态文化引领和支撑。同样,课程文化是课程的核心和灵魂,生态博览课程的规划与实施离不开生态文化的引领和支撑。建设生态文明要树立新的观念,运用新的思路,创造新的环境。生态博览课程文化同样需要树立新的课程观、儿童观和教育观,要运用新的思路,课程是一个系统,不再是教师的"专利",而是师幼、家园、社会共同开发的;课程是桥梁,是幼儿获得有益经验、实现幼儿全面和谐发展的桥梁;要创造新的环境,环境是课程的重要组成部分,要充分利用周围的自然资源和社会资源,创设安全的、健康的、温馨的、学习的、互动的生态环境,供幼儿学习与探究,真正让幼儿参与决策,并在生态和可持续发展领域行动,不仅利用环境学习与发展,还在与环境的互动中形成可持续的理念和价值观、知识和能力、态度和情感。

回顾我国的生态文明建设历程,生态文化建设经历了早期环境意识的觉醒和探索期、环境保护立法期、国际接轨期、理念确立期和走向新时代期,生态文化逐步形成。生态课程文化不是一蹴而就的,而是28年的坚守,从建园初期的环保教育、生态主题课程、生态式课程、和谐课程到今天的生态博览课程,课程文化几乎是伴随国家生态文化的发展而不断形成的。

传承和创新是生态文化的重要方面,也是生态博览课程文化的重要方面。从文化根源来看,文化要具有民族性和传承性。传承是指我们的前辈积累了丰富的课程文化,许多优秀的、丰富的课程理念和课程资源会给今天的课程带来启示和启发,也符合生态文化保护与利用的要求。从文化的发展看,文化要具有时代性和创新性。创新是课程的生命力,社会不断发展,理念不断更新,儿童不断变化,都要求课程不断创新,我们的课程文化也随着生态文明建设以及生态文化的发展而不断创新。其不仅符合国家和社会的要求,也符合不断变化的儿童发展的要求。

2. 开放与共享

党的十一届三中全会以来,改革开放成为建设中国特色社会主义的总要求,也是生态文化的总要求,"共享国家富强、中国美丽、人与自然和谐,实现中华民族永续发展"成为党对新时期的要求。

生态博览课程也是开放性的课程,具体体现在:课程目标的开放性,以儿童的现实需求和能力制定相适应的目标,而不是固定不变的;课程内容的开放性,以满足幼儿需要、贴近幼儿生活为要求,选择适宜的内容,不高不低、不偏不倚;课程实施的开放性,走出封闭的教室,在生活中,在大自然、大社会中学习,在活动中探究和体验;课程评价也是开放的,幼儿、教师、家长和与幼儿发展相关的人员都是评价者,随时、随地根据需要采用不同的方法评价。

幼儿园以开放的态度积极构建开放的课程文化,给予教师充分的课程规划权利,教师可以根据本班幼儿的实际能力和需要,设计班本课程、生本课程,满足班级和幼儿个性化的发展需要;课程实施也是开放的,教师可以不完全按照设计好的方案进行教学,而是根据幼儿的发展情况和兴趣需要,灵活调整课程方案。

共享是中国特色社会主义本质的时代映现,构建人类命运共同体、共享人类文明成果、共同推进国家繁荣,无论在国际上还是在国内,共享理念无处不在。近年来,党和国家带领全国人民推动社会和经济的快速发展,实现经济上共同富裕、精神生活的共同进步、精神境界的共同提升、精神追求的共同发展与精神家园的共建共享,实现实践和精神层面的超越。

生态博览课程也强调共建共享的课程文化,专家、教师、家长和幼儿都是课程的建设者和参与者,是课程建设的共同体,也是课程的共同拥有者、使用者。互联网为课程的共享提供了可能,课程资源、课程方案、课程故事等都可以通过互联网实现共建共享。幼儿是课程文化的主体,幼儿间的合作共享也是文化的一部分,幼儿无论是在学习还是在游戏与生活中,都树立合作共享的理念,有玩的大家一起玩,有好吃的大家一起吃,博览园活动为每个幼儿搭建了共建共享的平台,让幼儿从小树立开放共享的价值观,培养开放共享的行为习惯。

生态博览课程还通过不同的渠道实现更大范围的共享,姐妹园之间课程理念的共享、课程方案的共享、课程研究的共享,同行之间的共研、共谋、共进,国际交流中的共同交流、共同学习、共同研究等,使课程不仅是我们的,也是大家的,还是世界的。

3. 绿色与协调

绿色是生态文化的主色调,习近平提出的"绿水青山就是金山银山"指明了人与自然的关系,生态博览课程也以保护幼儿发展的"绿水青山"为己任,强调遵循幼儿身心发展规律,开展符合幼儿身心特点、符合教育规律的教育。同时,幼儿园环境也是绿色的,以自然、有序的学习环境,满足幼儿学习和探究的需要,不追求高大上。如充分利用每一个空间,楼顶也打造成幼儿游戏的活动场地,户外更多的是花、草、树和幼儿种植的小农场,没有时尚的造型,没有过多的高档玩具,既便于幼儿学习探究,又能激发他们想象和创造,充满自然和谐之感。

生态文化的协调既着眼于全面发展,又强调发展的平衡性。生态博览课程文化同样为了幼儿的全面和谐发展,为了师幼的可持续发展,克服各领域经验的发展不平衡,重智轻能、重知轻情的现象,强调幼儿发展的平衡性、协调性和可持续性。我们会关注什么样的活动适合集体活动,什么样的活动适合个别教学,什么样的活动适合小组活动、区域活动;不仅关注专门性教育活动,还要关注渗透性教育活动,孩子的每一个活动都是教育的好时机,我们要善于把握时机,及时开展教育活动;不仅关注预设的教育内容,还要考虑生成活动的开展,时刻捕捉生成点;不仅关注课程理论,还要关注课程实施。如课程目标是否符合幼儿身心特征,是否具有层次性;课程实施过程是否是师幼积极互动、共同发展的过程,是否强调师幼之间的对话、互动、合作;课程内容是否与幼儿的生活密切相关,是否是幼儿喜欢的形式,强调以幼儿为本,尊重幼儿的人格,关注个体差异,尊重其独特的体验;幼儿学习方式是否注重自主、合作、探究;课程评价是否能发现幼儿潜能,帮助幼儿认识自我表现,建立自信;评价主体和评价方式是否多元化等。

4. 和谐与共生

坚持人与自然和谐共生,实现中华民族永续发展是新时期中国特色社会主义建设的基本方略,也是生态文明建设的核心和目标。和谐共生也是我们追求的幼儿园文化和课程文化。

生态博览课程以"和谐生长"为理念,强调幼儿的和谐生长、教师的和谐生长、课程的和谐生长、幼儿园的和谐生长。课程基于"人与自然、人与社会、人与人"三个维度,走以"生态"为核心的和谐发展之路。开展生态课题研究之初,我们以环保教育为主,主要是通过研究,选择一些适合幼儿的教育内容,收集成册《环保教育——树木》,现在我们以"和谐"为核心,探索一条既符合幼儿发展规律,又不脱离实际,既能得到先进理论引领,又能得到家长和社会认同的"和谐教育"。我们从新型的师幼关系入手,提倡教师"生活中做孩子的妈妈、学习中做孩子的导师、游戏中做孩子的伙伴、行为中做孩子的表率",开展生态教育;从情境培训入手,提高教师和家长之间的沟通能力;从情感管理入手,融洽管理者和教师的关系;使得家园之间、师幼之间、干群之间关系和谐,营造生态氛围。

建构和谐共生的课程文化是以"遵循规律、尊重差异、个性发展"为内涵要求的创生过程。幼儿的年龄特点决定了课程的规划和实施不同于其他学段,没有规定的课程科目,没有统一的教材大纲,课程实施的途径是多样的,教师们灵活地从幼儿需要出发,设计满足幼儿全面和谐发展的课程;幼儿是独特的生命个体,每个幼儿都有其独特性,课程要尊重每个幼儿的发展速度,设计符合幼儿差异性的课程,让每个幼儿都能富有个性地生长;和谐的师幼关系也是生态博览课程文化的核心部分,师幼的关系是平等的、互动的,把促进幼儿的和谐生长作为教师的重要使命,尊重、赋权、支持幼儿,赋予幼儿更多的生命关怀,建构可以让每个幼儿都成为"阳光好问、健康活力"的生态人的课程。

和谐共生的课程文化追求幼儿全面和谐发展的同时,也追求教师的可持续发展,在课程研究中提升专业素养,在课程规划中提升专业能力,在课程实施中实现教学相长,在课程反思中实现持续生长,促进教育水平的不断提升。

和谐共生的课程文化还促进课程本身的可持续发展,课程理念不断更新,课程结构不断优化,课程质量不断提高。伴随着幼儿的全面和谐可持续发展,教师的可持续发展,课程也实现了可持续发展,三者达到互相推动、互相促进,实现自然有序、全面平衡、富有个性、持续发展、和谐共生。

综上所述,生态博览课程文化和生态文化一样,也追求生态物质文明、生态道德文明、生态行为文明、生态制度文明,并且相互协调,促进了课程的有效开展,促进了幼儿的可持续发展。

第三章 幼儿园生态博览课程目标和结构

我们始终坚持儿童的发展是课程的第一要务的理念,在促进儿童可持续发展的生态目的观下编制课程方案,以生态博览课程为桥梁促进儿童全面和谐与可持续发展。

第一节 课程目标与内容

一、课程目标

课程目标是课程的出发点和最终归宿,是对幼儿学习与发展的总体要求,也是课程的方向,是课程内容选择的依据和课程实施与评价的准则。当前在高质量教育的背景下,课程目标要以国家相关政策为依据,以《纲要》和《指南》为指导。生态博览课程在设置课程目标时,关注幼儿全面发展,结合生态文明和可持续发展的要求,以及幼儿学习特点和核心经验,以"和谐生长"为核心理念,培养"阳光好问、健康活力"的幼儿,使幼儿成为课程的主人、课程的创造者,具体的课程目标如下:

培养能够立足现在与未来的"生态人"。不仅具有《指南》各领域的核心经验,还具有生态文明和可持续发展所要求的生态价值观、生态知识、生态情感和生态行为习惯。生态博览课程目标关注各个领域的整合和渗透,形成课程总目标—领域目标—年龄段目标三级目标体系。

课程总目标:培养"阳光好问、健康活力"的幼儿,使其成为"关心关爱、文明文雅、好问好学、动手动脑、身心健康、自主自信、表达表现、创新创造"的全面和谐可持续发展的"生态人"。

领域目标:具体从身体健康、社会情感、语言表达、科学认知、艺术创造、学习品质、生态文明等各个领域多个指标的整体发展,整合渗透可持续发展教育目标,使幼儿具有生态文明和可持续性的价值观念、知识能力、情感态度、行为习惯。

年龄段目标：根据幼儿年龄特点，制定大班阶段目标、中班阶段目标和小班阶段目标。每个班级根据幼儿年龄段目标及幼儿发展的实际需要，设计具体的课程和活动目标。生态博览课程和许多课程一样，目前采用主题活动的形式，制定主题活动目标。（详见图3-1）

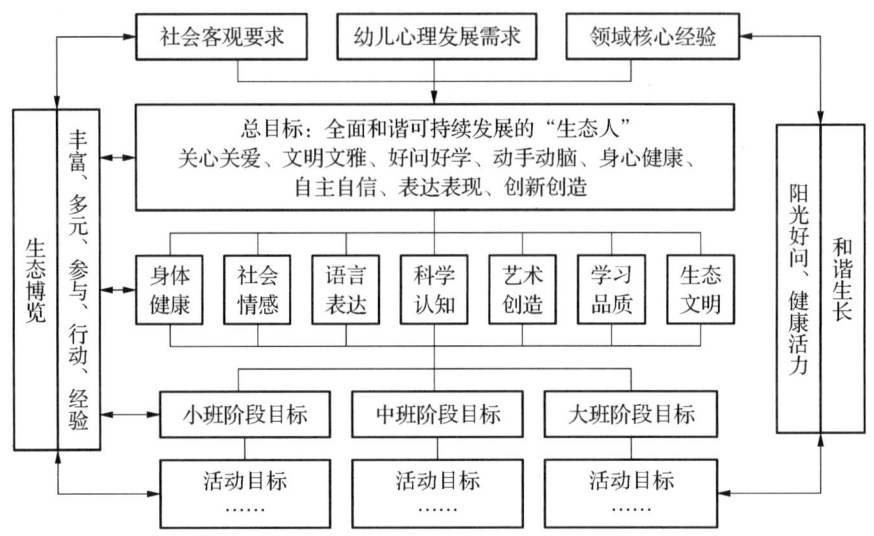

图3-1 生态博览课程目标体系图

二、课程内容

生态博览课程内容基于幼儿的兴趣、需要和已有经验，关注幼儿的生活和资源，根据《纲要》《指南》中各领域的核心经验，结合"全面、均衡、联系、整合"的要求，注重内容的趣味性、适宜性、发展性，以主题活动、区域活动、博览园活动、亲子活动、项目活动为主要形式，通过丰富的资源、多样化的活动，引导幼儿在环境中发现问题，在活动中探究问题、解决问题，帮助幼儿获得可持续的生态意识、生态知识、生态情感、生态能力，获得生态成长。

课程基于幼儿年龄特点、发展水平、兴趣需要，基于丰富的课程资源，整合领域核心经验及可持续发展教育要求，以五大领域的核心经验和生态文明的要求为基础，分为"人与自然、人与社会、人与人"3条主线，"地球生命、科

第三章 幼儿园生态博览课程目标和结构

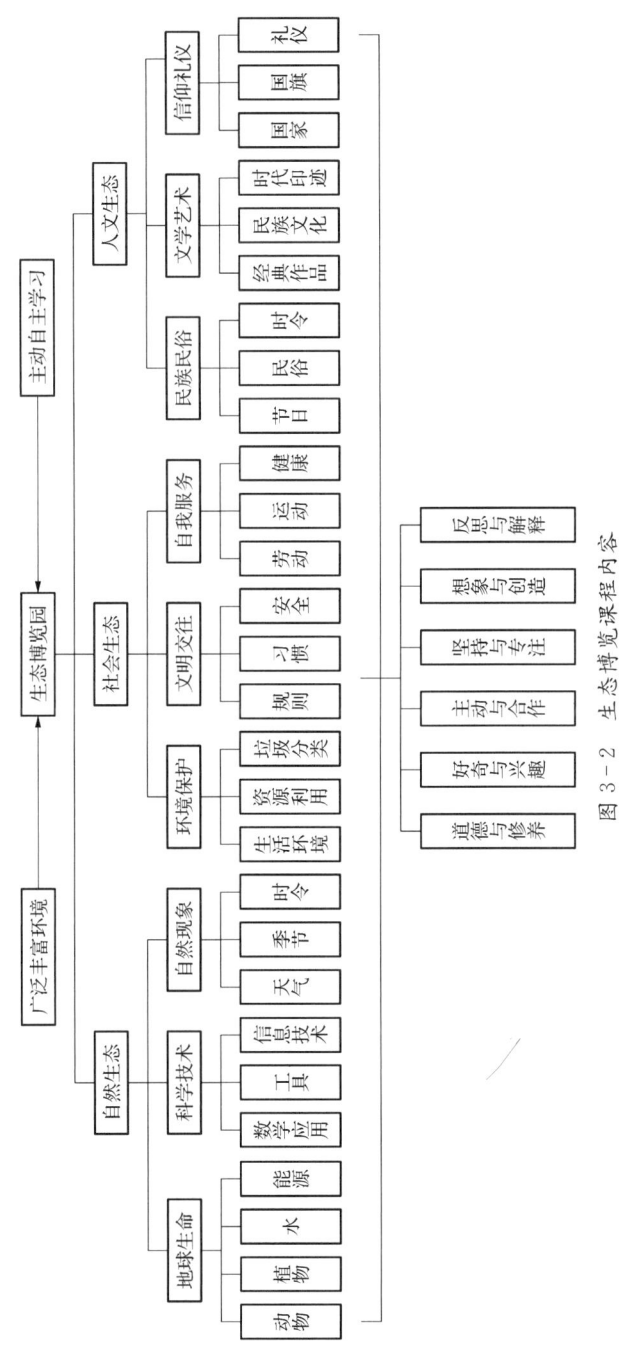

图3-2 生态博览课程内容

学技术、自然现象、环境保护、文明交往、自我服务、民族民俗、文学艺术、信仰礼仪"9个方面,"动物、植物、水、能源、数学应用、工具、信息技术、天气、季节、时令、生活环境、资源利用、垃圾分类、规则、习惯、安全、劳动、运动、健康、节日、民俗、时令、经典作品、民族文化、时代印迹、国家、国旗、礼仪"28个板块。通过师幼互动和幼儿自主学习,形成"道德与修养、好奇与兴趣、主动与合作、坚持与专注、想象与创造、反思与解释"等品质。(如图3-2所示)

第二节 课程结构

我们以幼儿的心理发展和学习特点为课程组织实施逻辑,设计符合幼儿身心发展的多样化的课程实施途径,充分利用广博的环境,激发幼儿主动学习的愿望,引导幼儿在与环境的互动中,不断感受、体验、探究,从而丰富、拓展、提升经验,提升学习品质。同时我们采取领域整合、显隐结合、里外融合的方法,将生态可持续发展的理念和要求整合渗透到课程中,为幼儿全面发展和可持续发展奠定坚实的基础。(如图3-3所示)

一、领域整合

(一) 整合到主题学习中

主题活动是现在幼儿园采用的基本活动形式,围绕一个共同的学习话题,根据五大领域幼儿发展的核心经验要求,多方面地整合多种形式的活动,让幼儿全面发展。通常幼儿园都以幼儿主体和教师主导结合,采用集体活动、小组活动、个别活动结合的方式,根据不同情况灵活运用。在设计与实施主题活动时,我们一改以往按课程目标备课,按课程计划实施,以教师为主、"教师教、幼儿学"为主的方式,调整为以"观察分析—确立目标—选择内容—设计方案—课程审议—确定方案—灵活实施—评价调整"为路径,根据幼儿在活动中的发展情况,灵活调整课程设计,优化课程方案,真正做到以学定教,使学习优质高效。

(二) 整合到区域游戏中

通过创设有趣、有吸引力的环境,投放带有内隐目标的低结构的游戏材

第三章 幼儿园生态博览课程目标和结构

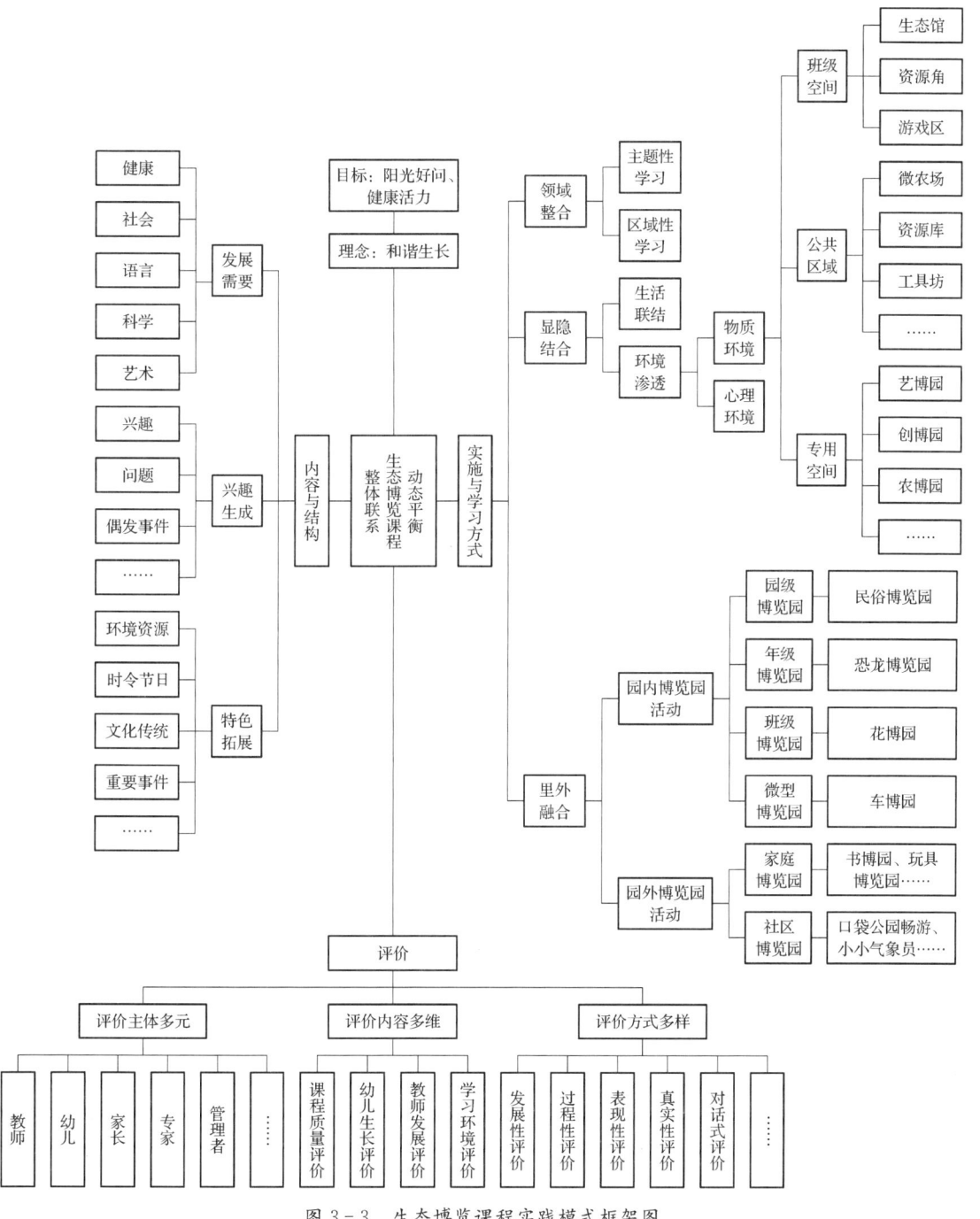

图 3-3 生态博览课程实践模式框架图

料,以区域的形式进行的学习活动方式,是幼儿重要的学习途径。生态博览课程中的区域游戏也是幼儿最喜欢且最有价值的活动形式。有别于教师规划设计、教师投放材料的区域游戏,生态博览课程的区域游戏真正让幼儿自主,让幼儿自主设计环境,自己选择同伴,自己设计游戏玩法,以"自主规划与设计、自主探究与交流、自主调节与评价"的幼儿自主学习路径,关注个体差异、满足幼儿学习发展需求。在区域游戏中,幼儿的自主是建立在教师将目标内隐的前提下,教师根据对幼儿的观察与分析,以幼儿的最近发展区为依据,和幼儿一起共同选择、设计、制作丰富的材料,创设有准备的学习环境,让具有不同发展水平的幼儿在区域中都能进行适宜性的学习。区域的范围是广泛的,有班级固定的以学习为目的的学习区,有以合作学习、社会性情感培养为目的的公共区域,有以培养幼儿创造力为主的自选创意空间,有以自然探究为目的的户外种植和饲养区域,有以身体锻炼为目的的体育游戏区域等,满足幼儿不同领域的学习与发展要求,满足幼儿个性化学习与发展的需求。区域游戏还是集体教学活动的延伸和拓展,有些集体教学活动由于时间、空间等条件的限制,将幼儿操作和练习延伸到区域中进行,以使每个幼儿都达到教学目标,获得发展。

二、显隐结合

显性的课程是教师有目的、有计划地规划和实施的课程。教师有意识地将生态知识、生态能力和生态情感等要求设计在课程中,如集体活动中共同探究和讨论"河",在幼儿前期学习与研究的基础上,集体讨论河与人们生活的关系,知道要保护母亲河;又如在小组活动中,和幼儿一起研究恐龙的秘密,通过共同查找、研究资料后,了解到恐龙为什么灭绝了,明白要善待动物,保护环境等。除了组织有目的、有计划的活动外,我们还将培养幼儿的生态意识和生态习惯渗透在活动中,目标内隐,起到潜移默化的教育作用。

(一)与生活联结

幼儿园一日生活皆课程,课程内容来自生活,幼儿的生活是课程的重要基点,课程组织也基于幼儿的生活。我们将自我服务、自然有序、友好合作、绿色消费、节约能源等理念融入一日生活中,帮助幼儿在一日生活中不仅获得身体健康成长所需要的经验,还养成可持续发展所要求的生活方式和行为习惯。

（二）环境中渗透

环境是资源,环境是教师,环境是幼儿学习的最佳场所。在环境中学习是课程实施的途径,也是幼儿最喜欢的方式,与环境对话,幼儿心情愉悦,自然学习。我们充分利用每一个空间,根据幼儿年龄特点和学习需要,创设各种学习的环境,让幼儿持续生长。我们利用班级、走廊、户外和专用活动室,设立"生态馆""资源库""微农场""博览园"等,让幼儿在与环境的互动中,生发思维、行动和学习方式的改变,丰富有益于身心健康发展的经验。

三、里外融合

除了幼儿园内的活动之外,大社会、大自然都是活教材,社区和家庭也是幼儿学习和发展的场所。

（一）园内的博览园活动

每个幼儿园都有传承的、创新的、带有园本特色的活动,有的结合节日,有的结合突发事件,有的结合本土文化等。我们结合幼儿园多年的文化传承,以及生态教育的理念,根据生态博览课程特色,组织专门的活动:环境日、科技节活动;园内的博览园,如园级博览园——民俗博览园,年级博览园——恐龙博览园,班级博览园——花博园,微型博览园——车博园等。

（二）园外的博览园活动

家庭是幼儿园共同教育的伙伴,家园合作能最大限度地发挥教育的作用。我们的生态博览课程也离不开家长的支持和配合。生态博览课程有教师与家长共同组织的活动;有家庭中的博览园,如书博园、玩具博览园;有家长参与的博览园活动,如户外远足。此外,带领幼儿走进社区、走向社会开展的博览园活动,也深受幼儿的欢迎,如走进自然的活动"口袋公园里畅游",走向社会的活动"小小气象员",走进社区的活动"四季园的故事"等。

第三节　课程实践思路

生态博览课程作为一种创新的课程,既要贯彻落实生态文明和可持续发展的要求,又要符合儿童博览"丰富、多元、参与、行动、经验"的特点,作为行动研究性的课程,我们从如下几个方面开展实践。

一、探索持续发展的课程路径

为了给幼儿提供广博多样、丰富多彩的学习环境,满足幼儿自主探究的需要,激发幼儿内在的学习动机,增强幼儿的学习兴趣,我们提出生态博览课程的学习样态,变革幼儿学习方式,变外部压力为内在动力,变被动学习为主动学习,变教师安排为幼儿自主选择,变接受学习为自主探究。这些符合生态教育自然有序、平衡动态、和谐共生的要求。

二、探索多种学习方式的课程实施

新一轮课程改革强调学生自主性学习,江苏省课程游戏化提出"自由、自主、愉悦、创造"的游戏精神,都对课程的组织实施中幼儿的学习方式提出了新的要求,生态博览课程在组织与实施中变革幼儿的学习方式,强调幼儿的主体性,强调通过丰富的资源与环境,引导幼儿通过自主式学习、参与式学习、合作式学习等多种方式,促进学习的有效发生。

(一)自主式学习

1. 以"自主选择"为基础使用学习资源库

为了便于幼儿学习,我们将丰富多样的材料通过整理归类,以"资源超市"形式呈现,选择生态环境中常见的资源,遵循方便幼儿自主选择、自由取放的原则,建立"超市式"的资源收集、整理、归类的机制,按资源自身性质、作用、结构、领域等进行分类存储,一目了然,随到随取,方便快捷。

2. 以"自主创设"为中心建构探究学习空间

基于平衡动态、自然协调的理念,我们将师幼、家长共同收集整理的丰富的学习资源,按一定的主题和形式,开辟专门的学习空间,借用儿童博物馆的思路,建构以师幼共同设计、共同规划、共同布局的,满足幼儿探究学习需要的,供幼儿欣赏、互动、操作的专门游戏环境,分为微型博览园、中型博览园、大型博览园,是不同于教室和活动室的专门的探究学习空间。

3. 以"自主探究"为核心建构自主学习模式

我们通过建设幼儿学习平台,促进幼儿学习方式的变革,变原来由教师设计、安排、组织各类教育教学活动为"师幼共同寻找、收集学习资源;师幼共同设计、创设学习环境;幼儿自主规划、选择学习内容;幼儿自主思考、探究学习问题;幼儿自主交流、表达学习感受;幼儿自主回顾、评价学习效果"的新型幼儿自主学习方式。

4. 以"自主完善"为补充搭建自主学习网络空间

我们利用现代信息技术手段,将已经形成的经验和正在收集整理中的活动资源,通过网络和电子设备进行展示和储存,将幼儿已经开展过的精彩活动过程或瞬间展示出来,既可以帮助幼儿回顾经历过的博览园活动,又可以让他们从别的小伙伴的活动中受到启发,开展新的活动,还可以让同行、教师以及家长了解、分享活动的成果,使博览园成为一个动态的、不断完善的网络博览园。

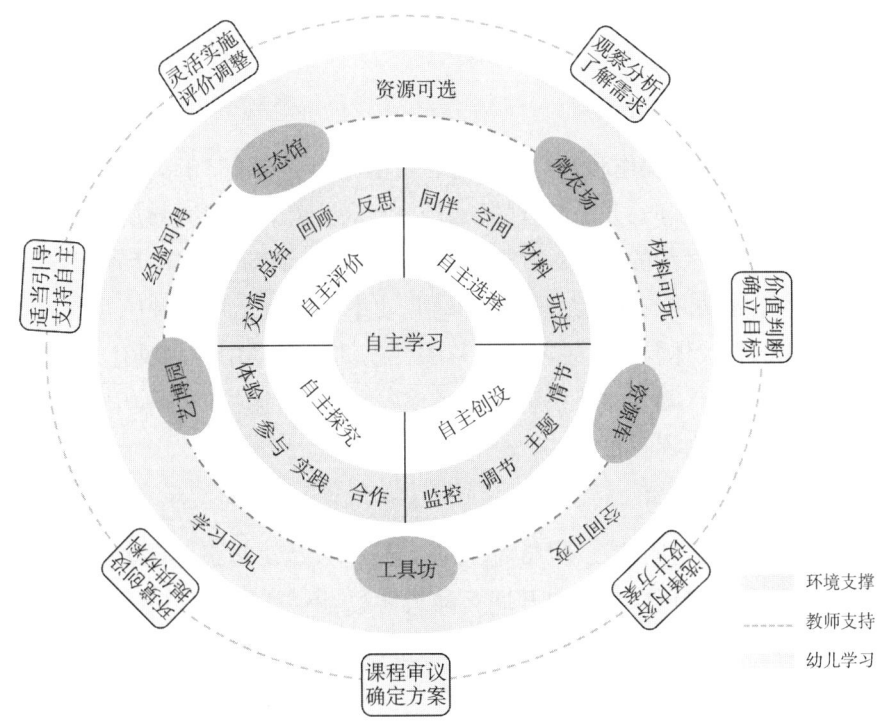

图3-4 幼儿自主学习行为探索和支持系统

(二) 参与式学习

传统的课程中教师是权威,课程的设计与实施都由教师主导,生态博览课程强调幼儿的主体地位,幼儿是课程的主人。幼儿参与整个学习过程,参与课程设计,参与环境创设,参与课程评价。我们鼓励幼儿对自己的学习负责,培养幼儿思考和行动的能力,特别是解决问题的能力。

(三) 合作式学习

我们鼓励合作式学习,促进幼儿之间相互交流、共同发展,促进师幼教学相长。这不仅是我国基础教育改革与发展的文件规定,也是可持续发展教育的要求。我们为幼儿创设一个良好的环境,把空间、时间和材料等都交给幼儿自己安排、自由选择,为幼儿主动参与、全员参与创造条件,鼓励幼儿为了达到一定的目标一起去学习和游戏,明确分工、各尽其职、实现目标、体验快乐,建立良好的人际关系,体现互相尊重、互相友爱、民主平等的师幼关系。幼儿分工合作,集体作出决策、集体完成任务、集体实现目标,有利于培养幼儿的集体责任感。

(四) 体验式学习

直接感知、动手操作和亲身体验是幼儿学习的特点。体验式学习也是最符合幼儿年龄特点和幼儿最喜欢的学习方式,幼儿喜欢用最直接的方式体验周围事物和自己生活的关系。生态博览课程以各种活动为载体,创设形式多样的情境,激发幼儿与环境互动,鼓励幼儿动手、动脑,运用多种感官获得丰富的、积极的自我体验。生态博览课程关注幼儿在活动中的各种体验,使每一次精彩的活动都伴随着幼儿独特的情感体验,幼儿在愉快的体验中,丰富情感、内化知识,实现课程目标。

(五) 互动式学习

与环境互动,与同伴互动,与周围的世界互动,是幼儿获得自然成长的学习方式。幼儿不仅可以在园内开展互动式学习,还可以走到户外,参与社区和当地的活动,感受当地的文化和风土人情,体验在幼儿园内学习所无法达到和实现的状态。幼儿往往对外部世界充满好奇,常会在现实中发现问题、研究解决问题的方法,成人可以为他们创造机会,让他们接触更广阔的社会环境,学会交往,学会与周围的世界互动。

第四章　幼儿园生态博览课程保障

生态博览课程的实施离不开有效的课程保障和课程管理。随着幼儿园课程改革和课程游戏化的深入实施，园本课程的构建成为各所幼儿园争相尝试的课程建设内容，而课程管理的良好规划与执行，可以为幼儿园课程高效、高质量的实施提供必要的保障机制。生态博览课程从课程管理的背景、理念、架构、原则等方面入手，通过分析、梳理和总结，重点对课程管理中的组织保障、制度保障、人员保障、物质保障做出了一定的规则。

第一节　组织保障

组织保障是生态博览课程规划与实施的重要保证。根据SWOT态势分析法，通过反思生态博览课程实施的优势、劣势、机会与威胁，我们将课程建设中的各种影响因素相互匹配起来，既有利于完善课程的组织与管理，又有利于提高课程建设的质量。

一、国家法律法规的支持

《中华人民共和国教师法》规定，教师享有"从事科学研究、学术交流、参加专业的学术团体，在学术活动中充分发表意见"的权利。《幼儿园工作规程》明确指出幼儿园教师的主要职责之一是"参加业务学习和保育教育研究活动"。《幼儿园教师专业标准》指出教师应以能力为重，坚持实践、反思、再实践、再反思，不断提高专业能力。也就是说，从事教育教学研究是幼儿园教师必备的能力，是职责范围内的行为，受到法律保护。

二、教育行政部门的推动

随着各级政府关于学前教育行动计划的实施，教育行政部门、科研管理机构、学术团体等对于幼儿园课程改革研究和成果评奖也逐渐重视起来，从国家到地方都给予了大量的政策倾斜和资金支持。原本幼儿园教师可参与的教科研平台寥寥无几,现在,针对论文、案例、优秀游戏活动等开展的各种评奖活动比比皆是,为众多幼儿园和广大教师提供了研究、思考和发展的空间,使得幼儿园和教师的努力得到了充分肯定,更是感受到了学术上的被重视,加之课程游戏化等教育理念的不断更新、教科研部门的精心指导、政府对于幼教事业的重视和支持,幼儿园课程研究和实施有了良好的环境和氛围。而各级教育行政部门对幼儿园课程实施的导向,亦会推动课程实施的取向,会对幼儿园课程实施起到重大的影响作用,因此,他们的决策、支持与推动非常重要。

三、幼儿园可持续发展的需要

在良好的外部环境影响和专业发展需求的驱动下,幼儿园的可持续发展亦要求传承、创新和发展现有成果。幼儿园教师大多工作积极、态度认真,有创意、有想法,动手能力强,愿意开展各种有益的尝试,开展探索性、研究性工作。因此,提供学习的机会、发展的平台是给予教师们最大的支持,也是幼儿园可持续发展的有力保障。生态博览课程是我园在原有生态课程基础上不断进阶的过程,是使我们的课程不断向好的方向转化的过程,我们在生态博览课程的价值基础上,还需要从可持续发展的角度,对现有课程进行整体分析、规划,明确运行机制和实施管理策略,加强课程编制者和实施者之间的沟通,提升课程实施者对于课程的理解与实施能力。

第二节 制度保障

制度保障是生态博览课程有效开展的有力保证。"没有规矩,不成方圆",规章制度是园所的基本活动准则,能保障园所有序运行,能使园所职工形成良好的秩序感,完善各项制度能让身处幼儿园的每位教职工都明确自己该做什么,每一项工作如何开展。幼儿园的各项工作都需要制度的支持,课程实施同样如此,因此,制度保障是生态博览课程实施的根本。强有力的、适宜的、配套的制度,明确规定了制度内相关工作内容、工作流程,能保证课程实施落到实处。在具体的课程实施过程中,我们需要建立相关制度,实现用制度约束和规范各项工作的目的,使得课程实施工作顺利开展。

在生态博览课程的实施中,我们常常使用的制度有三类。一是草根教研制度,每个教师都是一棵研究的小草,研究孩子,研究课程;二是课程审议制度,课程计划、课程方案三审三议,运用集体的智慧,实现真正意义上的高质量备课;三是课程评价制度,课程实施前、中、后都要进行多种方式的评价,不断调整和修订课程,使课程优质高效。

一、草根教研制度

我园的园本教研基于我园"年轻化、专业化、特色化、研究型"的教师队伍现状,基于我园多年的生态教育实践、和谐文化建构,着力打造带有我园绿色元素的"草根教研"平台。我们带领所有教师共同学习、共同研究、共同成长,在互动分享中提升教师的教育智慧,使得我们的新手教师在研究中获得成长,有经验的教师、骨干教师在成长中走向成熟。

我们的草根教研理念可以用三个关键词来概括:从容、朴实、执着。提到草根,人们就会想到那漫山遍野的一片片、一丛丛自由生长的绿草,无人关注却从容不迫地生长着。它们极具凝聚力,相互簇拥,相互传递,相互兼容,互为补充。教师的成长就像草的生长,需要扎根在土壤里,在土壤中传递着各自的不同特性,又兼容了别人的特点,才能显现出整合的智慧。我们鼓励全园的每个班级、每位教师都参与到教研活动中来,提倡"人人参与""一个都不能少"。它是全体教师研究火花的迸发,研究智慧的凝聚,它使我们的团队研究意识不断增强,团队研究水平不断提升。提到草根,人们就会想到草的朴实无华,平凡自然。草根教研基于教学、基于幼儿、基于教师、基于幼儿的一日生活,它是立足于教学第一线,立足于教育活动实践,不带任何修饰的、真实的教学研究,也是教师可持续成长的状态。在草根教研的磨炼中,教师学会观察幼儿,学会理解幼儿,学会如何让幼儿的学习看得见,从而不断提升专业素养。提到草根,人们就会想到草儿顽强的生命力,它是那么茂盛、那么坚韧。无论土地贫瘠与否,无论环境恶劣与否,它都能自由生长,生生不息,绵延不绝。草根教研根植于教育实践这片沃土,同样具有坚强的生命力,并且充满了生机与活力。它是基于日常教学的有价值的研究,它能激发教师的研究激情,提升教师的研究智慧,使教师在研究过程中不断成长。

草根教研活动采用"五环渐进式"开展,主要有选、备、说、磨、研五个环节,整个过程层层递进,螺旋上升,内容明确,既有学习、分享,又有实践、研讨,通过交流互动、兼容分享、迁移提升,使得教师不断深入反思与探究。

第一环节,选。在我园的课程安排中,统一课程占80%,园本课程——生态博览活动和科学研究活动各占10%。每个年级组可以根据活动主题及年级组的实际情况,有目的地选择一个生态特色活动、一个科学研究活动作为园本课程内容。我们的草根教研就从关注孩子的需要开始,通过观察,寻找核心问题,由此展开讨论。

第二环节,备。确定内容后,教师们先进行独立规划,每位教师都要经过自己的思考规划活动,再由年级组长组织集体审议,形成活动目标、活动流程、活动准备等主要活动框架,接着每位教师根据交流内容调整自己的活动规划,进入下一个环节。

第三环节,说。我们鼓励教师在"备"的基础上,把自己的活动规划说出来,集体研讨和审议,通过教师之间的互动交流,优化整个活动。这个阶段主要让教师知道怎么去说,怎么说才说得更好,从而深化自己的教育行为。

第四环节,磨。从"备"到"说",教师们已初步形成组织活动的基本思路,但理论和实践毕竟是有距离的。我们要求每个教研组进一步对活动进行优化。这个阶段,教师通过"磨",提高了规划和组织活动的能力。

第五环节,研。经过前四个环节后,教研组再次集体审议,对活动中发现的问题进行更深入的探讨,提升经验,形成一个个生动的生态博览课程案例,再运用到平时的教育工作中去,最后将成果向全体教师共享。

我园的教研活动从问题的提出,解答,到交流、总结,紧紧围绕"互动、分享与提升"三个方面进行。交流互动——交流是一种方式。通过信息互动、资料交流让教师们步入活动,通过理论梳理和以往经验的总结,提出困惑,进行研讨,渐入佳境。兼容分享——兼容是一种品质。这一过程中,教师之间通过听、说、研、练的环节,展开头脑风暴,不时碰撞出智慧的火花,交流互助,兼容分享,达到交融共享的目的。迁移提升——迁移是一种能力。每位教师都有自己独特的思维方式,都擅长从自己独特的视角去看待问题,这正应了"横看成岭侧成峰,远近高低各不同"这句古语,由于看问题的视角不一样,每个人的眼里既有自然呈现的美丽风景,但也会因为思维定式禁锢了自己的视野,忽略或漠视了溪流与山峰背后更值得欣赏的景色。因此,开阔视野必须学会迁移和提升。提升的主要目的在于了解不同层次教师个体发现与研究问题的惯有思维规律,帮助教师梳理出对于教育问题的价值澄清、原因分析、策略筛选,进而引导他们在类似的教育情境中进行迁移和类比,从而促进各层次教师快速成长。

二、课程审议制度

课程游戏化推进以来,幼儿园的教研方式也在不断适应游戏化的要求,适应新的"游戏"精神。为了进一步在一日活动中凸显"自由、自主、创造、愉悦"的游戏精神,同时也为了提高工作效率,减轻教师们重复备课的负担,在生态博览课程的实施过程中,我们在反复研讨的基础上对原有的备课形式进行了调整,变"独自备课—集体研讨"为真正的课程审议,并形成了课程审议制度。

附:

生态博览课程审议制度

(一)课程审议

1. 以生态博览课程的实施及建设为目的,教师对课程的实施过程及具体教育实践情境中的问题进行深入思考、讨论和分析,以获得一致性的理解与解释,并最终做出恰当的课程变革的决定及相应的策略。

2. 审议过程一般以年级组为单位开展,要求教师共同参与、共同论证。

3. 审议内容:课程目标、环境资源、活动内容、材料提供等。

4. 根据课程的发展需要,审议工作应动态循环,而不是一劳永逸。

5. 每次审议须有主持人、活动方案、活动记录;由业务园长审查把关并做好召集人员和收集资料的工作。

6. 业务园长每次参与一个年龄段的课程审议活动。

(二)课程审议基本流程

1. 对本学期拟将实施的生态博览课程进行全面审议(开学初进行):既要审议整个学期的主题目标,也要对生态博览课程安排的适宜性进行讨论、调整。

2. 课程实施前的审议:对活动目标、环境资源、预设活动等进行研讨,提

出问题并预设解决问题的策略。（一般提前一周以上）

3. 课程实施中的审议：对具体教育实践问题进行深入的研讨，并将研讨的共性结果及时应用、调整到课程体系中。

4. 课程实施后的审议：根据实施情况，分析验证前期审议过程中设计的解决问题的策略是否可行，问题是否得到解决等，也可以就生态博览课程实施过程提出新的问题，并对前期审议过程进行整理，梳理课程审议记录。

5. 对整个学期的生态博览课程进行再次审议（学期末进行）：审议整个学期课程目标、生态博览课程活动安排的适切性，也要对大家共同关注的具体内容进行讨论、修订。

（三）集体审议要求

1. 活动准备——"四定"。定时间、定地点、定内容、定负责人。

2. 集中研讨——"四备"。主持人召集本组教师提出审议要求，讨论审议内容，包括目标、教材、教法、学法，讨论时要充分发扬民主精神，允许不同意见的争鸣。

3. 分析课程——"五点"：重点、难点、知识点、能力点、教育价值点。

4. 撰写方案——主负责人在审议前拿出方案初定稿，然后根据集体审议情况，撰写或修改方案。

5. 信息反馈——下一次集中研讨时，把上一次审议内容在实施中反映出来的重点问题提出来，以供借鉴。

三、课程评价制度

众所周知，幼儿园课程评价的最终目的是促进幼儿的学习与发展，因此，幼儿园课程的一切评价都应当围绕幼儿的发展而进行。在实际的课程评价中，我们通过幼儿学习与发展评价来剖析课程目标的达成程度和课程的适宜性与合理性，并进行适时的调整与改进。适宜有效的课程评价不仅将幼儿的学习与发展作为重要内容，还将促进幼儿的学习与发展作为根本目的。

附：

生态博览课程评价制度

（一）生态博览课程评价由课程领导小组具体承担。建立幼儿园课程管理制度；建立以教师自评为主，园长以及有关管理人员、其他教师和家长共同参与的评价制度;具有科学、具体、有效的课程评价体系及评估标准细则。

(二)生态博览课程评价应以符合幼儿园办园宗旨和发展目标为准绳,体现生态博览课程特点,体现幼儿发展的多元化和全面性。

(三)生态博览课程评价标准应科学、合理、细致,具有教育和发展功能。

(四)建立幼儿发展评价制度,课程评价不仅要关注幼儿的现有发展,更要在了解幼儿的基础上关注幼儿的可持续发展。评价应自然地伴随整个教育过程进行,综合采用观察、谈话、作品分析等多种方法,考察评估幼儿情感、态度、能力、知识、技能等方面的发展,及时解决教育实践中的问题。

(五)指导教师开展自我评价,并组织教师采用灵活、恰当的评价方法对教学实践和幼儿发展状况进行评价反思,及时调整教育目标与实施策略。

(六)引领家长参与课程的管理与实施,指导家长客观评价幼儿的行为表现和发展变化,并及时对班级教育教学工作提出意见和建议。

(七)研究生态博览课程的可操作性和实用性,及时填写、发放生态博览课程评价表,评价科学、有效,并指导家长有效参与,不断提高该课程的开发水平。

(八)生态博览课程的评价要注重周期性地对课程执行情况、课程实施中的实际问题进行分析评估,调整课程内容,改进课程管理方略,形成该课程不断革新、不断适应幼儿学习需求的机制。

第三节 人员保障

人员保障是生态博览课程实施的根本保证。优秀、专业的教师团队是课程高质量的基础,扬州市机关第三幼儿园是江苏省示范性实验幼儿园,建园以来始终坚持科研兴园的重要方略,因此,有着浓厚的教育教学研究氛围,人人参与课题,个个参与研究,目前已积累了一定的研究经验,掌握了一定的研究资料,为生态博览课程能够顺利开展提供了研究基础。

生态博览课程的研究基于多年的实践与探索,由拥有生态的理念,优良的师德,专业的知识、能力以及素养的教师设计和实施,从生态教育到和谐课程,从主题区域到科学游戏,我们沿着生态教育的脉络不断前行,留下了坚实的脚步。在江苏省人民教育家培养对象沐文扬园长的引领下实施的生态博览课程,核心成员均为本园骨干教师,大部分为市、区级学科带头人、中青年骨干教师、教学能手等名师,均具有较强的一线教学经验,分别担任执行园长、业务园长、年级组长、教研组长等管理职务,具有丰富的管理经验。作为幼儿园教科研核心成员,他们曾先后参与了幼儿园多个省、市级课题的研究工作。课题研究过程中,他们撰写的多篇论文及设计的活动方案多次在全国、省、市级评比中获一、二等奖。此外,他们还积极参与园本课程和研究成果的编写:《幼儿园生态环境教育的实践与研究》(中国环境科学出版社)、《和谐课程》(广陵书社出版)、《幼儿园主题区域游戏》《幼儿园科学小游戏》(江苏凤凰文艺出版社)、《一起玩,共成长:家庭亲子游戏300例》(江苏凤凰少年儿童出版社)。

苏霍姆林斯基说:"如果你想让教师的劳动能够给他带来乐趣,使天天上课不至于成为一种单调乏味的义务,那你就应该引导他走上研究这条幸福的道路。"生态博览视域下的教师专业成长,是为了提高教育教学质量,提升教师专业化水平,促进幼儿全面和谐发展,以幼儿为中心,满足幼儿的愿望与需求。善于发现幼儿的兴趣,重点关注幼儿、关注资源、关注问题无疑将成为教师在研究过程中的重要任务。

随着生态博览活动的持续开展,园本教研活动成为提高教师能力与发展的有效途径,幼儿园教师专业水平也随之不断发展。以德耶弗斯为代表的一些学者将教师的专业发展划分为5个阶段,即新手阶段、优秀新手阶段、胜任阶段、熟练阶段和专家阶段。根据德耶弗斯的研究,我们尝试在生态博览课程中采用分层教研的方式,转变教研视角,探索工作新模式,把幼儿教师的专业发展分为新手教师、成熟教师、骨干教师三种类别,并根据各类别教师的具体情况实施不同的策略,开展分层教研活动,力争在活动中促进各个层次、各个类别的教师共同发展。

一、新手教师学习策略:模仿中学习,活动中成长

新手教师是指刚刚走上工作岗位的教师,她们善于模仿,接受新鲜事物快,但在生态博览课程中,她们往往表现得有些不知所措,对于如何选择主题、如何读懂幼儿行为、如何支持幼儿活动等方面还存在不少的困惑。她们需要更多的引领和帮助。针对新手教师的特点和专业发展的特征,我们采用

了模仿复制的学习策略,通过对成功活动案例的观摩,给新手教师在实践中提供可供模仿的实例,同时要求新手教师在使用过程中按照自己的能力、自己所教幼儿的实际情况,以及自己的发展和个性特点充分发挥自己的想象力,对活动加以改进,从而进一步帮助新手教师掌握活动模式和规范,迅速提高活动组织能力。

二、成熟教师提高策略:实践中积累,反思中提升

成熟教师具有一定的专业理论知识,工作经验丰富,能够很好地组织开展工作。但有些教师进入了"高原期",专业发展遇到瓶颈,同时由于有的教师已经形成一定的教学风格和教学模式,缺少活动创新能力,从而造成组织的活动缺乏新意和活力,过于程式化。生态博览课程为成熟教师提供了一个促进提高的平台,力求帮助成熟教师调整、反思,提高创新能力。

三、骨干教师发展策略:示范中引领,研究中创新

幼儿园的骨干教师们一般在本领域都有一定的建树或是有了一定的教学实绩,教学经验丰富而又屡屡获得成功。他们具有丰富的实践经验、理论知识,能高效地解决活动中的各种问题,富有创造力,同时也具有一定的教育监控能力。对于骨干教师们来说,学习方式和思维的变革往往是他们面临的挑战。同课异构可以让处于这一层次的教师从新的角度来"转换"思维以及从新的途径用新的设疑方式来看待出现的问题。他们在生态博览课程中起着示范和引领的作用,因此,针对这一阶段的教师,我们采用的是发展策略。骨干教师的示范引领作用责无旁贷,他们可以通过共享活动,将自己成熟的活动方案展现在众人面前,带动一批年轻教师共同成长,从而提高自己的职业幸福感和满足感,在引领他人进步的同时,高级教师和名师自身也获得了发展。

生态博览课程为不同层次的教师搭建了相应的展示平台,营造了一种有利于教师自身成长的氛围,为教师之间的互动、伙伴式的合作等提供了环境。教师们通过层层深入反思,不断解读自己与他人活动背后的教育理念,分享了许多有效的教育策略,在相互的交流、思维的碰撞中获得了实践智慧的发展。

第四节 物质保障

物质保障是生态博览课程实施的基本保证。幼儿是在与环境的互动中学习的,环境是幼儿学习的媒介。我们应利用广博的资源创设丰富的学习环境。一是利用显性资源,创设自然物质环境:形成"资源可选、材料可玩、空间可变、经验可得、学习可见"的学习环境。二是利用隐性资源,创设主体性精神环境:多年生态课程实践自然推动了课程文化的生成,形成了自然和谐、开放合作、自主探究、共同发展的主体性精神环境,和谐共生的学习环境,支持幼儿自主学习,在实现自我可持续发展的同时,推动社会、环境的可持续发展。

直接感知、实际操作、亲身体验是幼儿的主要学习方式。只有让幼儿成为材料的收集者、活动的积极参与者、课程的建设者,才有助于幼儿关键经验的生成,有助于幼儿进行有效学习。我们努力创设幼儿游戏、生活、学习所必需的物质环境和心理环境,幼儿在这里可以尽情观察、游戏、尝试、探究、创造,情感得到体验,智慧得以启迪,身心获得成长。

一、创设幼儿视角的物质环境

只有适合幼儿的,才是幼儿喜欢的。在《指南》指引下,我们和幼儿共同创设融"广、博、趣、变"为一体的博览园,既考虑博览园的整体规划,也关注班级游戏环境的规划和布局,适时、动态地对幼儿的游戏环境进行改造、调整,从室内到室外,从显性到隐性,打破常规的教学活动与游戏活动的界限,引导幼儿在丰富多彩的物质环境中,尽情享受游戏带来的愉悦和快乐,如,科博园活动、全园活动、班级活动、科学爸爸进校园活动。

二、创设探究操作的游戏环境

幼儿园根据幼儿活动需求,利用公共区域和专用活动室以及户外活动场地,提供在班级游戏区域中不能摆放的各种大型的、供幼儿操作探究的游戏设备,供全园不同年龄段的幼儿游戏、操作、探究。幼儿既可以独立操作,又可以合作探究,还可以分享。

三、创设互动参与的合作环境

一是创设平等和谐、师幼互动的积极的、轻松的心理环境,让幼儿怀着逛公园、去游乐场的心情参与游戏活动;二是师幼、家长共同参与设计、制作、收集、整理、展示等工作,让环境创设成为幼儿学习的过程;三是共同打造"博览"环境,凡是幼儿喜欢的,就可以把它作为博物园里的宝贝,有目的、有计划地呈现具有重要价值的物品、材料,在幼儿园创设处处都可以供幼儿观察、操作和欣赏的环境,让幼儿去览、去做、去玩、去学、去乐。如幼儿园打造的花博园,在幼儿园的大生态圈中,我们支持中、大班幼儿认领花博园里的花花草草,让幼儿关注它们、爱惜它们、观察它们、陪伴它们、记录它们,同时记录下它们的生长变化,积累关于植物生命历程的经验。

四、创设和谐共处的社区环境

社区环境的和谐也很重要。我园所处的社区也是幼儿游戏的宝贵资源,为幼儿博览自然提供了广阔的园外环境。我们积极加强与社区的合作,倡导教师带领幼儿走进社区,保护社区环境、为社区献爱心,充分利用社区资源开展活动。丰富多彩的活动,既拉近了幼儿园与社区人们的关系,又形成了幼儿园与社区之间相互协助、相互关爱的良好氛围,从而促进幼儿健康成长、和谐发展。

第五章　幼儿园生态博览课程资源

资源是幼儿园课程规划、设计和实施的重要条件,也是近年来幼儿教师研究的重要内容。随着课程改革的深入,许多教师越来越意识到课程资源的重要性,收集挖掘的课程资源越来越多。生态博览课程在人类发展生态学的理论下,根据幼儿学习与发展的要求,研究合理地开发和利用资源,使其更好地为课程、为幼儿服务。

第一节　拓展课程资源范围

幼儿园、家庭和周边社区等环境,是我们常常开发和利用的资源,地方经济、文化等都与幼儿的发展关联,也是课程资源不可缺少的部分。与幼儿共同生活的人,发生在幼儿身边的事,与幼儿的学习、生活直接或间接相关的物是课程资源,幼儿生活的社区,幼儿园附近的各类公园、医院、超市等也是课程资源,国家、地方的文化、习俗、政策等都是课程资源。动物、植物、天文、地理、社会风俗、社会活动、文化产品等都是课程资源的范畴。与幼儿相关的一切人、事和物都构成课程资源。

一、资源收集的主体

在生态博览课程体系中,资源收集由多方主体共同完成。不论是教师、幼儿还是家长,或是保安、厨师、保育老师,都可以成为资源收集的主体。而在资源收集的多个主体中,幼儿、教师、家长是其中最为核心的成员。原因在于,幼儿能根据自己的兴趣与需要有目的地进行资源的收集,而教师、家长则能够在此基础上,根据活动的目标与价值,有目的地增添、收集资源,从而更好地满足幼儿参与活动的需要。

二、资源收集的范围

我园在资源收集时,以主题、区域内容为抓手,确定资源收集的范围,通常是以从内到外为主线,形成园内外资源地图,建造了园级、年级主题资源库,园内外资源数字库、班级资源角、各个区域资源。

第二节 规划课程资源种类

广阔的大自然中资源丰富多彩,广袤的大社会中资源层出不穷,如何在众多的资源中寻找适合幼儿学习发展的资源,需要教师用一定的标准和方法加以分类,以便更好地开发和利用。对于课程资源分类,国内学者提出了诸多的分类方法,仁者见仁、智者见智,没有统一固定的分类方法,幼儿园根据自身的实际和资源情况,便于师幼共同使用即可。许多文件和课程资源的研究者一般将课程资源分为自然资源、人文资源和社会资源。还有一些学者按照资源的来源、使用和存在方式进行分类,按来源可以分为园内资源、园外资源,园内的资源是幼儿园内部的一切人、事、物,是实现课程目标,促进幼儿发展最基本、最常用的,也是最便利的资源,园外的资源是一切家庭、社区、社会中可用于课程实施的有价值的设施和条件,以及各类自然和社会资源;根据使用的方式可分为直接资源、间接资源,可以拿来就用的是直接资源,需要改良和加工的则是间接资源;根据存在方式分为显性资源和隐性资源,一般看得见的物质都是显性资源,而以潜在方式对课程产生影响的都是隐性资源。

一、整理与分类的要求

生态博览课程资源收集的主体不同,不同的主体对于资源的认识不同,会导致收集来的资源多而繁杂。因此,在进行课程资源的整理与分类时,首先是挑选与生态博览课程内容相关的丰富、多样、有价值的资源;其次是确定好资源分类的标准和类别,按照类别进行整理和分类;再者要基于方便拿取或者查找的原则适当摆放。

二、整理与分类的实践

收集到的丰富的环境资源、课程资源,需要进行整理与分类。这个过程中,往往由教师带领幼儿共同完成。首先,教师根据资源载体性质进行分类,分为物质资源、社会人力资源、网络资源和数字资源四类。而物质资源又包括成品教学具、自制玩具、废旧物品;社会人力资源分校内与校外资源;收集到的各种与博览园主题相关的图片、音乐、文本、视频等形成了数字资源。

三、邀请幼儿参与整理与分类

对于不同的资源,其存放方式是不同的,这就使得在整理与分类时,必须依据资源的存放方式进行。物质资源是以区域和集中存放为主,通常根据博览园活动内容以及幼儿的兴趣,物质材料会被分批投放在区域中,可替换的资源则被集中存放,幼儿可以为资源贴上分类标签,便于整理和存放。社会人力资源以符号形式间接存放,教师和幼儿共同完成的资源地图、家长资源梳理表就是其主要整理方式。数字资源会建立数字资源库,以满足生态博览课程的实施需要。

四、创新资源整理分类方式

生态博览课程倡导幼儿主动参与、自主学习,因此幼儿园建立了以"自主选择"为基础的园级学习资源库。我们在幼儿园设置了大型的"资源超市",尽可能选择身边常见的生活类物品、废旧材料等物质资源,请幼儿参与收集、整理,并按照资源自身的性质、作用等进行归类、存储,为幼儿的游戏活动提供了基础条件。在游戏的过程中,幼儿可以如在超市购物一般,根据需要在"资源超市"里选择相关游戏材料,方便快捷,更好地体现了幼儿自主参与的意识。

第三节 课程资源的选择与利用

课程资源是为课程服务的,而课程是为幼儿的发展服务的,一切课程资源都应该服务于幼儿的发展。能够用于幼儿学习、生活、游戏,促进幼儿有益经验获得的资源才是真正的课程资源。

一、课程资源的选择

生态系统的资源纷繁复杂,不是所有的资源都有利于幼儿的发展和经验的获得,有时选用不当会适得其反,所以用专业的眼光,从幼儿的经验出发,选择适宜的材料是课程资源开发的重要内容。课程是有计划、有目的的,课程资源可以按课程需要选择,因地制宜、就地取材,采取实地收集、网络收集等方式收集资源。课程是幼儿有益经验获得的途径,课程资源要基于幼儿经验获得,分析资源所蕴含的价值,因人而异、因需选材,采用专门收集、随机收集等方式收集资源。课程是各种有价值、多样化活动的总和。课程资源要满足于幼儿开展各种不同活动的需求,我们应整体规划,使其不仅满足个体需要,也满足群体需要,不仅满足当时需要,也满足连续学习的需要,根据需要采取定期收集、不定期收集的方式,在众多资源中选择适宜的、满足幼儿需要的、能够促进幼儿发展的各种类型的资源。

二、课程资源的利用

在包罗万象的环境中选择资源时,要对其潜在的课程价值进行分析,在确定了课程资源后,要认真思考这些资源背后所蕴含的具体教育价值和利用它的有效途径及方式。课程是不断生长的,创设的环境要伴随着幼儿的成长而不断变化,要根据幼儿的全面发展和可持续发展选择并优化课程资源,使其符合幼儿生长规律,不仅要符合课程要求,还要符合幼儿全面发展的要求,不仅满足现在,更要立足将来,为幼儿终身发展服务。

(一)科学投放材料

《纲要》中指出:"幼儿园应为幼儿提供健康、丰富的生活和活动环境,满足他们多方面发展的需要，使他们在快乐的童年生活中获得有益于身心发展的经验。"游戏、学习活动开展的核心是活动材料的投放。活动材料是幼儿学习内容的载体。已经收集整理好的各类资源，尤其是物质资源，应当科学合理地投放在公共区域和班级区域中。生态博览课程理念下的材料投放，更加要注意适宜、动态、平衡的原则，主要包括以下几个方面。

一是投放要具有目标性和针对性。幼儿的发展存在差异，各个年龄阶段的幼儿发展状况、发展层次、发展速度、兴趣需要也有所不同。因此，我们选择投放材料应以幼儿为主，材料投放应有目标性。教师在投放操作材料时，应该根据幼儿的年龄特点，考虑材料是否符合本年龄段的幼儿，同时，使材料能够满足幼儿现阶段的实际发展需要。

二是投放应具有层次性及动态性。层次性体现在根据同一目标的不同层次要求，提供难度不同的材料，以适应不同发展水平的幼儿，如我们可以在同一个博览园活动区域提供原材料、半成品和成品。根据幼儿能力的不同提供难易程度不同的活动材料，能最大限度地激发幼儿主动操作与探索的兴趣，他们不会因为完成不了而对活动失去兴趣，同时又便于教师对不同能力的幼儿进行有针对性的指导和帮助，更好地做到因材施教，促进幼儿在原有水平上获得不同程度的提高。

动态性是指在投放材料时，我们会根据教育目标和幼儿能力及时地进行调整和补充。无论多么有趣的材料，如果总是一成不变，也会失去其原有的魅力。当幼儿对原先投放的材料兴趣减弱时，教师应该及时进行补充、调整，根据幼儿新的兴趣和需要，改进或摒弃不适合的材料，开发挖掘新材料，使投放的材料更具有针对性，更符合幼儿的发展水平。

三是投放的材料要具有可探究性。生态博览课程以激发幼儿自主学习为目标，幼儿作为天生的学习者，能够在环境中，在与材料的互动中，进行主动的思考、探索与学习。因此，教师在投放材料时应考虑到材料能否支持幼儿动手动脑，积极探索。生态博览课程的材料，应该是能带给幼儿操作空间和创造空间的"半成品"材料，因为这类材料更具探究性。与此同时，"半成品"材料还可以引导幼儿完成自己的作品，它适合对客观世界缺乏经验的幼儿选择使用。只有具有探究性的活动材料才能真正地引起幼儿的兴趣，使活动具有持久性，也才能起到发展幼儿思考能力和探索能力的作用。

(二) 有效利用与开发

为了促进幼儿的自主学习,教师还应结合生态博览课程的开展,有效地利用与开发资源,以此来满足课程实施和幼儿深度学习、自主探究的需要。

例如,在与"磁"有关的博览园活动中,幼儿在游戏中发现和磁铁放在一起的回形针出现了离开磁铁也依旧相互吸在一起的现象(磁化现象),而在幼儿还无法理解磁化现象原理的情况下,教师就需要通过提供更多的材料,开发利用这些材料,如各种塑料玩具、泡沫板、钥匙、卡片、蝴蝶夹、形状大小不同的磁铁等,引发幼儿探索是否其他材料也会出现磁化现象;或者提供记录表、秒表等计时工具,帮助幼儿记录这样的现象,以及这些现象维持多长时间;也可以提供一些相关内容的绘本,让幼儿在阅读中发现新的问题,进行进一步的探究;等等。总之,材料越丰富,越利于我们深入地开发与利用,也越能够激发幼儿在操作中获得或是迁移经验,从而促进幼儿深度学习、自主探究的实现。

(三) 建立材料更新规则并实施

我们应根据孩子的兴趣和发展水平投放活动材料,定期或不定期地进行调整、补充、更新。在材料更新中,我园以教师和幼儿为主体,共同建立更新规则,让幼儿真正成为环境资源的主人,在调整、更新材料的过程中增加责任感与自信心。更新规则由教师与幼儿共同商量决定,充分尊重了幼儿的想法与意愿。如,在班级资源更新中,将资源分为物质资源和非物质资源,物质资源由教师和幼儿共同负责更新,一是以数量为更新指标,各类物质资源低于5个(包/盒),则可由幼儿发起再收集;二是幼儿一周统计一次,每周五进行统计,年龄较小的幼儿的统计工作由教师协助完成,年龄较大的幼儿则自主完成统计工作,然后幼儿周末收集整理,周一带相应的材料进行补充;三是幼儿家中设置资源收集箱,幼儿和家长平时就要有意识地收集资源,为更新做准备;四是对于幼儿新的兴趣点,幼儿和教师一起及时增补相应的活动资源。对于非物质资源,则需要教师与家长合作,以幼儿的兴趣、需要和活动开展状况为更新指标,随时更新补充。

(四) 生态博览课程资源分享

生态博览课程以生态发展要求为宗旨,那么必然在课程的实施与组织中,更加注重资源的自然、和谐、可持续性。因此,我园建立了生态博览资源库,包括各种物质与非物质资源,不论是班级还是年级之间,都可以进行资源共享,最大限度地发挥环境资源的教育价值。当然,共享的形式有很多,线上教育资源分享,线下材料资源轮换等等。而在同年级的资源共享中,常常以班级为单位进行。如某个班级利用家长资源开展了"云安全"系列线上交通安全活动,利用钉钉给予家长和幼儿一次面对面的交流学习的机会,同时将该活动录制并分享给本年级其他班级,实现年级内资源共享。而年级之间的资源则常以互换的形式进行。如在年复一年的教育教学工作中,教师对每个年龄段幼儿都积攒了非常丰富的教育资源,其中部分资源可以反复利用,我们可以根据幼儿年龄段的不同,实现年级资源的相互轮换。

第四节 课程资源的整合与重构

在生态博览课程的实施过程中,课程资源的选择和利用是一个方面,而对课程资源的整合与重构则更为重要。因为在课程实施的过程中,很多资源并非直接拿来就可以用,我们需要根据幼儿的兴趣和需要,进一步挖掘课程资源,选择具有教育价值、能够支持幼儿发展和引发幼儿思考的资源。这也是整合和重构新的课程资源的过程。

一、课程资源的整合

不同的环境和资源会造就出不同的园本课程,每所幼儿园因为所处的地理环境、周边的自然资源和人文资源不同,其所呈现出的教育生态和课程也会有所不同。对于幼儿园来说,既要考虑到所处的环境及周边资源,也要考虑本园幼儿的发展需求和教师群体的特质,更要考虑园所的已有资源和优势等因素,只有做到积极整合、有效利用,才能更好地为幼儿提供适宜的课程。

例如:结合幼儿园创意博览园——木工坊活动,我们积极征询,利用家长中的木工资源,邀请有此项技能的爷爷、爸爸、叔叔等走进幼儿园,同时进一步挖掘我们身边的资源。我们了解到,门卫爷爷年轻时曾经做过木工,且技术娴熟,于是,我们请他走进孩子们的课程,参与活动,为我们提供技术指导,为孩子们提供良好的课程支持。随着时间的推移,幼儿园逐步形成了适合大、中、小班幼儿操作的木工操作活动,为生态博览课程注入了新的活力。

二、课程资源的重构

意大利著名幼儿教育家蒙台梭利认为,应为幼儿提供一个"有准备的环境"。这个环境是指一个能够包含幼儿成长所需要的心理、文化、社会、精神等各方面的环境。因此,幼儿园的课程不仅要关注幼儿的生活环境,还要根据幼儿的年龄特点和学习特点,创设丰富的教育环境,使幼儿的一日生活合理、有意义。因此,对于环境和资源的梳理和重构就显得格外重要,因为我们身边的资源很多,仅仅靠"拿来主义",拿来就用是不合适的。我们应该对资源进行甄别、判断,再加以使用。只有适宜的资源,才能造就有价值的课程,生态博览课程格外关注资源的梳理、开发与重构,并以此为基础,逐步形成了我园独有的课程特色。

例如:我们根据幼儿的兴趣和需要,结合幼儿园户外活动场地"四季嬉乐园",一年四季变换不同的活动场景,形成春有花、夏有荫、秋有果、冬有青的四季游戏场景,让环境激发幼儿参与活动的兴趣,充分挖掘环境的教育价值,生成了生态博览课程之二十四节气活动、自然小课堂、一年四季活动等等。这些都是我们对课程资源进行整合和重构,使之成为适宜本园幼儿的课程资源。

总之,课程资源是为幼儿的可持续发展提供适宜的环境和条件。生态博览课程的资源建设,离不开资源的收集、整理、利用、更新与分享。而幼儿所处的生态系统的资源繁杂多样,教师需要用专业的眼光去选择合适的、利于幼儿发展和经验获得的资源,建设生态博览课程资源库。

第六章　幼儿园生态博览课程实施

生态博览课程将生态理念和可持续发展要求创造性地落实到课程中,博览是幼儿学习与发展的主要途径,通过生活联结、环境渗透、区域游戏、博览园活动等实施路径,支持幼儿探究、合作、创造,丰富幼儿有益经验,真正实现课程从物到人、从教到学、从静态到动态、从书本到周围世界的根本性改变。

第一节　生活联结

一、生态博览课程与一日生活的关系

(一) 一日生活是生态博览课程实施的重要载体

幼儿园课程是为幼儿的发展而存在的,幼儿的发展离不开生活。由于幼儿的年龄特点与认知规律,他们对这个世界充满了好奇,他们在对世界的探索、发现中积累经验,在与各种人的接触、交往中获得经验,在各种感官感知、身体行动中获得体验。好奇、交往以及体验是幼儿获得经验的途径。由此可见,幼儿在其好奇心、直接兴趣与需要的基础上,主动行动获得经验。而幼儿的行动对象表明了幼儿的经验来源于生活,生活中的每一个环节,对于幼儿来说都是学习的课程。所以,将生活纳入课程视野,重视幼儿经验、关注幼儿生活已经是目前幼儿园课程必须重视的问题。幼儿的生活经验已然成为幼儿园课程建构的依据之一。在课程建构中,我们必须充分利用幼儿生活经验与课程之间的联系。一日生活也就成了幼儿学习、获得经验的重要载体,幼儿是在生活中体验、交往、学习的。因此,一日生活即成为幼儿园课程实施的重要载体之一。

在生态博览课程实践与研究中,一日生活一直都是被关注的重点与要点。不论是在寻找课程主题,还是设计、实施课程时,我们都充分关注幼儿

的生活,关注幼儿在生活中的经验。只有做到很好地关注,所设计的课程才有可能满足幼儿发展的需求。如果忽视了这样的理念,课程必定是失败的。"应在儿童自己的环境里搜集资料,课程应需要注意到社会生活的意义,但决不可凭成人主观的意见。因为成人的经验,不是儿童的经验。儿童所能反应的,是他自己环境里的社会,但绝不是成人的社会。"[①]因此,在设计课程时,教师应当多问自己"儿童是怎样的?儿童的生活是怎样的?儿童有哪些经验?儿童需要什么?"我们只有将这些问题深刻地记在脑中,并且努力去找寻问题的答案,才能做到关注儿童,关注儿童的生活,关注儿童的经验。

在生态博览课程实施中,幼儿的一日生活为课程的实施提供了基础与保障。首先,一日生活与幼儿紧密相连,幼儿是在生活中学习,在生活中成长的,一日生活经验为幼儿的学习与发展提供了必要的基础;另一方面,一日生活中蕴含着丰富的教育机会与资源,对这些资源的挖掘,是生态博览课程实施的保障,只有充分利用与幼儿息息相关的生活资源,才能最大限度地吸引幼儿参与学习、游戏的兴趣,让幼儿在一日生活中获得更多的成长与经验。

(二) 生态博览课程促使一日生活更加自然、有序、自主

生态博览课程理念是以尊重幼儿生命本真、遵循幼儿身心发展规律、促进幼儿自然有序成长为要求,通过师幼开发与利用"博"课程资源,创设以幼儿自主学习为中心"览"学习环境,激发幼儿强烈的学习动机和积极的学习兴趣,支持幼儿自主探索、主动建构知识,生成新的经验,以形成良好的学习品质。幼儿生态博览课程的建构离不开幼儿的一日生活,课程更加关注幼儿的生活经验,在生活中促进幼儿成长、提升幼儿的相关经验。

在实施生态博览课程的过程中,我们会更加关注一日生活的自然、有序、自主。首先是自然。生态博览课程的一日生活实施以创设自然丰富的生活环境与氛围为抓手,幼儿身边自然的生活资源、生活情境都是教育资源,在这类资源的开发与利用中,幼儿通过学习探究、参与体验等活动,在自然的状态下不断获得成长;而从另一个角度来说,自然也是一种顺应幼儿天性和学习

---

① 张雪门.张雪门幼儿教育文集[M].北京:北京少年儿童出版社,1994.

特点的教育方式,生态博览课程尊重幼儿的学习特点与发展规律,在一日生活实施中,让幼儿自由、愉快并能在生活情境中学习。因此,生态博览课程实施首先会让一日生活更加自然。

其次是有序。生态博览课程以生态教育理念为要求,有序平衡协调是其重要的特征。对于幼儿来说,其自身发展的各个方面是不平衡的,而不同幼儿之间发展速度、水平也是不一样的,这就需要教师在课程实施中,要平衡协调好不同年龄段、不同领域、不同教育组织形式或方式,以更好地满足不同幼儿全方面发展的需要。而一日生活中的各个环节、内容对于幼儿的发展价值都是不同的,如何充分开发生活中的教育资源,发挥生活教育的作用,协调好各个环节之间的关系,成了生态博览课程一日生活实施的重要方面。如生态博览课程中,一日生活的内容、环节如何安排?幼儿在一日生活中的发展目标有哪些?等等。生态博览课程会使得一日生活更加有序。

最后是自主。生态博览课程是基于幼儿可持续发展的要求,让幼儿在课程中能够获得终身学习与发展的能力。因此,自主学习能力是课程的核心目标。"览"就是让幼儿在一日生活中,通过直接感知、亲身体验和动手操作,实现有益生活经验的不断丰富。在一日生活的各个环节中,幼儿可以通过一定程度或者一定方式的"自主",以"自我服务"的形式根据自己的需要完成生活环节的教育目标。所以说,在生态博览课程的实施下,一日生活会更加自主,更能促进幼儿可持续发展。

二、生态博览课程在一日生活中的融入

(一) 科学、合理的时间管理

1. 生态博览课程中时间管理的价值

时间管理,是指在日常事务中有目标地运用工作技巧,合理有效地利用可以支配的时间,从而在单位时间内进行更多有效的活动。在幼儿园一日活动中,除了游戏活动、生活活动、户外活动之外,还有活动之间的转换、秩序的维持等内容,这就要求时间安排合理,能够最大限度地满足幼儿发展的需要。时间管理的重要性主要体现在以下方面。

一是幼儿学习与游戏的保障。幼儿一日活动包含很多方面,生活活动、

游戏活动、学习活动、户外活动等,活动与活动之间还有很多过渡环节,科学、有效地制定活动安排,确立合理的时间安排,减少消极等待的现象,才能做到不浪费时间,合理有效地利用时间,满足幼儿学习、游戏等方面活动的需求。生态博览课程注重幼儿的自主学习意识、能力的培养,因此,在已有时间安排的情况下,幼儿有自主选择、决定、调整时间的机会,这是生态博览课程给予幼儿最生态、最合理的时间安排,是幼儿学习与游戏的重要保障。

二是教师实施课程的重要依据。生态博览课程的实施是建立在科学的时间安排之上的,如何根据幼儿的学习特点、心理状态及现实情况灵活、有效地进行安排,是课程实施的保障。教师应该根据幼儿的学习特点,科学安排一日活动,让幼儿在足够充裕、灵活整合的时间安排下进行最有效的活动,这样的时间安排就成了教师实施课程的重要依据,只有在课程实施中妥善使用时间管理方法,才能让幼儿的活动得以顺畅开展,保证课程实施的效果。

三是教师课程实施能力的提升。生态博览课程的设计与实施是一个系统的长期的过程。基于幼儿的兴趣与需要,教师不断地发现问题,提供支持以促进幼儿相关经验的获得,同时形成自己的课程设计与实施经验。但许多教师由于缺乏时间管理意识和能力,每天面对众多班级管理工作,开展教育教学、教研工作时易陷入身心俱疲的境地,久而久之,一方面影响工作效率,影响课程实施的效果,另一方面也容易引发职业倦怠。因此,时间管理将帮助教师明确课程实施的时间要求,合理安排与规划课程实施方案,在有限的时间内取得最大的课程价值,在提升课程实施质量的同时促进自身课程实施能力的提升。

2. 生态博览课程中时间管理的要求

基于生态博览课程理念,其时间管理以有序和灵活为主要要求。有序,是指有效的时间管理应以幼儿的学习、发展特点、生活规律为基础安排活动。而灵活则是指时间安排灵活并可调整,调整的主体可以是教师,也可以是幼儿,这就给了幼儿充分的自主权。幼儿可以自主设计一日活动时间安排表,也可以在教师的引领下根据季节特点、当下学习的兴趣、状态等及时进行灵活调整。具体来说,可以从以下两方面进行时间规划,来满足有序、灵活的要求。

(1) 以幼儿发展特点为基础安排一日生活时间架构

个体生理活动皆有其自身发展规律,大脑皮层的组织机能同活动是有特定联系的,而按照个体在幼儿阶段的身心发展特点,其大脑皮层发育尚不完全成熟,兴奋和疲劳的转换较为频繁,均不易持久。因此,在进行时间管理时,我们应当有合理的顺序安排,包括睡觉、吃饭等活动的时间都应当相对固定,这样做既能有效保护幼儿的神经系统不受损害,也可以使幼儿形成优良的生活作息习惯,并且满足幼儿在学习、游戏、交往等不同方面的需求。对此,我们在实施生态博览课程时,将幼儿一整天的活动时间以晨间活动、进餐活动、游戏活动、午睡、户外运动等进行大块面的时间分割,除了午睡、进餐这些时间相对固定之外,对其他活动时间并没有进行太多的限制,给予了幼儿按照实际情况进行灵活调整与安排的机会与可能。

(2) 师幼共同讨论决定本班一日活动个性化安排

在基于幼儿发展特点的整体时间安排架构上,为了更好地满足不同年龄段、不同班级幼儿学习与游戏的需要,在生态博览课程的时间管理中,师幼共同讨论班级个性化的时间安排能更好地满足幼儿个性化的发展要求。因此,在遵循动静交替,集体时间与自由时间统筹规划等原则下,教师可以与幼儿一起商议、计划班级活动时间安排,形成个性化的班级一日活动安排表,提高班级管理的秩序,在增强幼儿自豪感的同时,提高了幼儿的自我管理能力。他们要设计、规划自己的一日活动,同时根据时间安排表和自己的需求,自主地做好准备,决定自己游戏、生活的前后安排等内容。因此,个性化的安排能给予幼儿更多的自主选择、自我调整和自我管理,从而使幼儿达到更为理想的活动状态。

3. 生态博览课程时间管理的实践案例

随着我园生态博览课程的研究与实施,教师的儿童观、教学观、课程观也不断地发生变化,这些变化使得课程在时间上有了很多调整,具体在班级一周活动计划制订与实施调整中体现出来。不断调整的活动计划在时间安排上更加适宜幼儿需求,能更好地促进幼儿的自主发展。调整策略主要有以下几点。

(1) 适度减少集体教学活动,更加关注游戏的发展价值

游戏,是幼儿最主要的学习方式。《指南》中明确要求教师应当理解幼

的学习方式和特点:幼儿的学习是以直接经验为基础,在游戏和日常生活中进行的,要珍视游戏和生活的独特价值。皮亚杰对儿童如何建构对世界的理解和改善自己的认知结构提出了自己的观点,其"认知发展阶段论"将儿童的思维发展分为四个阶段,其中感觉运动阶段和前运算阶段指明了3—6岁儿童的学习方式,儿童必须通过感官、运动在有意义的活动中获得新的认识。而杜威提出的"做中学"理论,强调要让儿童"在真实的任务中进行探索学习","学习应该是在主动的实验探索中发生的,而不是在别人的权威中被动地接受知识"。[①] 不论是皮亚杰的"认知发展阶段论",还是杜威的"做中学"理论,都在一定程度上说明了游戏是幼儿最适宜的学习方式,幼儿是在与游戏材料的互动中,在与游戏伙伴的交往中,在游戏环境的体验中,获得最为直接的感知与经验。这对幼儿身体的生长与发育,动作技能、认知、社会化等方面的发展具有重要价值。

因此,在生态博览课程实施中,我们更加注重游戏活动的价值。首先进行了集体教学活动节数的适度减少,增加了更多的游戏环节与时间,以保障幼儿游戏的需要;让教师从以往的集体教学活动为主,慢慢转变为集体教学活动和游戏活动相结合,再向完全游戏活动过渡。如此的调整,给了教师一定的适应空间,同时也在一周活动计划的制订与实施中,不断提高了教师对于游戏价值与作用的理解与认识。

(2)灵活安排一日活动环节,更加重视幼儿的内在需求

在生态博览课程的理念下,教师十分关注幼儿的兴趣与需求,会对幼儿的自主学习进行支持与满足,这是"儿童本位"观念的体现与实践。教师应当学会尊重幼儿的兴趣与需求,最大限度地满足幼儿学习与发展的内在需要,满足幼儿自主活动的需要。陈鹤琴先生在其"活教育"理论中提出了"做中教,做中学,做中求进步"的方法论以及幼儿教学的十七条原则,都是"儿童是学习的主体"这一思想的体现,不论是"活"还是"做",都是在强调幼儿是主动学习的,具有主动学习的需求与动力,教育必须尽可能地满足幼儿主动学习、自主发展的需要。

因此,我们在生态博览课程中计划一周活动时,对原本固定化的一日活

---

① [美]约翰·杜威.民主主义与教育[M].王承绪,译.北京:人民教育出版社,2001.

动安排进行灵活调整,在一周活动计划表内不再明确区分时间,取消了上午、下午的时间分类,而是以内容进行环节划分,如晨间活动、班级区域、公共区域、集体活动、户外活动等环节,且每个环节并没有固定的先后之分,实际实施时可以完全按照幼儿学习与游戏情况进行灵活调整。例如,幼儿在晨间玩套圈游戏时,衍生出了多种玩法,并且在晨间游戏时间即将结束时,还在乐此不疲地进行尝试、探索,此时教师可以根据幼儿探索的兴趣,给予幼儿充足的探索时间,满足幼儿花样玩圈的需要,而不是人为地根据活动计划安排,粗暴地停止幼儿正在开展的活动,转而开展计划内的集体活动或者其他活动内容。

总之,灵活化的时间管理方式会让教师在活动开展中,不断地转变以教师为主体的教育观,更加重视、关注幼儿的个体需求,关注幼儿的兴趣发展,从而更好地满足幼儿主动学习、自主活动的内在需求。

(3) 做好预设与生成的结合,大力促进幼儿的自主学习

在生态博览课程中,教师对幼儿兴趣与需要更加关注与尊重,从而促进幼儿的自主学习。因此,一周活动从以教师预设为主的情况逐渐变成教师预设与生成课程相结合,在时间管理上,给予了课程生成更多的机会,更好地满足了幼儿自主学习的需要。

(二) 自主、有效的班级规则

1. 班级规则制定的价值

幼儿园班级规则,作为幼儿园班级管理的重要组成部分,在很大程度上影响幼儿园班级活动的开展。班级活动需要教师和幼儿共同完成,规则是班级活动组织的基本保证。同时,班级规则对幼儿行为习惯和社会化的发展又有着至关重要的影响。《纲要》中已经明确指出,要"让幼儿理解并遵守日常生活中基本的社会行为规范",因此,对于身心发展水平低,自我保护意识、判断能力较弱的幼儿来说,规则就是他们形成社会行为规范的前提。所以,制定适宜幼儿发展的班级规则,能在很大程度上促进幼儿社会行为规范的形成。

而就目前班级规则的制定与实施情况来看,教师对于班级规则的理解存在片面的现象。很多班级规则的制定仅仅是为了控制幼儿行为,为了管理班

级秩序,并没有在规则中真正考虑幼儿的自主发展需要,不符合幼儿自主学习与发展的规律。因此,在生态博览课程实践中,我园根据课程理念,以尊重幼儿生命本真、遵循幼儿身心发展规律、促进幼儿自然有序成长为要求,制定以幼儿为中心的班级规则,能更好地促进幼儿社会行为规范的形成,促进幼儿身心和谐、平衡发展。

2. 班级规则的内涵

班级规则是幼儿在集体生活中所要遵守的基本行为规则,是日常生活中重要的教育内容。班级规则主要包含两方面的内容:一是一日生活中各个环节的内容和注意事项,二是集体生活中幼儿的基本礼貌行为。生态博览课程理念下的班级规则,更加注重幼儿的自然生活状态,注重幼儿合理的自主权。

3. 班级规则制定的主体

生态博览课程以促进幼儿自主学习、自然发展为目的,因此,对于班级规则的制定会更加考虑幼儿的发展需求,真正做到以幼儿为中心。为了避免班级规则仅是教师管理班级秩序、控制幼儿行为的手段,我园在开展生态博览课程时,要求教师学习有关班级规则的价值与意义,了解当下课程改革的核心是重视幼儿的需要与主体地位。因此,我园制定班级规则时,树立的是"双主体"的理念,班级规则由教师和幼儿共同制定:一方面教师能够全面地把握班级规则各个方面的内容、规范与要求;另一方面,幼儿的参与能帮助教师最大限度地了解幼儿在生活、学习、游戏、交往等环节中的想法和需求,并能充分考虑不同年龄段幼儿的特点,使得班级规则更加符合幼儿生活的需要,更加适宜且有效,也更加利于实施与遵守。

例如,班级规则中的作息时间问题,教师可以引导幼儿自己商讨、设计制定,请幼儿记录不同时间段的活动内容、活动地点,并用自己的方式进行表征,这样的系列表征就组成了这个班级的作息时间表。让幼儿参与制定,能更好地引导幼儿自觉遵守,帮助幼儿做好活动的规划、设计、预期与安排。

又如,对于班级公约,教师可以与幼儿一起讨论,让幼儿用适合的方式表征,并进行约定签署,或贴画或盖小印章或签名,这不仅充分发展了幼儿的自主学习能力,还增强了幼儿在班级规则制定中的主体作用。

再如,对于游戏规则,幼儿也是与同伴、教师共同商议,以什么样的方式选择、确定游戏内容,怎样玩,几个人玩等,都是在共同协商的过程中形成的。

(三) 生态、有序的生活环节落实

课程来源于生活,一切生活都是课程,基于此理念,我们将生活活动作为生态博览课程实施的重要途径。而幼儿园生活环节是由入园晨检、盥洗与如厕、进餐、户外活动、午睡与自我整理等方面组成,虽然是零散的,但是对于幼儿来说有着非常重要的意义,因为良好的生活、卫生、学习习惯都是在生活活动中逐渐养成的。生态博览园课程中的生活活动,应当是生态、有序的,同时不仅是幼儿园内的生活活动,还应延伸到园外的日常生活中去,只有两者共同配合,才能真正促进幼儿自主能力的发展。

在生态博览课程中的生活环节,我们主要通过以下方式进行组织与指导。

1. 关注幼儿生态环境,以生活化情境引导习惯养成

幼儿处于一个复杂的生态系统当中,从布朗芬布伦纳的人类发展生态学理论来看,与幼儿关系最直接最紧密的就是微观系统和中间系统。因此,教师应当十分重视幼儿的微观系统环境、中观系统环境,利用生活中的进餐、喝水、如厕等环节,以情景化的方式引导幼儿良好生活习惯的养成。

【案例】小班生活活动:喝水

开学初,小班幼儿集体喝水时经常会出现"水漫金山"的情况,幼儿蜂拥而至,争先恐后,"他挤我""有人推我""我的水洒了"种种意外情况导致很多幼儿变得抵触喝水,觉得喝水是件麻烦事。"喝水要排队"这一要求幼儿都知道,但心里其实并不清楚,或者说从知到行还存在差距。根据这种情况,教师在水桶前贴上即时贴标记,引导幼儿在水桶右边排队,在左边喝水,中间空出位置倒水,有了明确的规定后,幼儿对于排队有了概念,知道从哪儿排队,在哪儿喝水。与此同时,教师还和幼儿一起讨论、总结喝水的注意要点,并将幼儿的想法以他们看得懂的方式呈现在"今天你喝水了吗"展板上,幼儿讨论出的"喝水流程图"让喝水环节变得井然有序,幼儿喝水的积极性也提升了。

2. 根据幼儿学习特点,以灵活有序的方式提升幼儿经验

生态博览课程是以"幼儿为课程主体"的,相对应的生活活动的组织,也

必须明确幼儿的学习特点、现有生活经验。对于幼儿现有情况的了解,是我们开展适宜有效的生活活动的前提,同时也是我们选择有序、灵活的教育方式的依据。比如,不同幼儿发展水平和能力不同,我们在日常生活中,会发现同一个班的幼儿,有些自我服务能力较强,有些则能力较弱,存在很大的个体差异。而不同年龄段、不同幼儿的学习特点也不同,这就要求我们的教育方式必须以一种灵活、有序的方式进行,指导的方法和侧重点也是不同的,可以由教师直接指导,也可以发挥同伴的影响作用,还可以以图片、视频等材料间接指导。

【案例】小班生活活动:穿鞋子

由于小班幼儿年龄小,动手能力较差,很多家长都喜欢给孩子买有搭扣的鞋子,这样幼儿穿起来比较方便。中午起床后,我经常发现很多孩子鞋子会穿反,虽然我们看到这种情况都会提醒,但是效果并不明显。结合小班幼儿年龄特点和思维水平,我灵机一动,说:"小朋友们,你们的小耳朵在哪里?是在中间还是两边?"孩子们都回答:"两边。"我接着说:"看,你们的鞋子也有两个小耳朵,两边的搭扣就是鞋子的小耳朵,快去摸摸看。如果小耳朵长在鞋子中间就说明你们穿反了。"这个方法很奏效,孩子们很快就能自己判断有没有把鞋子穿反。自此以后,孩子们很少出现鞋子穿反的现象了。

对于小班的孩子来说,枯燥的技能训练或一味地灌输知识并不能解决问题,一个简单又形象的比喻就能让幼儿自主观察,学会穿鞋子的正确方法,轻松解决了问题。而中、大班幼儿能力逐渐增强,教师在指导时既要注意示范引导,也要给幼儿更多自主学习的空间。

3. 关注中间系统的影响,提升家园间的有效配合

在影响幼儿发展的系统中,中间系统是微观系统之间的联系或相互关系,不同微观系统的关系会对幼儿的发展产生积极或消极的影响。因此,生态博览课程的生活活动组织,需要家园密切配合,才能达到事半功倍的效果。教师和家长都要积极为孩子创造环境和条件,保持步调统一:一方面家长要树立正确的教育观念,坚持不懈地培养幼儿良好的生活习惯,使幼儿在幼儿园中养成的生活习惯在家里得以巩固和发展;另一方面,教师也要多向家长宣传科学的教育方法,提高家长的参与度,家园合力,共同促进幼儿良好习惯

的养成,为他们的人生奠定最坚实的基础。

【案例】大班生活活动:"21 天光盘行动"打卡活动

班级组织开展了"21 天光盘行动"打卡活动,孩子们的表现可圈可点,就连平时吃得慢的孩子竟然也不甘示弱,进餐速度都比以往要加快很多。而每次吃完后幼儿最开心的事莫过于自己打卡,数一数自己连续几天光盘了。周五进餐打卡结束后,我听到了孩子们在讨论:"明天放假了该怎么打卡呢?"这确实是一个值得思考的问题。于是,我组织孩子们交流自己的想法,最后大家一致认为回家也可以继续打卡,于是我们将打卡行动延伸到家庭中,家长们也积极响应配合,为幼儿树立良好榜样,积极参与光盘行动,坚持每日光盘打卡,幼儿也圆满完成了"21 天光盘行动"打卡任务。

第二节 环境渗透

一、物质环境建设

(一) 物质环境建设的要求

生态博览课程的核心是通过开发与利用"博"课程资源,创设以幼儿自主学习为中心的"览"学习环境,从而激发幼儿强烈的学习兴趣,支持幼儿从原有的经验出发自主探索,主动建构知识,生成新的经验,以形成良好的学习品质,实现自然有序全面和谐的成长。因此,从生态博览课程的内涵出发,其环境建设必须满足"生态""博"与"览"的要求。

1. 利用自然、社会等资源,丰富物质环境建设

布朗芬布伦纳的生态系统论让我们改变了对幼儿发展环境的认知,启发我们从多系统、多维度去关注影响幼儿发展的环境。在其生态系统论中,每一个个体都是生活在一个庞大的系统当中,有与个体活动和交往直接相关的微观系统,如家庭、幼儿园;各个微观系统之间的联系或相互关系构成了幼儿发展的中间系统,如家园之间的关系;而幼儿不直接参与却能影响他们发展的因素形成了巨观系统,存在于以上三个系统中的文化和亚文化是最外层的外围系统。在对幼儿发展系统的认知下,生态博览课程中的环境建设,必须

整体、联系地考虑这些因素,从文化、价值观、政策、地方资源、家庭、社区、幼儿园等诸多方面思考幼儿可持续发展的生态环境。

因此,在生态博览课程的物质环境建设中,应充分开发和利用幼儿园、家庭、社区、各类公园、医院、超市等资源,同时还应考虑地方经济、文化、习俗、天文地理、社会活动等资源,形成自然、全面、多样的环境建设资源体系,丰富课程环境的建设,从而激发幼儿融入环境、参与环境,与环境互动,实现与环境共生。

2. 确保可操作性、可探究性,提升环境教育价值

生态博览课程的环境还应充分发挥育人价值。首先,我们应思考幼儿的学习方式。幼儿的年龄特点决定了他们的学习方式与其他年龄段孩子学习方式不同。幼儿的学习方式有很多,比如游戏学习、探索学习、模仿学习、操作学习、交往学习等。而如果从不同维度分类还会出现许多不同性质的学习,如接受性学习与发现学习、模仿学习与创新学习、情景学习与抽象学习、自主学习与他主学习等。然而,无论是何种学习,操作——都是幼儿在提高认知、获取经验的过程中必不可少的。

皮亚杰的认知发展理论为幼儿"操作"的价值给出了科学的解释。皮亚杰将儿童的认知发展分为四个基本阶段:感知运动阶段、前运算阶段、具体运算阶段以及形式运算阶段。初生的婴儿,需要靠直观的感知动作去与周围的事物发生联系,获得对这些事物的认识与了解,他们的主要认知结构是感知运动图式。而学前阶段的幼儿则处于前运算阶段,虽然他们开始建立符号功能,可以凭借表象进行思维,但是他们依旧需要依靠感知动作建立表象。因此,皮亚杰的理论给了我们清晰的认识,幼儿有其年龄特点,他们的学习方式是直观的、感知的,我们为幼儿提供的学习环境,应当具有可操作性,幼儿通过实践操作,才能获得对事物最直观的感受与认知,从而丰富自身的经验。

其次,杜威提出了"做中学"的教育思想,主张从经验中积累知识,从实际的操作中学习,通过自己的实践操作提升认知,获得新的经验。因此,生态博览课程的环境,不仅仅要满足幼儿的操作需求,还应具有探究性,能给予幼儿在现有水平上更好地提升经验的可能。与此同时,我们要牢记好奇好问、爱玩爱学是幼儿的天性,幼儿是天生的主动学习者。生态博览课程也更加强调

幼儿的主体性。幼儿不仅是生态环境的主人，也是课程的主人。在生态博览课程中，我们所提供的环境，必须是能让幼儿主动、自主地参与的，自主探究性的生态环境，才能更好地支持幼儿去观察、去思考、去实践操作，不断丰富认知与经验，从而获得可持续的发展与成长。

（二）物质环境建设的实践

1. 物质环境建设要点

幼儿的学习是在游戏中进行的，他们在游戏中获得经验的丰富与成长。因此，为幼儿提供的学习环境应具备以下几个特点。首先，应有趣味性。具有趣味性的环境能吸引幼儿参与进来，从而引发幼儿的学习活动。其次，应当具备安全性。不论是室内还是室外，空间内的设施设备、材料工具等，都应确保幼儿在游戏中不会有危险，如柜边、桌角都应是圆弧形或者有防撞条，户外池塘边有护栏等等。再次，丰富的空间环境能激发幼儿多样的游戏行为，因此，在进行物质环境创设时，丰富性也是应当考虑的重要原则。如室内提供多个丰富有趣的活动区域、室外有不同类别的游戏场地，幼儿能很容易地选择感兴趣的活动，且能保持长时间的专心投入。最后，环境建设还应考虑幼儿之间的差异性，每个孩子都是独立的个体，他们性格不同，兴趣爱好不同，有的喜欢热闹、社交性活动，有的则喜欢安静的、独处的活动；男生与女生之间也表现出较为明显的游戏偏好；与此同时，研究表明幼儿会有隐私的需求。因此，物质环境建设时，需要考虑幼儿个体之间的差异性，为幼儿提供全面的活动与游戏机会，满足幼儿不同的需求。

2. 物质环境建设原则

生态博览课程是以生态文明建设要求和可持续发展教育的理念为指导，以《纲要》和《指南》为依据，以生态系统理论和建构主义理论为基础，因此，在建设物质环境时，应充分考虑开放性、灵活性以及丰富性的原则。

（1）开放性原则

开放性原则主要有三层含义。一是指开放性的物理环境。不同的空间之间可以相互渗透，同时，幼儿能够获得开阔的视野，可以自由地进行交往活动，自主选择活动内容，不受活动空间规划的限制。二是开放性的心理环境。在空间中的人或者物，都是"以儿童为中心"的，能充分调动幼儿的自主性和积极性,鼓励他们在空间环境中自主探索,获得经验。三是开放性的交往环境。在环境建设中,幼儿园的公共区域、功能室等,是能够同时满足不同年龄幼儿的游戏需求的,这样的环境给予了不同年龄幼儿之间交往的机会,他们能够在其中充分地与环境接触,与不同年龄的同伴进行社会交往,进行主动观察、思考和创造,获得发展。

(2) 灵活性原则

生态博览课程的环境应该是灵活的,且具有可持续性和共享性。一是室内、室外环境,都应能够根据幼儿的兴趣和行为进行灵活调整,如室内区域的围合、联通或分割,以适应不同活动对场地的需求;二是环境中所有的资源都不应固定为某个班级或者某个年级使用,而是可以通过共享的方式为所有幼儿使用。

(3) 丰富性原则

生态博览课程的物质环境,还应当符合丰富性原则。丰富的环境能让幼儿自主选择游戏形式,保持兴趣和参与度,延长专注时间。不论是室内环境还是室外环境,都应充分考虑幼儿发展的多元目标,可以从语言、科学、健康、社会、艺术等多方面设置不同类型的活动空间。此外,丰富性原则还要求能充分运用多种园内外资源,为幼儿创造丰富的游戏空间与活动方式,促进幼儿可持续的发展。

3. 园所整体环境建设

(1) 环境建设范围

幼儿园中的一切环境都是生态博览课程的环境,墙面、走廊,室内区域如功能室,室外空间如公共区域等,都是生态博览课程园所环境建设的范围。

比如,除了整体区域设置,在幼儿园整体环境建设时,墙面创设是其中的重要方面,楼梯墙面、户外立柜、种植园地栅栏等都是需要建设的内容。生态博览课程的核心是让幼儿成为课程的主人,让幼儿能够主动、自主地进行游戏、学习。因此,我们为幼儿提供了随时记录、互相学习模仿的机会,让墙面"会说话"。在环境建设中,我园充分发挥墙面的记录功能,幼儿可以随时进行多样化的记录,给予幼儿充分表达的机会;生态博览课程的内容展示,又成为同伴之间互相欣赏、学习的环境。

(2) 环境建设的方式与形态

在生态博览课程理念下,幼儿园的环境建设以功能室和室内外公共区域为主,同时以常规内容建设和博览园主题建设为主要方式,并形成了不同的空间形态。如常规内容建设中,根据幼儿的兴趣与发展需求,我们设置了户外音乐区、沙水区、创艺走廊、户外艺术区、"微农场"、建构区、资源库等公共区域,创设了四季嬉乐园。而随着幼儿园开展园级、年级的大型博览园活动,在环境建设上,我们会增设或调整,如园级博览园有科博园、车博园、民族博览园、民俗博览园、工具博览园等,年级博览园有花博园、树博园等。环境建设兼顾开放性、灵活性及丰富性原则,最大限度地满足幼儿游戏的需求。

4. 班级环境建设

(1) 生态博览课程墙饰设计与打造

生态博览课程的环境资源既不独立于幼儿之外,也不独立于课程之外,幼儿、环境、课程三者之间是以幼儿为中心,你中有我、我中有你的融合关系。环境是幼儿参与创设的环境,课程是幼儿参与建构的课程。因此,在班级墙饰的设计与打造中,主要以课程开展过程的呈现、幼儿学习经历的展示为主。以班级博览园活动为例,沿着课程生成的脉络,我们了解幼儿的已有经验是什么,他们还想知道些什么,对于相关问题,他们做了哪些探究,获得了哪些经验,如何再进行深度学习等等。除了预设的课程,生态博览课程都会留出一定的空间给予幼儿自主生发课程,并围绕主题提供个别化区域活动,支持幼儿学习和探索,以此生成不一样的活动,推进课程的发展。而这些都会在墙饰中以"课程书"的形式展现出来。

除了"课程书",墙饰打造也会关注幼儿的学习经历并以幼儿主题海报的形式呈现,这也是最常用的一种环境建设方式。主题海报会以幼儿自己的视角呈现他们感兴趣的内容,展示探究的过程,这也让我们成人看得见幼儿,找得到课程。

(2) 班级博览园区域创设与调整

班级内的环境建设,依据江苏省课程游戏化及我园生态博览课程的要求,以多个功能区域为主,教师依据本班幼儿的年龄特点和学习兴趣,考虑动静分离原则、就近原则等,创设美工区、科学区、益智区、阅读区、表演区、生活区等多个区域,以此来满足本班幼儿多方面的发展。在空间布局上,各个区域之间通常用玩具架、网格架、移动小推车等作为间隔物,对不同区域进行划分,以便让幼儿清晰地看到可以选择的游戏资源。同时每个班级还设有留白区,为幼儿提供独处或者创造性游戏的空间。

生态博览课程下的班级环境也有其特别之处。首先是班级博览园和个人博览园的展现。对于班级内集体或者个别幼儿感兴趣的内容,教师可以将幼儿的探索过程以多种方式展示在环境中,营造相应的环境氛围,也可以在区域材料中融合,如英雄博览园、年货博览园、"牛年大吉"等等。

二、心理环境建设

(一) 心理环境建设的应然之义

1. 生态博览课程的观念定位

从应然角度分析生态博览课程的心理环境建设,要明确生态博览课程的观念。

其一,生态博览课程是"幼儿的视角"课程。课程主张以幼儿的兴趣和爱好、动机和需要、能力和态度为基础来设计活动,在以"幼儿为中心"的观察、了解、分析基础上追随幼儿发展,不断进行变化和调整。

其二,生态博览课程是"可持续发展"的课程。可持续性强调以系统、联系、生态的理念设计课程,重视各个系统中的因素对幼儿的影响,既满足于当下的学习与发展,还要立足于幼儿的终身学习与发展。

其三,生态博览课程是"系统性资源"课程。"生态博览"既是课程方式,更是课程理念,与幼儿生活密切相关的一切人、事、物都是课程资源的来源,因此生态博览课程资源是广泛的、丰富的。课程资源为生态博览课程设计和实施提供了基础,教师和幼儿共同收集挖掘课程资源、共同开发与利用课程资源,使其更好地为课程服务,为幼儿的学习与发展服务。

其四,生态博览课程是"自主学习"课程。我们利用和开发适合幼儿发展的"博"课程资源,为幼儿主动积极的"览"创造条件,以"博"的多样性和丰富性及"览"的自主性和探索性,形成稳定的幼儿自主学习生态系统。生态博览课程是自然开放、丰富多元、探索体验、平衡持续的,能引发幼儿充满好奇、积极主动、认真专注、自主探究、克服困难、想象创造,激发幼儿自主学习,提升学习品质。

2. 心理环境建设的内涵

从生态博览课程观念的分析中,我们发现了其出发点和落脚点都是幼儿的发展,是可持续的长远发展。我们关注幼儿的兴趣与发展需要,利用一切适宜的系统资源,更好地促进幼儿自主发展。

因此,在这样的课程观念下,心理环境资源应当是以幼儿为中心的,能让幼儿在环境中感受、体验到安全与自由,表现出轻松愉悦的状态;同时系统而丰富多样的环境能够使得幼儿的好奇心被激发,需要被满足。具有探究性、挑战性的环境能让幼儿不论是在与成人的交往中,或是在与同伴的交往中,都能得到自信、关心、尊重,得到表达、交流、分享的机会,并建立起和谐的人际关系。这就是生态博览课程心理环境的应然状态,是课程心理环境建设的内涵。

(二) 心理环境建设的实然之举

1. 更新家长、教师的观念

为了给幼儿提供良好的心理环境,在生态博览课程的心理环境建设中,我园首先组织家长、教师学习并提升教育观、课程观。

首先,家长作为幼儿园课程实施的重要资源,必须与课程理念一致。在生态博览课程实施中,我园通过全园家长会、班级家长会、家长开放日活动、亲子博览园活动、家长讲堂等多种形式,向家长展示生态博览课程的理念、组织形式、实施途径等内容,让家长在课程参与中、在活动中,逐渐明确生态博览课程是以幼儿为中心,促进幼儿可持续发展的课程。课程以游戏为载体,通过多样化的活动,帮助幼儿提升经验,获得自主学习的能力,让幼儿成为学习的主人,最终实现幼儿的全面发展、个性发展、终身发展。

其次,教师作为课程实施主体,对于生态博览课程的理解会直接影响他们的儿童观、学习观、课程观。而这样的观念,会在课程实施过程中形成积极或消极的心理环境氛围,从而影响幼儿的和谐、健康发展。因此,我园结合园本培训、教研及项目研究工作,定期开展课程研究、学习活动,理论学习与实践研究相结合,帮助教师在思与行中提升观念。

而家长、教师观念的改变,最终会在课程实施中的师幼关系、亲子关系中得到体现。在生态博览课程中,师幼关系是生态的,是互相依存、互相协调、互相合作、相对平等的。幼儿通过设计、创设、探究的方式参与生态博览课程,有了自主学习的空间和平台,成了学习的主人;教师支持、引导幼儿构建博览园,为幼儿创设学习的环境、条件和机会,成为幼儿的伙伴和导师;家长也参与其中,积极配合,用生态的育儿观支持幼儿园开展博览园活动。

2. 营造安全、愉悦的游戏氛围

想要幼儿拥有安全、轻松、愉悦的心理感受,我们应为幼儿创建良好的游戏环境。幼儿首先会从环境与活动中体验到快乐与不快乐,因此良好的游戏环境是生态博览课程心理环境建设的首要内容。在建设园所整体环境与班级环境时,我们会注意为幼儿留有随时自由调整或变换的可能性,环境元素有趣、生动也更容易被幼儿看到、触碰和操控,同时投放游戏材料会考虑幼儿的年龄特点、学习特点和兴趣,能吸引幼儿参与其中,引发他们自主探索的好奇心,让他们在游戏中获得快乐,建立自信。

3. 提供可自由选择的游戏材料

生态博览课程的核心目标是提升幼儿自主学习的能力,那么"自主"就成了课程的重要元素。自主学习,是对幼儿以往被动学习、接受学习的调整与改变。要想幼儿自主,必须从幼儿最感兴趣的游戏开始,为幼儿提供自主选择的游戏材料,能充分发挥幼儿的主动性。幼儿能在自我思考的基础上,选择自己感兴趣或是适宜的游戏材料,这是幼儿游戏、学习方式变革的开始。材料提供方式的改变,基于幼儿尽可能多的话语权、自主权、决策权,让他们在自由探索中萌发兴趣、探究操作、解决问题、积累经验,满足了个体发展的需求。

因此,生态博览课程中,我们收集了丰富多元的游戏、学习资源,幼儿与教师共同建立室内外物质资源库,如"资源超市",完成了园内外资源地图,共同创建幼儿自主学习的平台。这就改变了教师设计环境、投放游戏材料、幼儿被动学习的状况,为幼儿自主选择、自主设计、自主规划等提供了机会,能够最大限度地满足幼儿的好奇心和活动需要,为后续的自主学习能力的提高奠定基础。

4. 支持自主确定游戏内容

生态博览课程应充分发挥幼儿的主体性,给予幼儿自主选择、自主确定游戏内容、自主开展游戏活动的机会。因此,在物质环境创设中,会设置一日活动安排、区域自选牌等,幼儿能根据自己的兴趣与需要,结合当日的公共区域、班级区域、户外场地安排,自主选择想要进行的游戏、学习等活动。因此,在生态博览课程的理念下,不论是小班、中班还是大班幼儿,都有符合他们认知特点的自主选择方式。生态博览课程给予幼儿充分自主决定游戏内容的机会。教师还会在每个区域投放设计本或者是游戏记录本,幼儿可以进行游戏内容的自主规划,我们以多种方式促进幼儿自主思考、自主设计。

5. 鼓励创造性开展游戏活动

"自由、自主、创造、愉悦"这八字游戏精神中,"创造"成了幼儿自主学习的最高发展目标。在心理环境建设中,生态博览课程体系也十分注重幼儿创造性的发展,鼓励幼儿开展创造性游戏活动,如果说自由选择游戏材料、自主确定游戏内容是基础、前提,那么创造性地开展游戏活动则是自主学习的高阶目标。

生态博览课程通过提供丰富的材料,让幼儿能根据自己的兴趣与能力确定游戏内容,并且鼓励、支持幼儿创造性地开展活动。而在环境中,随处可见的游戏计划本、记录本,就是对幼儿进行创造性活动给予支持与帮助。幼儿可以根据材料,对游戏玩法、游戏内容进行设想、规划与记录,然后再进行尝试与探索,同时在游戏中根据规划不断进行调整与丰富,完成具有独特性与创造性的游戏活动,并在活动中获得成就感与幸福感。

6. 建立和谐、有效的互动关系

生态博览课程是以幼儿为主体的课程,在这样的课程理念下,教师不再是课程中的主导者,其高控性有了明显的降低。而生态博览课程又是以幼儿自主学习为培养目标的课程,"自主"学习与发展则对教师与幼儿之间的互动关系提出了要求。教师需要在对幼儿了解的基础上,通过多种方式表达对幼儿的关注与信任,满足幼儿学习与发展的需要,同时以适当的方式促进幼儿活动水平与能力的提升。因此,生态博览课程下的师幼互动关系,是和谐而有效的。

首先,和谐的师幼关系需要民主型的教师。民主型的教师能主动且善于与幼儿沟通,帮助幼儿协商解决生活与游戏中遇到的各种问题,懂得尊重幼儿,能耐心倾听幼儿的表达,鼓励幼儿说出想法,从而了解幼儿的需要、看法与兴趣,了解幼儿的已有经验,在表达与倾听中发现问题,寻找策略,发现后续课程实施的契机。

其次,有效的师幼关系需要支架型的教师。维果茨基的"最近发展区"理论要求教师为幼儿提供适宜性的支持与帮助,搭建有效的支架,与幼儿建立平等、合作的关系。作为支架型的教师,教师应发现幼儿现有水平与发展水平之间的关系,将发展的主动权交给幼儿,通过物质材料的提供,学习环境的创设,多种资源的开发利用,搭建幼儿发展中的桥梁与支架,帮助幼儿实现有价值、有意义的成长。

第三节 区域游戏

区域游戏是幼儿园常见的教育活动形式之一,也是最能体现幼儿自主性的学习方式之一。幼儿通过与材料的互动,以个体或小组的形式开展学习。在生态博览课程中,丰富多样的区域游戏充分激发了幼儿的兴趣。幼儿自主选择学习内容,去发现、尝试操作并解决问题。区域游戏使幼儿既获得了全面的发展,又获得了长远的发展。

一、生态博览课程中的区域游戏

生态博览课程中的区域游戏不同于一般的区域游戏,它更强调幼儿自主游戏,采用多种形式,让幼儿在丰富多样的环境中,积极参与体验,充分发挥自主性,调动和激发幼儿游戏的积极性,让游戏更深入、更持久。教师主要通过对幼儿的观察、了解,发现幼儿的兴趣与需要,支持幼儿自主设计环境,自主选择同伴,自主设计游戏,自主探究游戏,自主交流玩法,自主评价游戏等。教师是幼儿游戏的支持者,任务在于给幼儿提供隐性的支架,包含创设环境、准备材料、指导策略、适时鼓励等方面,给予幼儿更多自主合作、自主商量的空间与时间,充分展示幼儿的主体性地位。

二、区域游戏的划分

生态博览课程中的区域游戏,除了注重区角的分隔、环境的创设、材料的提供等外在形式外,更强调幼儿自主学习、自由探索。教师作为活动的支持者,更多是创设活动的环境、投放操作材料、营造游戏氛围、鼓励幼儿同伴合作,帮助幼儿交流分享彼此的经验。在生态博览课程实施中,区域游戏按照活动场所来分,可分为以下四种。

(一)班级活动区

班级活动区的区域游戏根据材料和要求的不同,又细分为"区域化学习活动"和"自主游戏"。区域化学习主要侧重于学习性质,教师预设的成分较多,幼儿从中获得的经验也更具有确定性,主要包括生活区、语言区、科学区、种植区、美工区;自主游戏则重于游戏性质,幼儿自主成分更多,所获得的经验也更具多元性,主要包括角色区、表演区、建构区等。

(二)专用活动区

全园共享、具有专项用途的活动室,由专门的教师负责管理,全园幼儿轮流进专用的活动室活动。目前,我园有STEM功能室、创意博览园、儿童阅览室等各具特色的专用活动区,可以满足不同年龄段幼儿游戏和活动的需求。

(三)户外活动区

户外活动区是对室内区域游戏的有益补充。在实践中,户外活动区主要包括沙水区、种植区、运动区等。这些区域是基于对幼儿内在需求的了解,为促进幼儿全面发展而创设的。

(四)公共区域

公共区域根据不同年龄段幼儿的发展需求,为幼儿提供更广泛的材料、信息资源。我园充分利用幼儿园的门厅、走廊、楼道等,创设幼儿自主选择的空间,提供幼儿交往互动的机会,帮助幼儿获得有益身心发展的经验,扩展和补充了游戏活动的内容和意义。

区域游戏的本质与我园生态博览课程倡导的理念是相符的。区域游戏的设置为幼儿提供了大量可操作的材料,幼儿拥有活动的自主权,他们可根据自己的意愿选择区域、材料、同伴进行游戏和操作。因此,我们在生态博览课程理念的引领下,开展相应的区域性活动研究,将课程所倡导的理念更好地融入幼儿园的区域游戏中。

三、区域游戏在课程中的价值

区域游戏是生态博览课程的一个重要组成部分。幼儿通过自由选择,自主展开,沟通交流的主动活动过程,使需要得到满足,创造性与能动性得到充分发挥。其主要价值体现在如下几个方面。

(一) 凸显幼儿主体地位,助推幼儿的游戏与学习

区域游戏是自由的、开放的。幼儿可以根据自己的喜好选择相应的区域进行活动,学习环境轻松、自由,在丰富多样的环境中幼儿可以自由挑选、摆弄、操作、探索,通过实践积累、构建自己的经验。

案例:大班区域游戏"我的建构我做主"

建构游戏中,我们在"追随幼儿"的理念指引下,越来越多地从幼儿的实际生活和兴趣中去寻找游戏主题。近期,我们带领大班幼儿去附近的小学参观,孩子们对小学生活充满了无限憧憬与期待,产生了自主搭建小学的强烈欲望。我们放手让孩子自主游戏。他们按照自己的意愿选择不同的搭建小组或搭建委员会,小组成员共同绘制设计图纸,列出所需清单,大家共同搜集寻找材料,交流探索,反复尝试,齐心协力,最终各搭建小组运用多种搭建材料"造就"了一幢教学楼、一个篮球场、一个餐厅、一个足球场、一个多功能体验馆等,直观呈现了孩子心中完美小学的模样,展现了孩子无穷的创造力。可以看出,他们的计划性和目的性不断增强,搭建水平和思维不断提升。

(二) 激发幼儿内部动机,促进幼儿可持续发展

区域游戏是实施生态博览课程的重要途径之一。区域游戏中,幼儿根据自己的兴趣、内部需要、发展速度和节奏来开展学习并积累经验。这有利于激发幼儿的自主性、积极能动性和创造性。因此,我们要唤起幼儿的好奇心与求知欲,激发幼儿学习的内部动机,让每个幼儿在游戏中都有选择权和决定权,是发自内心的"我想玩,我想做,我愿意"。

案例：中班区域游戏"摘柿子"

秋天来了，幼儿对高高挂在树上的柿子很感兴趣，想要自己动手摘柿子。于是，教师提供纸、笔等材料，请幼儿将自己想到的摘柿子的方法画出来，再进行交流分享，由孩子们自己选择可行的方法，再分组尝试摘柿子。整个活动由幼儿自主规划、分组、尝试、调整，教师给幼儿提供合作的机会，鼓励幼儿交流、分享。幼儿共梳理出了11种摘柿子的方法，逐一尝试，最终获得了成功。由此可见，生态博览课程中的区域游戏既满足了幼儿当前的需要，也促进了幼儿的自主发展及可持续的长远发展。

四、班级中区域游戏的组织

(一) 区域游戏的类型

班级是幼儿在园生活的重要空间，区域化学习活动也是以班级为单位开展的区域游戏，主要的学习区包括科学区、数学区、生活区、美工区、建构区等。在游戏过程中，幼儿在已有经验的引导下，利用区域中的各种材料进行自我表现与表达，开展各种创造性的活动。

在生态理念的指引下，我们在学习区环境中提供的材料、创设的环境，要尽可能满足不同儿童的发展需求，确保学习区独立存在的同时，又能将适宜的方式整合到课程中。换言之，我们既要关注生活，又要关注幼儿的兴趣和需要，只有这样才能促进幼儿长远的发展。比如在数学区里，以往我们只是单一地投放了分类、排序、序列、空间、图形等数学操作材料，孩子们只会机械地操作练习，所有的操作结果指向一个封闭的答案或结果，久而久之孩子便失去了兴趣。现在我们创设数学区时，不仅要丰富生活中的材料，还要关注生活中的数学，如前门到后门要走几步？豆芽有多高？你是怎么测量的？鱼缸里哪条鱼最大？哪条鱼最小？你是怎样判断的？现在离毕业还有多少天？等等。我们要让数学与生活紧密联系，从生活中发现数学，同时将数学运用到生活中去。

在科学区里，我们也要转变理念与思维，个性化呈现科学区里的内容和材料，可以增加各种探究的工具，如测量工具、盛放工具、记录工具、工作台等，还可以提供鱼缸、盆栽、各种种子、植物生长容器等，让幼儿去观察和记录动植物的生长变化,引导幼儿去关注季节、天气、自然、生态之间的关系。

班级生态馆里,我们支持幼儿建构有益经验。帮助幼儿获得科学素养、生态意识等多方面的长远发展,是班级创设生态馆的初衷。生态的原则是人与自然和谐相处,班级的生态馆充分考虑幼儿的特点和教育价值,在亲子共同调查、师幼共同审议的基础上,设立了"探秘小分队""护绿小天使""生态小天地"等活动区。"探秘小分队"主要利用园内生态环境中本身就有的很多动物资源,如蚂蚁、蚯蚓、蜗牛、毛毛虫等开展探究活动。将幼儿发现问题、调查问题、讨论问题的过程用主题海报的形式在生态馆里呈现出来。比如孩子们在班级菜地里发现了菜青虫后移到室内生态馆饲养、观察,待化茧成蝶后放飞;雨后将树上的小蜗牛带回教室探究、讨论、观察、记录,喂食、放生小蜗牛等。在这些活动中,幼儿参与度高,萌生了对生命的理解与感悟。这体现了生态教育的价值。"护绿小天使"主要是在班级里多营造一片绿荫,多种植一盆鲜花,唤起幼儿亲近自然的意识。班级生态馆主要是结合幼儿当下的兴趣,考虑季节、天气等因素开展的各类生态游戏活动,比如"变废为宝""种植活动""秋日寻宝"等,帮助幼儿通过动手操作、想象表达、操作验证,逐步养成良好的保护生态环境的行为习惯。

(二) 游戏内容的来源

一般性的区域游戏在组织过程中,场地安排、内容设置和材料提供等都是教师在积极思考、有效规划和不断完善主题框架的基础上逐步生成的。在生态博览园课程实施中,教师可根据主题活动实施情况,对原有区域活动做适当调整,期望幼儿能在新的主题中获得更多直接、有效的经验。这些区域活动有的是教师根据主题内容延伸出来的;有的是幼儿根据自己的兴趣和需要设置的,也有的是某一重要社会事件引发而来的,等等。

1. 来自主题活动的延伸与拓展

区域游戏活动和主题活动之间应该是互为补充、互为渗透、互为融合的,两者都要围绕幼儿的学习特点、兴趣与需要而设计、展开。教师在对幼儿观察和了解的基础上,根据幼儿的需求随时调整区域游戏的方式与内容,也可以依据主题活动教学效果进行必要延伸。

案例：中班区域游戏"恐龙来了"

随着主题活动"动物朋友"的实施与开展，教师发现幼儿对小动物特别感兴趣，有的喜欢小金鱼，有的喜欢小乌龟，还有的喜欢恐龙。我们尊重幼儿的兴趣，在班级留白区里，让孩子自由分组、自主商量。他们根据不同的活动，将留白区自主取名为"动物之家""恐龙来了""动物俱乐部"。他们还自主讨论"动物之家"区域游戏的规则，在饲养、照料小动物的过程中，亲身体验爱护动物和保护动物生存环境的重要性。区域游戏"恐龙来了"中，教师根据孩子们的对话，梳理了他们对恐龙最感兴趣的四个问题：① 恐龙蛋是什么样的？② 恐龙有什么样的体型特征？③ 恐龙喜欢吃什么？④ 恐龙为什么会消失？幼儿和家长共同收集图片、图书、模型、视频等相关的信息资源陈列在科学区之中。幼儿还自主设计了"我最喜欢的恐龙""恐龙的种类""恐龙的消失""我是考古专家"等一系列区域游戏。在"动物俱乐部"游戏中，幼儿收集与制作各种动物的头饰，扮成小动物进行音乐、文学作品的表演活动，体验装扮动物的乐趣。

2. 来自幼儿的需要与兴趣

区域游戏是幼儿园一日活动中的一个很重要的环节，而幼儿对于区域游戏的兴趣影响区域活动的开展效果和幼儿的游戏水平。幼儿在一日生活中感兴趣的事物有很多，幼儿园里的一花一草一树都会引发他们的关注，大自然赋予了我们那么多神奇的信息，这些和生命相关的信息如何捕捉？如何巧妙地转递给幼儿？如何让幼儿收获更多的经验与价值？区域游戏给了我们一个很好的平台。我们可以让不同发展水平、不同兴趣爱好的幼儿都拥有更大的自主学习空间。

案例：中班区域游戏"种子发现之旅"

下午吃副餐的时候，幼儿发现苹果里有籽，有的说这就是种子，有的质疑：怎么可能？这个小不点才不能长成一棵大树呢！那种子到底是怎么长大的呢？幼儿热烈地讨论着，这不就是孩子们的兴趣所在吗？《指南》指出：教师要善于发现幼儿感兴趣的事物，自然即生活，生活即教育。为此，我们以种子为线索，开启了一场探究之旅。

除了在生活中寻找、收集各种各样的种子，我们还将探究种子的活动拓展到区域游戏中,让幼儿通过观察、对比,根据种子的大小、颜色、形状进行分类。看到丰富多样的种子,孩子们提出了问题:这些种子真的可以长大吗?于是,我们在教室里开辟了种植区,幼儿根据自己的兴趣,在区域游戏时选择种植活动。在种植区,孩子们自主选择水培或土培种植方式种植植物,分组进行观察、记录。在阅读区,孩子们查阅有关种子种植的绘本,丰富已有经验。我们始终追随幼儿的脚步,满足不同兴趣及不同发展水平的幼儿,给予他们更自主的空间,让他们原有经验得以生长和发展。

儿童有一百种语言、一百双手、一百个想法、一百种思考、一百种游戏的方式。我们始终以幼儿的兴趣与需要为前提,为幼儿创设丰富的教育环境,提供适宜的材料,区域中还投放了具有生态课程理念的"开放性、探究性"的低结构材料。低结构材料和自然物的投放看似简单,却给了幼儿最大的想象和活动空间。他们大胆假设,主动验证想法,创造不同的玩法,从中实践与体验多少、大小、远近、变化、连续、快慢、空间等概念,产生强烈的自主学习动机,更加专注,更加自信。我们尝试在各班级设置了"材料加油站",师幼一起收集多种材料,如各种石头、松果、牙签、吸管、圆木片、树叶、树桩等,积极发挥幼儿的主观能动性,他们可以自主设计玩法,自主记录操作过程和结果。例如,幼儿设计了各种各样的迷宫图,根据设计图自主选择材料来制作迷宫、探索迷宫,还用纽扣、贝壳、果壳等来练习数物对应。这不仅激发了幼儿的好奇心,促进了幼儿的创造力、想象力的发展,还帮助他们在操作中获取有益的经验。

3. 来自偶发的社会事件

教育离不开生活,生活即教育,生活中蕴含着取之不尽的教育资源,处处都有教育的契机,教育应该与日常生活紧密联系。在生态课程理念的指引下,我们只有在幼儿的生活中寻找教育的资源,将其纳入区域游戏活动中,才能促进幼儿更长远的发展。

案例:大班区域游戏"致敬英雄"

在发生疫情的这段时间里,孩子们充分感受到了为了战胜疫情,医生、科研人员、护士、警察、社区人员及志愿者一直在默默付出。他们冲锋在前,战高温、顶风雨,勇当疫情中的逆行者,他们的事迹让所有人感动,其中也包括我们的孩子。孩子们聊得最多的就是抗击疫情中的那些人和那些事。他们想用自己喜欢的方式来致敬英雄,"致敬英雄"的区域游戏也应运而生。有的孩子以画致意,一双稚嫩的手,一页薄薄的纸,一支画笔,却寄托着孩子们对英雄们的尊重和敬仰;有的孩子自编舞蹈感谢英雄;还有的孩子装扮成小小志愿者,尽职尽责做好服务工作。感恩教育重在关注孩子的情感体验,激发孩子内在的崇拜和感恩之情,也能培养孩子关心他人、关爱他人的亲社会行为。

(三) 区域游戏中的自主学习路径

生态博览课程中的区域游戏,坚持从幼儿视角出发,积极创设有准备的学习环境和丰富的游戏区供幼儿自主选择、设计、探索材料,引发幼儿自主开展游戏活动,不断获取经验,提升能力。其突出的是自主选择与规划、自主设计与探究、自主调试与交流、自主监控与评价的学习路径。关于这样的自主学习路径,我们用一个中班案例"山洞大桥"来做解释和说明。活动源于近期开展的主题"我的家乡",孩子们对扬州的桥产生了浓厚的兴趣。在区域游戏时间,我们发现孩子利用清水积木在构建区搭建各式各样的桥。随之出现的"桥塌",让原本平行游戏的孩子们开始了合作游戏,一起探索属于他们的"桥"。

1. 自主选择与规划,体现幼儿主体性

在区域游戏中,我们发现孩子更喜欢宽松、自由的游戏环境,因为在这样的环境中,孩子们有更多自主选择的权利和机会,他们可以积极发表自己的想法,和同伴在交往互动中一起探索、一起思考,共同收获快乐,获得成长。

案例片段1:造桥计划的产生

建构活动中,泽泽和阳阳用长短不一的木条搭建隧道。泽泽说:"我来搭座桥,让小车从桥上通过,进你的隧道!"说完便将4个圆柱体放成一排,2块长条木板往上放,调整好距离后桥便搭好了。泽泽又拿来了两块Y型积木,放在桥的两侧。我好奇地问:"泽泽,这是什么呀?""润扬大桥就是这样的!"他边说边拿起长条木块,放在了桥的一头一尾,抬头向我介绍:"这是上坡和下坡。""哐啷!"桥塌了。旁边的伙伴见状围了过来,你一言我一语地讨论起来。最终孩子们总结出:要想桥面结实牢固,桥墩要选粗的。找到了原因后,阳阳提议:"我们可以跟设计师一样,先在纸上画好设计图呀。"沐晨说:"底下的桥柱应该放粗的,另外桥面应该宽些,车可以向前开,也可以反过来开!"行行说:"之前放2个桥柱,太少了,中间再放一个。"设计图完成后,进入了施工阶段,他们选择了4块薄长条木板和6块圆柱体,当搭建2块长条木板时,他们发现了新的问题。圆柱体积木不够了,剩下2块长条木板没有东西支撑了。那该怎么办呢?元宝拿来细的圆柱体积木过来,说:"试试这个。"阳阳接过后,和粗的圆柱体进行了对比,说:"细的不可以,细的会和上次一样,会倒的。""那你再试试这个长方体的呢?"阳阳再次对比了一下:"这个可以,高度一样,是厚的,撑得起来。"随后他们一起搭建,用圆柱体和长方体间隔做桥墩,桥面的中心也进行了固定,很快桥面完成了!

案例中我们可以看出造桥计划是由幼儿发起并动手构建的,从幼儿的对话中不难发现他们观察力很强,善于动脑,与同伴商讨,很快发现桥塌的原因,获得了"桥的稳定性与桥墩有一定的关系"的宝贵经验。

2. 自主设计与探究,体现幼儿的经验性

在幼儿自主规划的基础上,教师要支持孩子们持续深入地开展探究活动,充分调动幼儿的生活经验,让幼儿在游戏中与生活有效连接,让幼儿自主发现问题、解决问题是关键。

案例片段2:设计安全标记

第二天,孩子们拿出小汽车开始在桥面游戏,随之出现了新的问题。行行和泽泽同时从桥面的两侧开始行驶,"砰"一声,两辆小车迎面而撞。"这里需要标记!"行行说。"桥面中间要隔开。"阳阳急忙边比画边说,"我们用纸片将中间分开,然后画标记。"方案有了,行动起来吧!孩子们分工合作,泽泽和涵涵拿来彩纸和记号笔画箭头,其他人拿来彩纸放在桥面中间,发现彩纸总是向一边倒,太薄了。这时,行行拿起泥工板插在桥面的中间,他惊喜地拍了拍手。涵涵说:"长度不够呀!"阳阳又拿来一张泥工板和双面胶,三人齐心协力,桥面中间的分道完成了;随后他们又一起按方向贴好标记,桥面规划完工!

生活是幼儿教育的重要素材与来源,生活经验也是幼儿游戏的重要基础。当车辆发生碰撞时,他们很快联想到现实生活中,马路上都有箭头代表汽车行驶的方向,中间都有双黄线及护栏等作为分界线,他们尝试了不同材料,最终选择了用硬度厚的泥工板作为马路的分界线,知道通过重叠组合来增加长度。案例中幼儿积极主动、坚持专注,再一次体验了自主学习、主动探究的完整过程,并出现了更多合作行为,发展了交往技能。

3. 自主调试与交流,呈现幼儿主观能动性

游戏过程中,会有很多意想不到的事情发生,孩子们也会在游戏过程中出现各种问题。如何让幼儿自主解决问题?如何引导幼儿去验证自己的想法?这些不仅关系着幼儿游戏经验的自主获得,更关系着幼儿游戏水平的发展。

案例片段3:斜坡的搭建与调整

再次游戏时,孩子们发现汽车还是会掉下去,原来是桥没有搭建上坡和下坡,导致汽车会翻车。于是,阳阳拿起一个橙色大三角体的积木放在桥的一侧。涵涵连忙摇手,说:"不行不行,上下的距离不够呀,小车怎么上去?"涵涵想了一会,又说:"下面再垫高点,和桥面一样不就可以了!"沐晨从积木柜里拿出了几块薄长条,垫在大三角体下,并慢慢推向桥面,直到完全贴合。沐晨拍手大喊:"快来看!成功了!"其他小伙伴见状,也开心得又蹦又跳。随后他们立马分工去找长条木板和大三角体积木,将桥面的上坡路依次建好。很快,上坡路完成了,接下来就是搭建下坡了,可是新的问题又来了,孩子们发现没有像刚才一样大的三角体了。泽泽说:"用这个小三角吧!"涵涵见三角体变小了,便找出4个短条木板垫在下面。下坡终于也完工了。阳阳随即拿起小汽车开始驾驶,还配上"嘟嘟嘟嘟"的声音,当小车开到下坡时,阳阳松开了手,小车"哐当"一声滚了下来。泽泽喊:"是不是开得太快了?再试一次!"结果还是翻车了。我向孩子们抛出了问题:"你们搭建的两块三角体有什么不同?"他们将两块三角体放在一起进行比较,发现大的三角体积木斜坡长,小三角体积木斜坡短。到底哪个斜坡比较合适呢?阳阳提议:"我们可以拿小汽车在两个斜坡上驾驶一下就知道了呀!"孩子们一致赞同,经过几次试验,发现小汽车从大三角体斜坡开下来没有翻车;从小三角体的斜坡开下来,小汽车速度变快,很快就翻车了。最终孩子们决定选择大三角体作为下坡斜面。

案例中孩子发现汽车翻车时,会自己想办法解决问题,自主讨论、筛选材料、探索解决斜坡高度衔接的方法,在与同伴合作交流中习得有益的经验。

在驾驶试验中,小汽车再次翻车,教师及时给予支持与引导,帮助孩子去观察两块三角体有什么不同。幼儿通过仔细观察、动手试验、操作比较,获得了斜面坡度越小越平稳、坡度越大越费力的宝贵经验。

4. 自主监控与评价,彰显幼儿主动性

在幼儿的自主游戏中,我们坚持以幼儿为主体的原则,重视交流和评价的作用。当幼儿在游戏中发现问题时,与同伴沟通交流,反复尝试,共同解决游戏中遇到的问题,其主动性得到了充分体现。

案例片段4:修建护栏和缓冲带

小汽车再次行驶时,孩子们你一言我一语地讨论着。阳阳说:"我发现上坡时有点陡,汽车要用力才能爬上坡。"元宝说:"下坡时速度快,会翻车。"涵涵说:"我们的小汽车在行驶过程中也太不安全了,没有安装护栏会掉下来,太危险啦。"我问:"生活中你们看到汽车上坡、下坡是什么样的?护栏装在哪里呢?有什么好办法来解决这些问题呢?"阳阳紧接着说:"我爸爸带我上桥的时候,告诉我上桥之前会经过一段缓冲带,帮助汽车更加平缓地行驶。我们可以在上坡和下坡的地方各增加一个缓冲带。"涵涵也说:"我们平时看到的桥,旁边都有栏杆的,我们也可以做一个护栏,这样汽车就能安全行驶了。"说干就干,孩子们开始分组行动。阳阳这组小朋友负责修建缓冲带,涵涵这组小朋友负责做护栏。随后他们开始在美工区和建构区挑选合适的材料,反复调试,同时还询问其他小伙伴的意见。最后,经过大家的共同努力,缓冲带和桥面的两侧护栏制作成功了,孩子们欢呼雀跃,还给大桥取名为"山洞大桥"。在游戏的分享环节,孩子们自己说出了遇到的困难和问题,又是如何解决问题的。他们还讨论"山洞大桥"可以设立收费站,有ETC自动扣费和人工服务,办理"大桥通行证",可以电话预约申请和微信申请等。在激烈的讨论中,孩子们已经迫不及待地想要开始下一次的游戏了。

案例中孩子们探究的重点是上下坡减速和修建护栏,可以看出孩子们能联系生活经验,勇于表达自己的想法,自主解决问题,认真倾听接纳他人的意见,合作解决游戏中遇到的问题,表现出了良好的观察能力、探究能力、社会交往能力。在游戏结束后的分享环节,孩子们畅所欲言。热烈的讨论让我们惊喜地发现,孩子们在游戏中学会了自我评价、自我反思,不断完善游戏的内容,推进游戏的进程,我们要始终相信孩子是有能力的学习者。

总之,游戏要真正促进幼儿的学习与发展,需要教师的引导与支持。教师既要给予幼儿充分的游戏自主权,又要深入游戏现场观察幼儿的游戏行为,了解幼儿的兴趣与需要,为幼儿的发展提供鹰架,将幼儿的游戏不断引向更高水平,促使幼儿经验螺旋上升。

五、专用活动室的设计

幼儿园的专用活动室是重要的课程资源,是实施课程的重要途径,在实施课程的过程中发挥着独特的作用。目前我园的专用活动室有"创意博览园""STEM 功能室""儿童阅览室"等,满足幼儿学习和游戏的需要,使他们能够在自由、宽松的环境中获得富有个性化的发展。

(一) 创意博览园

我园的创意博览园主要分为木工坊、泥工坊、农博园、艺博园等。

1. 木工坊

"木工"作为一种立体的几何艺术,能让幼儿运用各种工具和材料创造美、表现美。在活动中渗透性地学习与运用其他领域的经验,对幼儿的动手能力、想象力、空间思维能力等都起到了很好的促进作用。我们提供丰富的木制材料供幼儿自主活动,鼓励幼儿积极地参与,也有利于培养幼儿坚韧、勇敢的品质,帮助幼儿从小养成专注、坚持、自由、有序、探究的"工匠精神"。陈鹤琴先生提出的"活教育"理论,主张教师应以大自然、大社会为主要教材,给予孩子直接的活知识。木工坊的材料取自大自然,是孩子们探索自然的良好媒介。通过幼儿与教师的共同布置,整个木工坊充满了浓浓的艺术气息和仪式感。

木工坊内有设计区、防护区、材料区、操作区、涂色区、工具区、作品展示区,小小的空间里为孩子们展现了大大的世界。我们给孩子提供了丰富的材料和工具,如设计区有纸、笔,幼儿可以在设计区勾画自己作品的简易图纸,然后再进行后续操作;防护区有防护围裙、防护套袖、防护手套、防护口罩、防护眼镜等防护工具,一应俱全,保证孩子安全开心地活动;材料区有大量长短不一、形状不同、质地不同的木料,都是孩子们平时收集的美化修剪后的树枝、树干,家里破损、破旧的木质物品;还有一些辅助材料,如钉子、螺丝、螺母……自然性的材料不仅符合我园的生态课程理念,也能让孩子们感受到收集再利用旧物的快乐。

操作区里有很大的操作台,可以让幼儿拥有足够大的操作空间,满足幼儿的不同需求,如测量、锯、锤、钉、钻、锉等;操作台中间固定着一排小盒子,放置较小的零件、金属材料以及小工具,方便幼儿需要时取用。工具区里的工具琳琅满目,有羊角锤、锯子、螺丝刀、手摇钻、小台钳、量角器等各种专业工具。在涂色区,幼儿可以装饰作品,将制作好的作品打造得更加美观、形象。在作品展示区中,我们放置了一些符合幼儿身高的架子,把它们分为成品展示区和半成品区,以便幼儿呈现自己的作品。

2. 泥工坊

通过有目的的环境创设和材料投放,让幼儿按照自己的意愿和能力,选择感兴趣的工具和材料进行创作,选择喜爱的泥塑作品体验欣赏,进而表达自己的所思所想。泥工坊中不仅要有丰富的工具材料,还应该充分考虑活动室的布置,为幼儿创设一个宽松、愉快而富有美感的环境。

(1) 合理布局

泥工坊划分为操作区、材料区以及作品展示区,这三个部分是活动室内必不可少的。通常情况下,我们的操作区就设置在幼儿操作台上,操作台一般摆放在区域的中间位置,这样幼儿能够很方便地在区域内活动;作品展示区可以摆放一些适合该年龄段幼儿欣赏的工艺美术品或者幼儿作品等,以供幼儿欣赏和学习,在潜移默化中获得审美的愉悦。

(2) 根据主材选择辅材

关于材料的投放,我们除了要注意安全性、可操作性、层次性和丰富性外,我们还应该注意选择低结构的材料并且恰当地投放材料。一般情况下我们会先选取一种材料作为主材,根据幼儿的需求添加其他材料,材料数量可以多一点。

3. 农博园

(1) 材料提供

我园农博园里呈现了孩子和家长收集而来的各种各样的农具,如锄头、钉耙、镰刀、铁锹、犁、簸箕、箩筐、磅秤、扁担等,还有一些农作物的半成品或原材料,如稻草、麦秸、玉米秆、藤条、麻皮等。这些农具和材料不仅仅是用来展览的,更重要的是可以帮助幼儿开展体验式学习实践。我们将"生态小农场"作为孩子的实习场,让孩子亲近自然、体验学习、释放情感。为了让孩子们发现植物生长的奥秘,体验种植的快乐,我们鼓励孩子种向日葵,种花生,种红薯,积极参与各种劳动体验活动,从中了解各种劳动工具的使用方法,使他们对各种劳动工具产生兴趣与探究的欲望。

(2) 灵活运用

我们将农博园里的各种农具和农作物作为幼儿园的资源,根据幼儿的年龄特点,开展了丰富的体验活动。如:中、大班用小扁担、水桶等开展了挑水、浇水等活动,有的幼儿尝试两人合作担水,既完成了浇水任务,又学会了合作协商;小班幼儿用箩筐开展抢收、抢种游戏,既锻炼了手眼协调能力,又对农具有了进一步的认识。

这种由生态小农场生成的运动游戏,不仅让幼儿锻炼了身体,同时还扩大了幼儿的学习场所,改变了幼儿的学习方式。幼儿通过亲身体验、合作操作去学习、探索和发现。

4. 艺博园

艺术是幼儿感受美、表现美、创造美的重要形式,艺术创作是幼儿通过观察、感受后表达对整个世界认知的独特方式。那些可供幼儿自主选择、创意表现的生活材料,都可以带给幼儿美的享受和自由表达的乐趣。

(1) 区域合理规划

活动区域的划分能够促进幼儿发展不同的知识技能、社会技能和行为习惯。一个高质量的活动区域,不仅要具有吸引力和美感,还要能够提供符合幼儿发展水平的、有趣丰富的材料。

艺博园的区域大致可以分为:绘画区、雕塑区、设计区。绘画区主要以平面的视觉创作为主;雕塑区主要以立体的造型创作为主;设计区是一个综合性比较强的区域,主要以手工创作为主。三个区域的划分可根据幼儿的需要、课程的需要灵活调整。

(2) 多样化材料投放

艺博园是幼儿自主进行绘画或开展美工活动的场所,既为幼儿提供了手部精细动作练习的机会,也为幼儿审美能力、欣赏作品能力的发展创造了条件,同时,艺博园还是幼儿园创造表现的重要场所。机关三幼是以"生态课程"为特色的幼儿园,这也为我们美工区的材料投放提供了范围和条件。我们以来源于自然,根植于绿色,便于操作为出发点,投放了低结构的原始材料在区域之中,在充分考虑安全性的前提下,投放了更为开放的、自然的、原生态的材料,如树叶、树枝、豆类、石头、棉花等,供幼儿大胆表现、创造,还提供了吸管、纽扣、纸杯、纸盘、毛球等半成品材料。机关三幼开展的是生态环境教育,利用废旧材料一直是我们的习惯,生活中常见的瓶瓶罐罐、纸盒纸箱等都是我们宝贵的游戏材料。我们设置了游戏材料架,按照类别摆放材料并贴好标签,幼儿在游戏时可以根据需要自己选择。

游戏是幼儿的天性。美工区域中幼儿的创作实践让我们深刻意识到,永远不要低估幼儿,只要投放的材料正确、充足且适宜,他们就能够在自由轻松的环境中,自主互动,大胆创意,积极创造,拥有愉悦的情感体验。在这样的活动中,幼儿的发展将会是均衡且个性化的,也会给我们带来更多的惊喜。

(二) STEM 功能室

在瑞吉欧教育体系中,环境是不可或缺的组成部分,融合我园的生态课程理念,我们打造了一个多元的富有启发性的 STEM 功能室。这里有适合幼儿进行探索与创造的丰富环境,包括桌面空间、地面空间、墙面空间等多维度空间,满足幼儿在项目活动中不同主题下的场地需求;在玩教具方面,我们提供了各种科学、技术、工程、数学工具和辅助材料,可供幼儿在 STEM 活动中认识、探索、创造和思考。我们创设的各个分区源于幼儿在生活中的各个兴趣点,如光影变幻、速度变化、异性相吸……皆是自然界中神奇的现象。教师提供丰富的材料,让幼儿在自然中逐渐感知、在生活中持续探究。

STEM 功能室中有乐高墙、光影探索区、轨道探索区、磁力建构区、电路探索区、作品展示区等。

1. 乐高墙

乐高墙供幼儿在墙面进行建构活动,满足了幼儿对建构的需求,让幼儿的想象力得以充分发挥,动手能力也得到充分发展。

2. 光影探索区

在光影探索区,我们开辟一块地方架设光源、悬挂幕布,投放和幼儿一起收集的小镜子、动物玩偶、丝巾、帽子、纸盒、纸筒等，让他们自主选择，进行"光斑找朋友""小动物影子舞会""光影剧""手影变变变""快乐大变身"等有关光与影的游戏。

3. 轨道探索区

基于幼儿对墙面轨道的兴趣，我们充分利用空间，将光影探索区旁的墙面打造成轨道探索区，提供滑道、基础件、转角件等基本材料和拼接示意图。孩子们在观察图片、尝试拼接的基础上，探究不同零件的安装、组合方式，逐步了解基础件的支撑作用、转角件对滑道方向的影响及滑道长度与数量间的关系等。在桌面上，我们还投放了设有直轨、弯轨和带有桥洞的拱形轨道等的木质轨道。纵横交错的轨道仿佛是城市中的高架桥，幼儿不断对其进行探究和创新。他们在铺设好的网状轨道上玩"开小车"的游戏，探究如何在平面轨道上为"小车"助力，探究如何增加拱形轨道的高度或调整斜坡角度，实现"小车"的快速俯冲。

4. 磁力建构区

磁力建构材料深受孩子们的喜爱。我们在磁力建构区投放了磁力片、磁力棒和配套的辅助材料。幼儿或参考图示进行建构，或自主探究，或小组合作建构。多种磁力片丰富了幼儿对形状的认知；不同数量、形状的磁力片组合，让幼儿感知形状之间的关系（如6个正方形磁力片可以组成1个正方体），促进其空间想象力的发展。磁力片的组合探究促进了幼儿对面的感知，磁力棒和金属珠的组合则丰富了幼儿对点和线的认知，简单的两种材料在磁力的相互吸引下，实现了千变万化的组合，带来了产生无数造型的可能。磁力材料操作的简便性、多样性吸引着幼儿主动参与，也促进了他们对数量、形状等的认知，帮他们提高了操作技能。

5. 电路探索区

根据大班幼儿的思维特点和发展水平，我们投放了一些电路材料。在教师的引导下，幼儿认识示意图上不同标志的含义，尝试看懂示意图，并探究连接方法。当小电珠亮起、小风扇转动时，孩子们无比激动和兴奋，感受挑战成功带来的愉悦。在前期认知、操作的经验基础上，部分能力较强的幼儿又对电路板的自由组合进行了持续探究，并尝试用图示进行记录。

6. 作品展示区

在作品展示区,我们设置了一个展示柜,里面放置了一些机器人以及一些幼儿作品,比如幼儿和家长共同制作的风力发电模型、飞机模型、不倒翁……

(三) 儿童阅览室

阅读是个体进行终身学习的重要手段,阅读能力对一个人的可持续发展起着重要作用。儿童阅览室是幼儿发现语言魅力、产生阅读兴趣的地方,阅览室的环境创设与幼儿的阅读效果有着密切的关系,阅览室的发展性、适宜性对幼儿阅读兴趣、阅读能力和阅读持续的时间有很大的影响。我们营造了多元的阅读环境,在终身学习、可持续发展和全语言教育等观念的引领下,帮助幼儿在人生的最初阶段爱上阅读、学会阅读,掌握自主阅读的基本技能,让幼儿在愉快而具有创意的学习中积累丰富的阅读经验,从而成长为成功的自主阅读者。

1. 创设原生态的阅读环境

想让幼儿爱上阅读,首先要将阅览室打造成舒适且令人向往的地方,吸引幼儿来到阅览室。我们的阅览室四面墙壁都是绿色的,最吸引眼球的是墙上一个生机勃勃的原木大树造型,整体给人生态、环保的感觉。孩子可以在高低错落的枝丫上随意拿取图书,时而席地而坐,时而倚树小憩。我们在地上铺了一层色泽柔和的地毯;准备了几个干净的抱枕和坐垫,有可爱的动物造型的、漂亮的爱心型的;摆放了与教室里桌椅不同的可爱的小桌子和小椅子;提供了能够充分展现图书封面、与幼儿身高相符的书架;根据图书的不同性质与种类选择适宜的呈现方式,或挂、或平铺等,保持视觉的美感。为保证阅读活动规范、有序地开展,图书要放在相对固定的位置,并贴上标签,帮助幼儿养成物归原处的习惯。

2. 划分不同功能的区域

教师可以根据幼儿的年龄和兴趣等将阅览室划分为一定的区域,以满足不同的需要,如听觉区、展示区、操作区、静态阅读区等。

3. 提供丰富多样的阅读材料

阅读材料是幼儿开展阅读活动的载体,教师可以选择幼儿喜爱、画面生动、内容健康有趣的读物作为幼儿的阅读材料。我园为幼儿提供的图书是多样化的，既有科普类，也有人文艺术类、生活常识类、自然地理类、神话故事类、环境保护类等，图书除了由教师提供，还可以让幼儿自己动手制作。制作图书是幼儿比较喜欢的一项活动。我们可以让幼儿用绘画、剪贴等形式自己构思情节，制作图书；还可以师幼或亲子共同制作，让幼儿充分体验制作图书的乐趣。

4. 养成良好的阅读习惯

幼儿是阅读的主体，我们应该充分尊重幼儿作为阅读主体的地位和发挥其主体作用。我们和幼儿共同商量、讨论阅览室的规则：如何爱护书籍？你有什么好办法？如何让更多的小朋友都知道这个办法？幼儿亲手制作了爱护书籍的小贴士，引导周围的人都来爱护书籍。同时，幼儿还用图画的形式制定阅览室的公约：不要大声喧哗、打闹、乱放垃圾等。只有幼儿自己制定的规则和公约，幼儿才更愿意去遵守。我们可以看到阅览室里幼儿可以根据自己的兴趣和爱好，自由选择自己喜欢的图书阅读；可以自由地选择同伴交流阅读的感受；可以开展不同年龄段的大带小阅读活动；可以开展师幼共读活动。幼儿还可以将阅览室的图书借回家读，和家长一起开展亲子共读活动，将图书资源充分利用。这让幼儿、家长都能享受到阅读带来的乐趣。阅览室不仅营造了一个和谐、愉悦、宽松的氛围，而且实现了从"阅"读到"悦"读的转变，让生态文明的种子在幼儿心中生根发芽。

六、户外活动区的组织

"自由、自主、创造、愉悦"是课程游戏化的精神，这八个字指向的不仅是室内的区域游戏，也适用于幼儿园户外游戏。幼儿园的一日活动中，户外游戏是幼儿十分喜爱并且积极参与的项目。幼儿阶段是个体身体发育和技能发展极为迅速的时期，也是形成安全感和乐观态度的重要阶段；发育良好的身体、体验愉快的情绪、拥有强健的体质、具有协调的动作是幼儿身心健康的重要标志。

户外游戏中复杂多样的环境对幼儿来说充满着刺激和挑战，为幼儿提供各类的游戏体验，如钻、爬、平衡、攀登、搭建、角色体验等。户外游戏有很多体育的活动,当然不仅仅只是体育活动,而是综合性的,有运动的,也有安静的,有体力的,也有脑力的,思维能力的培养、运动能力的提高、知识的建构都渗透其中。这符合幼儿园活动中"动静交替"的原则,更体现了《指南》中指出的"尊重儿童发展个体差异"以及"关注幼儿学习与发展整体性"的相关内容和要求。

我园秉着"生态教育"的理念,在户外游戏场地的设计过程中,注重幼儿在身体素质、动作、社会性、认知等方面获得发展,同时也注重帮他们养成热爱大自然的意识。

(一)创设自然生态环境,引发幼儿开展探究学习

陈鹤琴先生提出了"大自然、大社会都是活教材"的课程观,主张幼儿园的课程应以大自然、大社会为中心。他认为,幼儿到户外活动,不但可以从接触的许多自然实物中获得知识,还有新鲜的空气、充足的阳光可以促进其健康成长。

对于四季,幼儿最直观的感受就是我们幼儿园的生态小农场,春季的生机勃勃、夏季的艳丽多彩、秋季的硕果累累和冬季的白雪皑皑,充满了大自然的美感。生态小农场随时都充满着幼儿的欢声笑语。在这里,幼儿直观感知着季节的变化,注视着花草树木的成长与衰落,探索着大自然的一切奇妙景象。春季,孩子们喜欢在小菜地里种一些自己喜爱的瓜果蔬菜;夏季,孩子们眼看着向日葵昂着头夹道欢迎;秋季,孩子们小心翼翼地采摘着种植的"幸福";冬季,孩子们暖心地搭建小动物的家。生态小农场就是一个花园,孩子就像一个个辛勤的"园丁",照顾着花园里的一草一木,浇水、施肥、拔草、松土……有时他们还会遇到惊喜,如"蚂蚁搬家""夏天的知了""有趣的西瓜虫""会爬的藤蔓"等等。因此,生态小农场是亲近自然的窗口,是幼儿探索的摇篮,是幼儿与大自然之间的亲密桥梁。

案例:生态小农场"轮胎花园"

春天来了,孩子们在阅读区读了绘本《老轮胎》,他们对画面中种满鲜花的轮胎很是喜爱。户外活动时,他们对各种各样的轮胎产生了浓厚的兴趣,尤其是和绘本中相似的。朵朵提议:"我想种一个向日葵轮胎花园。"荠文说:"哇!那一定很好看。"他们的对话引来了其他同伴的参与和讨论,最终大家决定在户外生态小农场挑选一块空地,每人种一株向日葵。

第二天,孩子们选择了一块朝阳的空草地,找来了工具。在师幼的共同努力下,大家除草、挖土、松土、晒土、清理草根,历时一周,一块适合种植的小土地被开垦出来了。接着,大家开始到幼儿园的各个角落收集可以用的轮胎,并摆出了他们喜欢的轮胎花园的形状。

一切准备就绪,开始种向日葵啦!孩子们开始分工合作,有的泡发种子,有的制作姓名标签,有的翻阅种植工具书。孩子们每天都会满怀期待地去看自己的芽儿,每天的观察已成了孩子们最喜欢最盼望的事,他们还有很多有趣的发现:向日葵的叶子是从中间冒出来的,蚯蚓是如何松土的,向日葵的嫩叶被咬了……

孩子们的探究越来越深入,从最开始的关注外形,如叶子的形状、大小、数量的变化,到后来想尽各种办法来测量向日葵的高度。他们始终兴趣浓厚,尝试各种办法。最后,孩子们尝试用等长的拼塑玩具标记向日葵的长度,将拼塑带到班上,对比身高表测量出拼塑的长度,进而得出向日葵苗的高度。孩子们的创造力与想象力真是令人惊叹!我们的生态小农场给予孩子们更广阔的学习空间,他们在与大自然的亲密接触中,更加积极、主动地去学习与探究。

上述案例中,孩子们从种向日葵种子到观察种子发芽,再到观察、探究苗的变化与生长,他们在观察、触摸、浇水、除草、捉虫、讨论与探索的过程中体验了种植活动的乐趣,伴随着向日葵一起成长。我们的生态小农场,因为有了孩子们的参与,变得更加多姿多彩。

(二)打造游戏运动场,满足幼儿运动交往的需要

户外的游戏区可以开展丰富多彩的活动,空间被划分成不同的区域,以满足不同运动或者游戏的需求。划分不同的区域,可以减少冲突,也能提高幼儿游戏的专注程度。

1. 攀爬区

《指南》中指出要"利用多种活动发展身体平衡和协调能力","开展丰富多样、适合幼儿年龄特点的各种身体活动"。于是,我们设置了攀爬区。幼儿可以通过攀爬、爬行、跳跃和平衡,挑战自身的运动能力。他们在一步一步向上攀的过程中,手部、腿部力量都得到了发展,到达最高点还能增强他们的自信心。在攀爬区里,我们划分了一定的空间设置为臂力发展区,投放一些器材,如在攀爬架的横梁上间隔着绑了大大小小的球,幼儿向上弹跳并尝试击打球,这样有助于发展他们的上肢力量和协调性。

2. 大肌肉活动区

我园开展的是生态环境教育,废旧材料的再利用一直是我们的习惯。在户外游戏场地的布局中,结合大肌肉活动区要有足够大的开放空间以方便幼儿聚集活动的特点,我园充分利用了南侧操场中间的空场地,投放了废弃的油桶、轮胎、竹梯等多种材料,各班教师依据本班幼儿的发展需要,通过巧妙的摆设,使之转变为帮助幼儿发展动作协调性和灵敏性的媒介。另外,我们也充分考虑了户外场地的完整性和延续性,在南北流向的小溪的枯水期,我们用平衡木、原木等组合搭建成小桥,幼儿可以爬、走、跳……

3. 户外艺术区

我园户外艺术区主要有涂鸦区和音乐区。户外环境能激发幼儿想象的灵感,拥有足够的自然材料供幼儿表现、创作,并且还有足够的空间方便幼儿创作出大型的艺术品。同时,我们珍视幼儿的行为价值,将他们的艺术作品看作户外环境创设的一部分。

涂鸦区,我们运用PVC管,将其固定在地上,让幼儿用喷漆自由喷绘喜欢的颜色和图案;还摆放了废旧轮胎,幼儿可以自由地涂鸦。我们鼓励幼儿在一切可以创作的材料上大胆创作,允许幼儿在旁边的绿色集装箱上大胆绘画,全力做到《指南》中在艺术领域提到的"创造机会和条件,支持幼儿自发的艺术表现和创造",并设置小桌,放上涂鸦喷绘所需要的美术材料。

音乐区,是在场地南侧,户外的空间能成为音乐游戏的独特环境,足够大的场地可以保持声音的绵延,这是室内音乐区域所缺少的优势。我们利用潜在的自然元素,比如风吹树叶、脚踩树叶发出的声音等。我们在几棵小树上挂了尼龙网,将废旧的锅碗瓢盆喷上颜色挂在尼龙网上,幼儿可以用锅铲、筷子等工具敲击锅碗瓢盆,发出声音,体验生活中各类物品都能变成乐器的奇妙感受,体会玩打击乐器的快乐。

4. 大型玩具活动区

大型玩具也是一所幼儿园不可缺少的户外游戏项目,可以提高幼儿的身体技能、协调性、肌肉力量和空间感知力。最常见的就是滑梯,滑梯是能够帮助幼儿锻炼平衡感的,相对于其他户外器材,玩滑梯的难度较低,适合所有年龄段的幼儿。我园针对不同年龄段幼儿动作发展水平,在操场上提供了不同类型的滑梯,以满足不同幼儿的需求。

5. 户外沙水区

沙水活动区是幼儿园必备的活动区域。幼儿对沙子和水有着与生俱来的喜爱,几乎每个幼儿都喜欢玩沙子和水。在沙水区的活动中,幼儿的触觉辨别能力、双手协调能力、工具操作能力、想象力、创造力、问题解决能力等都获得了发展,还可以获得情绪上的满足。因此,对于沙水区的打造,教师应当在基于幼儿兴趣、经验调查的基础上,创设有趣的游戏环境,提供丰富的游戏材料,以支持幼儿进行沙水探索的活动。

游戏的开展离不开教师对环境的创设。华爱华认为:教师应"根据儿童游戏品质,估计出对儿童游戏行为产生正面影响的有效空间,并适当调整空间密度"。

(1) 空间大小

沙水池游戏空间的大小对幼儿玩耍会有一定影响。如果空间太小,无法保证幼儿游戏顺利开展,平均游戏空间过小会让幼儿拥挤、烦躁甚至发生危险;幼儿在游戏时开展合作搭建活动和象征性游戏会有困难,不利于幼儿综合能力的发展。

(2) 位置选择

在户外建沙水池,应该选择较空旷、有树荫或凉棚遮挡的地方;同时尽量设置在背风的地方,不易扬沙,也能让沙水池保持清洁。若户外沙水池无遮挡物,可适当添置遮阳棚以达到遮阳、挡风的效果。

(3) 辅助材料设置

沙池周围设置水源,便于幼儿清洗和取水;设置抹布、胶鞋、防水衣取放处,可帮助幼儿做好清洁、整理工作。

七、公共区域的组织

公共区域游戏打破了班级和年级的界限,拓宽了原有的活动空间,幼儿拥有了更广泛的环境。游戏中幼儿可以自主选择自己喜欢的玩伴和感兴趣的游戏方式,共享这个空间,提升与同伴合作交往的能力,发展社会性。

(一) 阳光天棚

我园中庭的位置有一块宽敞的室内场地,透明的屋顶,光线充足。我们将其划分为两个区域:材料超市(社会区)和大型建构区。

1. 材料超市

结合课程游戏化的支架内容,以"材料超市"为切入点进行创设,最大限度地给予幼儿想象、创造的机会。幼儿操作游戏材料的过程其实是一种获得信息的过程,幼儿会根据自己的经验,通过游戏活动"破译"游戏材料所蕴含的信息。因此,把游戏材料作为改进活动的切入点,不仅对社会性游戏有意义,对其他区域活动也有价值。

材料超市分为三个部分,一是提供各种低结构材料,二是有针对性地提供一些社会性游戏的材料,三是游戏辅助性材料。低结构材料是幼儿日积月累习惯性收集的成果,收集箱上贴有标记,幼儿需要的时候可以自行选取。社会性游戏材料的投放,是针对全园幼儿的兴趣爱好,如娃娃家、理发店、小医院、小超市等社会性材料。而辅助性材料,是幼儿游戏所需的柜子、纸笔等材料。

2. 大型建构区

建构游戏是一种创造性的游戏,是幼儿根据自己的生活经验,以想象为中心,主动地、创造性地反映周围现实生活的游戏,具有操作性、艺术性、创造性的特点。《纲要》中明确指出:游戏是幼儿的基本活动。想要让幼儿在游戏中得到发展就必须提高游戏质量,而影响游戏质量的一个重要因素就是游戏材料。丰富而适宜的游戏材料,能为每一个孩子提供活动的条件和表现的机会,是决定幼儿活动质量的重要因素之一。而建构游戏一直都是深受孩子们喜欢的一种游戏类型。它对培养幼儿的创造力、想象力和动手操作能力都起着非常重要的作用。

我们为幼儿提供了丰富的建构区材料,有各种形状的大积木、大木块、大纸箱、奶粉罐、纸杯等。这些都是孩子们平时喜欢玩的东西,放在这样一个特定的环境中,孩子们爱不释手!我们将各种建构材料分类后整齐地摆放到柜子里,幼儿可以非常清楚地看到材料类型,既方便拿取又方便收整。

(二) 走廊空间

走廊是幼儿园中的公共区域,也是孩子们可以自由活动的场地,他们在这里可以做一些自己想做的事情。教师要赋权,学会放手,给予幼儿更多自主、自由的空间。这样幼儿才能在这个空间里创作出教师不曾预设的精彩。

在进入一个班级之前,我们首先注意到的便是这个班级的走廊。是生机勃勃,还是枯燥无味?一看走廊就知道班级的一日活动是如何开展的,幼儿是如何将自我展现于集体中的。比如,新学期我们的班级位置具体在哪里呢?我们邀请孩子们来自主寻找自己班级的楼层,班级周围的典型特征,班级与门厅相对的位置,班级与班级之间的位置。在寻找的过程中,孩子将自己经过的地方,用画线路图的方式标记出来,标记还要能让同伴看懂。最终,孩子们自制的班级线路图会被张贴在走廊墙面上。走廊的墙面呈现了儿童的主题海报展、游戏计划、观察日记等,鲜活地展现了幼儿发现问题、探索和游戏的过程等。

走廊的地面空间,教师可以和幼儿一起设置迷宫、跳房子、地图、棋盘等,也可以支持幼儿自己进行小组设计、小组规划、小组创意,然后去走廊实际操作,不断尝试,发现问题,解决问题。在幼儿设计走廊地面游戏的过程中,教师只需要提供材料、适当引导、澄清问题等。

(三) 楼梯过道

楼梯过道是孩子每天的必经之路,蕴含着很多的教育价值。在《指南》精神的引领下,教师支持和引导幼儿运用各种感官,通过动手动脑的活动,对周围事物进行感知、观察、操作,发现问题,寻找答案。二十四节气,是古人对自然规律观察后总结的智慧结晶,是自然体验,是我们回归自然,重建人与自然、人与人、人与自我之间关系的重要桥梁。我们尝试用多种方式解读节气,让孩子去观察自然,和自然建立关系。比如"寒露"节气,让孩子们对一天早、中、晚的温度进行记录,引导孩子们去观察和发现温度的变化,并总结出早晚温差很大,应及时增减衣物。我们带着孩子们走出教室来到户外,以7天为节点持续观察植物的变化,相互交流自己的发现:有的枫叶慢慢变红了,可为什么有的叶子还是绿的呢?"小雪"节气,孩子们一起探究动植物如何过冬,通过上网查询,与同伴、老师交流,了解到动植物过冬的方式有很多种,也尝试给自然角里的小乌龟御寒保暖,给操场上的大树穿衣等。在扬州人的习俗中,"小雪"会腌咸菜,孩子们通过调查、探索、讨论等学习腌咸菜的方法,并尝试腌制萝卜干,感受扬州当地的饮食文化。幼儿在节气中去亲身体验,获得直接经验,回归自然,发现身边的美好事物,重新建立人与自然的情感联结。在一系列节气活动开展后,我们在楼梯创设了以二十四节气为主题的墙面,将幼儿学习的轨迹图文并茂地展现出来,体现了幼儿园生态、自然教育的内涵。

第四节　博览活动

博览活动的特点就是"博"。这里的"博"不仅可以理解为活动内容的丰富,也可以理解为活动组织形式的多元,还可以理解为参与者的广泛。我们结合幼儿园多年的文化传承,以及生态教育的理念,根据生态博览课程特色,开展了不同维度的博览活动,如园级博览活动、年级博览活动、班级博览活动和家庭博览活动。从幼儿园到年级再到班级,从园内到家庭,从点到面,从大到小,从里到外,建构了丰富的博览活动框架体系。

在博览活动的组织实施中,"三级审议"框架起到了至关重要的作用。博览活动强调尊重幼儿生命本真,遵循幼儿身心发展规律,促进幼儿自然有序地成长。博览活动的实施者不仅是教师,更多的是幼儿,从幼儿中来,又经过教师的参与和适度的指导,回归于幼儿本身,使其原有经验得到提升。我们通过班级—年级—园级三级审议,将不同的博览活动交由不同的实施主体进行反思和调整,不断地调整和优化各级博览活动的内容。

其一,班级审议。班级博览活动的内容广泛,选题小而广,教师们从理论上都知道要追随孩子的兴趣,但是在选定活动主题内容的时候,如何能真正做到让内容紧跟幼儿的兴趣,形成幼儿"自主探究"的学习样态呢?我们认为,班级审议非常关键,因为所有的活动都是在班级中开发和实施,所有活动中出现的问题最终是通过班级教师和幼儿共同去审议解决的。班级审议中,两位带班老师根据本班幼儿的实际情况,结合他们的兴趣和爱好,组织大家分享问题,开会讨论,寻找和挖掘班级博览活动的内容。

其二，年级审议。年级博览活动是同一年龄段幼儿共同参与的，整合各班有效资源开展的活动。它的特点就是"活"，它需要教师创新理念，班级审议中发现的活动内容是否适宜在全年级开展？同年龄段幼儿的兴趣点是否一致？如何开启年级内的资源共享模式？以上问题可以通过年级审议去一一解决。年级组教师们可以通过年级组教研、现场研讨的方式，针对班级审议中梳理出的博览活动内容进行二次审议，审议的重点在挖掘与幼儿学习方式匹配、与教育资源能够融合的活动内容等方面，从而有效借鉴，发现共性问题，寻找年级博览活动的资源。

其三，园级审议。园级审议主要是针对园级博览活动。园级博览活动来源于孩子们共同关注的热点，也可以和整个幼儿园的文化特色相结合，因此，需要由园长、业务园长、骨干教师组成中心教研组共同参与研讨。我们可借助专家、名师的引领，通过思维碰撞、头脑风暴的形式拓展思维、解决问题。

一、园级博览活动开启探索园所文化之旅

园级博览活动来源于幼儿的生活。幼儿园有着丰富的自然资源和生活资源，每个人都生活在丰富的自然和社会环境中。我们利用生态的理念，整合身边丰富的学习资源，从园所文化中汲取博览活动的主题内容，不仅满足了幼儿自主探究学习的需求，也通过博览活动的形式开启了园所文化探究之旅。

（一）园级博览活动的来源

1. 基于幼儿的生活

园级博览活动基于幼儿的生活经验而产生，因为只有贴近幼儿生活的内容才会是幼儿感兴趣的，对幼儿的发展才有意义。例如，2019年的冬天，幼儿园来了两只小羊，很多班级的幼儿开展了饲养小羊的活动。有些班级虽然没有直接参与到饲养小羊的活动中，但是，他们也在班级饲养了其他小动物，如小乌龟、小鱼、小兔子、小蚂蚁等。那段时间饲养小动物成为幼儿园的共同热点。基于幼儿生活经验和幼儿共同感兴趣的资源，教师抓住契机，支持与引导，开展"你好，小动物"的园级博览活动。

2. 基于生态文明的要求（人、自然、社会）

幼儿天然喜欢在大自然中探索。在自然中，无须任何教育手段，幼儿就

能自主学习。我园生态资源丰富,环境优美,幼儿园的一草一木、一树一花、鸟语虫鸣皆为活动素材:当樱花开放时,就有了"樱花树下的我们";当幼儿园的红叶李成熟了,就有了"李和我";当幼儿园操场上的草长高了,就有了"草的游戏"。当孩子们按照自己的方式与节奏自然学习时,他们的内在生命是自由的,像花一样绽放,他们的心灵得到了滋养。

3. 基于园所文化的传承

我园多年来致力于生态教育和科学教育研究,创设并实施生态博览课程,形成了具有自身特色的文化氛围,比如我们的四季品牌活动——"春竹青翠游戏节""夏荷清凉艺术节""秋桂飘香科技节""冬梅傲霜运动节",就是在生态博览理念下生成的具有园所文化特质的主题活动,长期以来已经形成传统,作为课程资源库中的素材,是园级博览活动的资源之一。

(二)园级博览活动的实施

我们将园级博览活动置于幼儿园发展的整体框架中进行思考,结合幼儿园发展的历史,既有文化积淀,又有特点创新,是努力尊重个体差异,让每个幼儿都得到适宜教育的过程。在这个过程中,实现三大支架的支撑至关重要。

支架一,教师专业化水平是开展园级博览活动的基础和前提。教师的教育理念、专业意识、专业能力直接影响园级博览活动的开展。如能否具有观察意识,发现幼儿园的潜在资源,引发活动;能否站在对3—6岁幼儿身心特点理解的基础上,通过评价提升教师观察效能,关注幼儿在活动中的评价,实现博览活动的价值。

支架二,时间、空间的科学合理运用是园级博览活动的保障。园级博览活动由全园幼儿参与,因此,要科学规划,合理安排时间、利用空间等,满足幼儿的探究需要。当探索时间增多、游戏空间扩大时,幼儿的游戏和活动就会变得不一样,教师也会有更多的机会深入了解和支持每一个幼儿的学习和发展。

支架三,资源材料的开发、利用是园级博览活动实施的关键。幼儿园所有的资源材料都可以作为园级博览活动的资源,教师要遵循以下几个原则。第一,材料是开放的。材料的种类是开放的,材料的摆放是开放的,随时可以取放,便于幼儿随时随地去探索。第二,材料是真实的。幼儿感兴趣的材料一定是源于自己最熟悉的生活,真实的材料才能激发幼儿探究的兴趣。第三,材料是多样的。材料不应拘泥于某一种类,低结构的、高结构的、自然物等,都可以作为开展博览活动的材料。

[案例] 民族博览园(园级博览园案例)

活动缘起——把决定权交给孩子

每年的国庆节,幼儿园都会开展丰富多彩的庆祝活动。自"课程游戏化"实施以来,我们更加重视"儿童本位"的理念及"自由、自主、创造、愉悦"的精神在幼儿园各项活动中的落实和体现。秉承着"把选择权、决定权交给孩子"的理念,针对"今年的国庆节孩子们想怎么过"这一问题,我们在全园范围内开展了"国庆怎么过"大调查。

● 调查了解——给孩子表达自己想法的机会

年龄段不同,能力水平不同,孩子们的表达形式也不同。经过审议,我们通过不同形式对大、中、小班幼儿进行了调查,了解孩子对于"国庆怎么过"的想法。

大班:填写调查表

大班老师设计了"国庆怎么过"调查表,幼儿通过绘画等表征形式,表达了自己对于本次国庆活动如何开展的想法。

中班:线上调查

中班老师通过小程序发布线上调查问卷,孩子和家长共同填写,表达对于本次国庆活动方案的想法。

小班:圆圈时间交流

小班老师利用圆圈时间和孩子进行交流,听取小班幼儿对于国庆活动的想法。

● 教师审议——梳理幼儿的兴趣点及想法

调查结束后,老师们对幼儿的想法进行梳理,并提取出在幼儿的调查中出现频率最高的"关键词"。

大班:民族服饰、画画

中班:少数民族、给祖国妈妈唱首歌

小班:各民族美食、升旗仪式

通过调查和梳理,我们发现,出现频率最高的关键词是"民族"。本次国庆正值中华人民共和国成立70周年,全国大力宣传"民族团结",孩子们耳濡目染,三个年龄段的幼儿都对中国的56个民族产生了兴趣。

通过全园教师审议,我们从幼儿的兴趣点出发,尊重幼儿的想法和意愿,将本次国庆节活动主题定为"民族博览园",希望通过本次活动,让幼儿与民族文化"亲密接触",了解和感受不同民族的民族服饰、民族歌舞、民族美食、民族工艺、民族风俗等,体验不同民族的文化风情,从而激发幼儿爱祖国、爱家乡的情感。

● 求同存异——尊重不同年龄段幼儿的需求

在梳理各年级幼儿兴趣点的过程中,我们发现,大、中、小三个年龄段的幼儿都对不同民族的风俗文化感兴趣,但同时也出现了不同的关键词,比如大班幼儿正在开展"56个民族是一家"的主题活动,对各民族服饰特色已经有了初步的了解,他们更愿意以绘画的形式将自己对于民族文化的喜爱表达出来。而中班很大一部分幼儿提出了"给祖国妈妈唱首歌",小班的幼儿则对升旗仪式充满着好奇和向往。所以,我们在设计"民族博览园"游园会活动的时候,也希望尊重不同年龄段幼儿的不同想法和需求。年级组内审议之后,确定了除"游园会"以外的各年级组活动。

大班:民族娃娃画百米长卷

中班:国庆民歌会

小班:升旗仪式

● 活动准备——与幼儿共同进行活动前准备

本次国庆节活动主题为"民族博览园",以"游园会"为主要形式开展,每个班级活动室都将承担一个"民族博物馆"的布置。要进行哪些准备呢?各班教师和幼儿共同进行审议和互动前准备。

1. 确定本班活动室的内容

表6-1 "民族博览园"活动室安排表

活动室	民族	活动室	民族
小一班	高山族	小四班	满族
小二班	傣族	中一班	汉族
小三班	回族	中二班	维吾尔族

续表

活动室	民族	活动室	民族
中三班	藏族	大三班	朝鲜族
中四班	苗族	大四班	哈萨克族
大一班	白族	大五班	蒙古族
大二班	俄罗斯族		

2.调查相应民族的服装、歌舞、习俗、美食等,并形成活动方案

表6-2 扬州市机关三幼京华城幼儿园国庆"民族博览园"活动方案(一)

2019年9月

班级	大三班
选择民族	朝鲜族
活动目的	1.了解朝鲜族的风俗习惯和祖国的特色建筑。 2.尝试在百米长卷上绘画祖国的特色建筑。 3.培养爱国、爱家的情感。
内容概述	1.参加升旗仪式。 2.观看PPT及视频,了解朝鲜族的风俗习惯。 3.在百米长卷上绘画祖国的特色建筑。
环境创设	1.教室门口:将代表朝鲜族的灯笼挂饰挂在门的两边,让人有眼前一亮的感觉。 2.室内:教室的顶上悬挂了代表朝鲜族的红蓝帘布,每个区角的柜子旁边挂了朝鲜族的小挂饰。
游戏	1.观看朝鲜族舞蹈,并一起学跳舞。 2.在百米长卷上绘画祖国的特色建筑。
资源利用	家长资源: 1.准备了朝鲜族民俗树脂人偶摆件和太极扇。 2.给小朋友准备朝鲜族服装。
其他	本班每个孩子脸上贴五星红旗的脸贴。

表6-3　扬州市机关三幼京华城幼儿园国庆"民族博览园"活动方案(二)

2019年9月

班级	大五班
选择民族	蒙古族
活动目的	1. 在调查、游戏、品尝美食中感受蒙古族的风土人情。 2. 了解蒙古族的特产和民俗,并尝试完成游戏和比赛。 3. 跟着老师一起去"各个民族""旅行",过个愉快的国庆节。
内容概述	1. 以"蒙古族小客人"导入,让幼儿了解蒙古族服饰的特点。 2. 结合课件,让幼儿进一步了解蒙古族的风俗习惯。 (1) 视听结合,初步感知。 提问:你看到了什么? 重点引导幼儿用语言和动作表现蒙古族的风俗特点。 (2) 再次观看课件,了解蒙古族"那达慕"盛会。 提问:"那达慕"盛会上举行了哪些活动? 3. 举行"那达慕"盛会。 在感知蒙古族音乐特点的基础上,尝试创编动作。 (1) 赛马。 (2) 歌舞。 4. 结束。
环境创设	1. 教室门口:门头贴上蒙古族展板。 2. 室内:拉上蒙古族帷帐,准备蒙古族风情摆饰若干。
游戏	绘画百米长卷,欣赏、创编民族舞蹈。
美食	1. 蒙古族奶制品。 2. 风味小吃。 3. 酪酥。
资源利用	1. 幼儿和家长一起搜集有关蒙古族风土人情的资料,并为班级活动做策划。 2. 利用家长资源,请家长制作展板。
其他	1. 家长为幼儿准备参加活动的服装。 2. 部分食品需提前一天准备。 3. 活动前检查并确认食品安全及游戏安全性。

3. 教师和幼儿共同进行环境布置等准备

经过各班审议和研讨,我园的13个活动室将布置成13个民族博物馆,每个"民族博物馆"都将民族服饰、民族歌舞、民族美食等元素融入其中,全园将成为一个丰富多彩且有意义的"民族博览园"。

● 精彩剪影——民族博览园:国庆民族风 共筑中国梦

经过幼儿和教师共同的审议和准备,9月30日,机关三幼京华园的全体师幼穿上了绚丽多彩的民族服饰,开展了丰富多彩的"民族博览园"体验活动,共同庆祝新中国成立70周年。

活动一:升旗仪式

活动二：国庆民歌会

活动三：民族娃娃画百米长卷

活动四："民族博览园"游园会

我们的思考：

对照《指南》，我们认为幼儿园的活动应把握如下几个方面。

1. 关注幼儿学习与发展的整体性

幼儿的发展是一个整体,我们开展的"民族博览园"活动,从幼儿兴趣出发,师幼共同研讨、共同准备、共同参与,这让幼儿的交流能力、认知能力、探究能力、艺术能力等都得到了协同的发展。

2. 尊重幼儿发展的差异性

幼儿的发展是一个持续、渐进的过程,同时也表现出一定的阶段性特征。我们发现,虽然各年龄段幼儿都表现出对不同民族的兴趣,但三个年龄层次的幼儿对于表达方式的需求是不一样的。我们充分理解和尊重不同年级幼儿的差异性,在"民族博览园"活动中"求同存异",在游园会的基础上又开展了"升旗仪式""国庆民歌会""民族娃娃画百米长卷"三项不同的活动,以满足各年龄段幼儿的需求。

3. 理解幼儿的学习方式和特点

幼儿的学习是以直接经验为基础,在游戏和日常活动中进行的。本次"民族博览园"活动中,我们和幼儿共同搜集各民族资料,共同布置环境,一起准备了一场沉浸式、体验式的"民族博览园"活动,最大限度地支持和满足了幼儿通过直接感知、实际操作和亲身体验获取经验的需要。

4. 重视幼儿的学习品质

幼儿在和教师共同策划和准备的"民族博览园"活动中,表现出的积极态度和良好行为是其终身学习与发展所必需的宝贵品质。在整个活动策划、准备和实施中,我们都充分尊重和保护幼儿的好奇心和学习兴趣,帮助幼儿养成积极主动、认真专注、不怕困难、敢于尝试、乐于想象的良好品质,促进幼儿的"深度学习"。

我们认为,每一个节日都应该有仪式感,而这种仪式感不应该是来自成人的想象,而应该从孩子的兴趣和需要出发。游戏是幼儿自己的活动,让幼儿自己决定游戏的内容,自己决定用什么样的方式去庆祝节日,这样的孩子是有灵性的,这样的活动是有意义的,这样的童年是绚丽的。未来,我们也将继续追随"课程游戏化"的脚步,继续落实"儿童为本"的理念,把每一个节日还给孩子。

二、年级博览活动让同一年龄段幼儿资源共享

《指南》中列出的相应年龄段幼儿在各个领域的典型表现,不是"标准",

不强调"统一性"和"规定性",因为每个孩子都有自己成长的独立生态系统。同时,我们也知道,在生态环境中,一些事物有客观规律,比如一年有春夏秋冬四季,传统的二十四节气都有一些特点,幼儿的成长也有其一般发展规律,这在《指南》中的年龄段目标中明显呈现。年级博览活动的内容来源,主要基于本年龄段的孩子在一些一般性问题上的发展需要。

(一) 年级博览活动的来源

年级博览活动的开展,尊重同一年龄段幼儿共同的兴趣和需求,重点在于共同资源的整合。这些共同点的产生基于教师对班级幼儿的观察与分析,年级组在进行集体审视时,需要思考如下几个方面的问题。

其一,班级审议中发现的活动内容是否适宜在全年级开展?当分析某一问题是本班幼儿的个别需要还是其他班级中也有大部分幼儿需要时,《指南》可以成为重要参考。教师分析年级中大部分幼儿的现状,再与《指南》中的年龄段典型特点对比,自然会找到课程生长点,使得相应的年级博览活动自然生成。

其二,博览活动的主题和幼儿发展的核心目标确定,各班级幼儿的发展状况是否就意味着具有一致性?不,在此,我们需要强调的是,生态博览课程强调幼儿个体的可持续发展。在年级博览活动进行的过程中,我们依然需要尊重幼儿的个体发展差异,给孩子机会去尝试,让他们寻找自己的节奏。我们要提供的是适宜的环境、材料和适当的支持与引导。

其三,如何开启年级内资源的共享模式?年级博览活动如何与园级博览活动和班级博览活动相互贯通又相互补充?这是年级审议时需要考虑的重要问题。理顺这些问题便能为幼儿提供更加广阔的探索空间、更丰富的探索材料,有助于幼儿人际交往能力的培养,让幼儿在活动中"玩出智慧、玩出自我,玩出自信"。

(二) 年级博览园的资源分类

1. 教师资源

很多时候,教师将自己班上发现的问题拿到年级组的集体审议活动中提出,往往发现每个班级都有这样的现象。这时候,我们就可以充分运用教师的特长,将其团结起来,让他们分工合作,发挥特长,高效地完成一些教育教学任务。这种充分利用教师资源的做法秉承了生态教育、可持续发展的理念。

2. 家长资源

家长既是幼儿园的服务对象,又是幼儿园课程的重要资源。在生态博览课程中,家长也是幼儿发展生态环境中的重要一员。《纲要》也指出了家园合作共育的重要性,其中明确提出:"幼儿园应与家庭、社会密切合作,与小学衔接,综合利用各种教育资源,共同为幼儿的发展创造良好的条件。"《幼儿园保育教育质量评估指标》中第33、35条评估指标中都提到整合家长资源的重要性。因此,对家长的职业、特长,可参与幼儿园教育活动的时间、形式、内容等进行整合很有必要。

3. 材料资源

对于幼儿的游戏材料,我们主要以班级为单位进行收纳和使用,在年级中进行资源共享是年级博览活动的优势,进行整合后,会拥有更丰富的种类和数量,幼儿使用时就有了更多的选择,也有了与更多材料发生互动的机会。

4. 人文资源

幼儿园的许多节日节庆活动多以年级为单位开展,比如大班幼儿的毕业典礼,小班幼儿的新生体验会,中班幼儿的运动会等,这些都需要年级组整合现有资源,共同审议活动方案,计划组织活动。

[案例] 水世界的奇妙之旅(年级博览活动)

一、水之"源"

一天,玉米、小林、桐桐等几名小朋友在盥洗室洗手。小林一边打开水龙头,一边搓着手中的泡泡,水龙头里的水"哗啦哗啦"地流着……玉米洗好手后,关上了水龙头,轻轻地在面池里甩了甩。他经过小林身边时说:"我妈妈说搓手的时候,要把水龙头关掉,不能浪费水。"说完,就关上了小林面前的水龙头。旁边正在挤洗手液的桐桐听到后,也默默地关上了水龙头……

《纲要》中指出,要培养幼儿爱护动植物,关心周围环境,亲近大自然,珍惜自然资源,有初步的环保意识。著名的教育家陈鹤琴先生也曾说过:"生活即教育。"孩子们之间点点滴滴的对话、互动不正是最好的活教材吗?教师立即抓住这一教育契机,由此,一场关于"水"的奇妙之旅正式开始。

二、水之"旅"

在每周的年级组例会中,教师提到了发生在"盥洗室"里的偶发事情,年级组成员听后,都认为这是一条非常有价值的活动线索,纷纷提出了自己的想法与建议。

(一)我倡议

教师利用晨间谈话、小组讨论等多种形式,鼓励幼儿说说如何让更多的小朋友、家庭参与到节约用水的活动中来。幼儿通过教师的鼓励、引导,总结出以下几条节约用水的倡议内容:

(1) 从自己做起,从身边小事做起,节约每一滴水。

(2) 用水完毕,及时拧紧水龙头。

(3) 发现管道渗水漏水、水龙头破损等现象要及时报修。

(4) 水的重复利用:淘米水可以洗菜、洗拖把、冲洗马桶等。

此次倡议活动得到了同年级小朋友的大力支持。孩子们利用离园时间发放倡议书,向家长宣传节约用水内容,得到了广大家长的大力支持。每个家庭纷纷行动起来,将倡议内容落到了实处。

(二)我行动

1. 节水宣传:节水小天使

"水世界的奇妙之旅"按下开始键后,年级组活动形式多种多样,精彩纷呈,如"设计节水标志""绘制节水宣传图""关爱地球 节约用水""认识节水标志"等活动。孩子们通过"设计节水标志""认识节水标志""绘制节水宣传图"等活动,懂得了水是人类的宝贵资源,从小要养成节约用水的好习惯。通过节水宣传活动,年级内评选出了多名节水小天使。

2. 丰富活动:多管齐下

"节水小能手"活动中,幼儿通过观看视频、实际操作,学会了既能节水又能将手洗干净的"洗手操";音乐教学活动"会变化的小河"让幼儿体会到河流受污染的危害性;社会教学活动"宝贵的水"让幼儿感知水和人类生活的密切关系,懂得水的宝贵。幼儿积极设想保护水资源的方法,乐意参与保护水资源的行动。绘画活动"设计节水标志"中,幼儿迁移前期积累的节约用水经验,积极思考,设计了生动形象的节水标志图。

3. 园内渗透:我是小小观察员

节约用水活动不止在年级内开展得如火如荼,教师还组织幼儿做"小小观察员"。幼儿带着记录本、手机、Pad来到幼儿园的公共区域进行观察。很快,孩子们发现:厨房里清洗池里储了大量的水,叔叔阿姨们在洗碗时水池里的水常常溢出,二楼男厕所的水龙头在滴水,户外游戏区的玩具架里储存了前几天下雨时留下来的积水……针对发现的问题,孩子们提出了自己的解决方案:在幼儿园公共区域贴上"节约用水"的标识,可以将雨水收集起来倒进蓄水池,用于浇菜、浇花草等。

4. 家园互动:污水变清水的奥秘

水,是生命之源,地球上的水看起来很多,但可以被我们利用的淡水资源却极其稀少。生活中的污水和工厂里的污水排到污水管道后又流向哪里了呢?有什么好方法能让污水重新被我们人类使用呢?这些都是孩子们日常关心的问题。于是,我们邀请到在污水处理厂工作的家长——子羊小朋友的爸爸来幼儿园为孩子们答疑解惑。活动中,子羊爸爸通过实验操作、图片讲解等多种形式生动地向幼儿讲解了生活污水和工业污水经过处理后就可以重新使用的过程。同时,他还准备了几台小型实验道具,让孩子们亲身体验、实际操作,更加直观地观察污水变清水的过程。这个活动,不仅激发了孩子们对科学的探究欲望,更坚定了他们保护、珍惜水资源的决心。

5. 社区合作:小手拉大手

此外,我们开展"小手拉大手"的活动,以孩子带动爸爸妈妈,再带动爷爷奶奶,使身边的人加入保护和节约水资源的行列中。孩子们来到社区,给社区的爷爷奶奶、叔叔阿姨发放"一水多用,爱惜每一滴水"的倡议书,并通过专题展板、横幅等多种方式努力营造浓烈的节水宣传氛围,真正起到了以点带面的辐射作用。

在"全国城市节水宣传周"活动中,我们通过形式多样的活动让幼儿、教职工和家长明白了水是我们的生命源泉,爱水、护水人人有责,每个人都应该为保护水资源尽一份自己的力量!

6. 亲子实践:参观污水处理厂

在子羊小朋友爸爸的引荐下,幼儿和家长来到污水处理厂。首先,参观了各种污水处理设备,了解污水处理的流程。外来的污水进入集水井,经过粗格栅的过滤,可以去除水中较大的杂物。过滤后的污水进入污水泵房,被提升至细格栅和沉沙池。细格栅能去除更小的杂物,能够使后续的处理过程更加通畅。接着参观了微曝氧化沟,里面的污水冒着泡泡,像翻滚的开水。这引起了孩子们的好奇,他们七嘴八舌地议论着。工作人员告诉孩子们:这是好的细菌跟坏的细菌在战斗,只有把坏细菌打败,水才能变干净。当孩子们亲眼看到清澈透明的净水时,不由得发出了阵阵惊喜的赞叹声。最后,孩子们知道了净化后的水会被输入河流或者用于浇灌绿化、冲洗马路,也可以作为消防用水、喷泉水等。

通过这次实践活动,孩子们感受到了科学处理污水的奇妙,更意识到了保护水资源的重要性,懂得了要从身边点滴做起,爱护水资源,珍惜水资源。

三、水之"绩"

(1) 此次活动,以年级为单位,以点带面使师幼都参与到节水活动中来。幼儿园节水气氛浓厚,幼儿不仅学到了许多节水知识,还养成了初步的节水习惯。

(2) 园内教师、家长多篇关于节水的文章、教案获奖,多名教师及幼儿被评为"节水先进个人"及"节水小标兵"。

(3) 幼儿园用水设施指标符合规定要求,节水型器具安装率为100%,一级水表安装率为100%。

(4) 生均用水定额符合规定要求。

四、水之"思"

在节水工作中,我园还存在如下几个方面的问题有待解决。

(1) 部分师幼节水意识仍需进一步加强,个别浪费水的现象仍然存在。

(2) 进一步加强专业培训,不断提高节水管理人员的业务水平。

(3) 绿化用水的多样化还不够,主要依赖自来水供水,今后要尝试地表水、雨水等供水方式。

"水是生命之源",节约用水不仅关系到每个人的生存质量,更关系到国家的长远发展。我们希望将此次由幼儿引发的"水世界的奇妙之旅"活动作为起点,进一步健全幼儿园各项节约用水长效管理机制,持之以恒地结合校园文化建设,全方位地突出和强化师幼节水意识,让大家养成良好的用水习惯,真正把节约用水变成自觉行动!

三、班级博览活动成就幼儿富有个性的发展

班级博览活动是博览活动中最常实施的活动形式,主要以班级为单位,由班级教师和幼儿共同参与,涵盖幼儿园周围各类教育资源的运用,能引发幼儿的深度探究。对教师来说,班级博览活动是通过观察分析,发现幼儿的兴趣,追随幼儿的需要,选择适宜的内容,并在实施过程中不断审议、灵活调整,最后通过多种评价方式去判断、反思的过程。

(一)观察分析——发现幼儿的兴趣

观察在班级一日活动中无处不在,观察是教师最常做的工作之一,观察也是班级博览活动实施的第一要点。通过观察,教师才能发现幼儿的兴趣点,并将之作为班级博览活动实施开展的切入点。教师要运用恰当的观察方式,及时发现幼儿的兴趣点。具体的观察方法主要有以下几种。

1. 不需要做记录的即时观察

生态的即自然的,我们不会为了观察而观察,如果在现实中有些观察是需要当下立刻做出判断并及时采取教育行动的,记录显然是多余的,反而阻碍行动。观察在实践中自然发生,教师应该对幼儿的需求做出及时且适当的反馈或支持,如帮其避开危险、及时用语言引导、给予材料等等。这类观察的方式更多的依赖教师观察意识的养成,随时随地,无处不在。

2. 便笺式观察记录

幼儿园的每个班级都设置了一面记录墙,也备有一些便笺纸,以供教师观察幼儿时随时记录。便笺不大,所以记录的内容应简明扼要,一般包括被观察者、观察者、时间和幼儿的只言片语或发生情况的概括。教师会将便笺及时张贴于记录墙上,每个幼儿一撂,便于班组内的其他教师翻阅,了解幼儿近期情况。一般一周的最后一天,教师会将墙上的便笺整理收纳于幼儿档案袋中,同时这些也是教师撰写教学反思、课程故事等的一手资料。档案袋会定期向家长发放,教师对幼儿最真实的观察记录会呈现在幼儿和家长面前。

3. 图文式深度观察记录

我们要求教师每周至少呈现一份完整的观察记录,要求有图有分析。(如以下表格)这份记录是我园在长期沿用的"经典"观察记录表格的基础

上,不断改变而来。比如过去的"经典"观察记录表中的"观察记录"一栏已变为"行为实录",教师应该记录下他们看到的、听到的原生态信息,而不是他们所想的内容。白描法记录也不是意味着每一个细节都要记录下来,主要记录那些可能与观察目标相关的内容,但应该注意幼儿的非言语交流,比如一些关键动作和微表情、书面表征等等。这类观察可以帮教师了解某一段时间内一个群体的幼儿的兴趣点和问题所在,为更好地开展博览活动提供素材。

表6-4　扬州市机关第三幼儿园观察记录表

日期	11月19日	时间	8:07—8:13	观察者	任老师
观察对象	柚柚(6岁7个月　大班)					
观察方法	白描法				
观察情境	周末过后,豌豆和小麦的生长速度越来越快,幼儿早早来到教室,发现两天没见的豌豆苗和小麦苗又长高了不少。				
观察目标	观察幼儿对育种盘中麦苗变化的探究情况。				
行为实录	  今天柚柚第一个来到教室,刚进门,只见他眼睛一亮,背着小水壶径直跑到放育种盘的柜子旁,用手指在一株很高的麦苗旁比画了一下,"老师,快看,这个小麦的叶子长高了好多,我的手指都不够量了!"我问道:"你是怎么发现这棵长高了的?""上次我用手指量过它,它之前也是最高的,但上次它才到手指这里。"只见他比画着说道。"手指不够长怎么办?"我问他。"老师,你的手指能帮我量一下吗?"我按照柚柚说的,把手指放到那棵很高的小麦旁,结果我的手指也不够量。"哎呀,它太高了!"柚柚嘀咕着。我问他:"那用什么才够量呢?"柚柚转身看了看周围,说:"啊,有了,我昨天在美工区做手工用的筷子挺长的。"他说完便跑到美工区				

续表

	拿来一根筷子,一试,果然可以。柚柚开心地看着我,说:"老师,看,小麦都长到这里了!""啊,长这么高了,柚柚,那怎么记住麦苗长到这里呢?"柚柚很自信地指了指:"就是这儿,我记得住。""可是其他小朋友不知道啊,怎样才能让其他人也能知道小麦长到筷子的这里了呢?""啊,我知道了,我做个标记别人就知道了啊。"说完拿起笔在小麦叶尖碰到的位置画了一道线。然后又去拿了一只筷子,用同样的方法,量了豌豆苗的高度并且做了标记。
分析思考	从学习品质方面来看,柚柚对育种盘中种子的生长情况很感兴趣,能持续关注,也能通过仔细地观察、对比发现麦苗的长度变化,并用自己的方式进行表征记录。 　　从材料使用方面来讲,柚柚先是用自己的手指、老师的手指比画麦苗的长度,发现麦苗长高了,当手指不够量时,他能开动脑筋寻找比手指更长的材料支持自己的探索。 　　从社会性发展方面来讲,当遇到问题时他敢于面对,通过寻求老师的帮助或寻找更合适的材料来解决自己遇到的问题。 　　依据《指南》科学领域"具有初步探究能力"子目标——"能通过观察、比较与分析发现并描述不同种类物体的特征或某个事物前后的变化",柚柚在游戏中有初步的探究能力,能通过观察、比较、操作等方法解决自己遇到的问题,并能够用简单的符号进行表征记录,具有良好的学习品质。 　　柚柚的探究活动可作为测量活动的重要生长点,我们应当思考如何支持他的进一步探究,引发更深层的学习。
支持策略	1. 支持幼儿自发的观察活动,对幼儿的发现表示赞赏。 2. 鼓励幼儿与同伴分享自己的发现和记录。 3. 活动中看到了幼儿非标准测量活动的萌芽,可借助绘本《一寸虫》开展相应活动,为幼儿的探究由非标准测量转向标准测量提供经验支持。 4. 为幼儿提供丰富多样的材料,给幼儿更多的时间及空间,提供更适宜的工具以支持幼儿进一步的探究活动。

(二)判断规划——发现活动的价值

博览活动一定是基于幼儿兴趣的基础上引发的,但是幼儿的兴趣点有很多,在一个班级中,兴趣点有时候会呈现出分散的状态,这时候就需要教师进行判断,根据观察幼儿的行为表现继而分析此兴趣点是否具有实施博览活动的可能性。这里的判断与传统做法不同,以往我们判断课程价值的做法是教师通过观察,分析幼儿的行为意味着有什么样的需要,再参照《纲要》的要求、《指南》的精神等,设计出具体的策略或措施去支持幼儿的发展"需要"。但回过头来看,我们发现很多"需要"仍以教师的主观判断为主,所谓支持的策略和活动看似高效,实则并未真正尊重幼儿个体独特性,课程的控制权和责任还是在教师身上,这并不"生态"。在博览活动的实施过程中我们鼓励教师用批判性思维勇敢质疑一直以来我们习以为常的处事方式,辩证地去思考问题,从物理环境、心理环境、资源、幼儿的兴趣、一日活动的安排和组织等要素入手进行判断,为幼儿的游戏和学习创造更加生态的环境。判断依据有以下几点。

1. 幼儿的兴趣

教师不仅要分析幼儿行为背后的意义,还要根据幼儿自身的背景和经验、生活中的事件、家庭和所在群体等情况综合考虑,判断出其语言和行为背后的真正需求,再为他们提供有意义的支持。

[案例] 观察行为实录

我要去"打工"了

三岁半的多多,在户外捡起一个长木棍,她先把木棍竖在地面,从下往上看了看,在仰头看到木棍顶端时,又将木棍横放于地面,走到木棍一端用手摸了摸,拿起木棍在地面敲了敲,接着把木棍扛在肩膀上并对身边的小朋友说:"我要去打工了!我要去打工了!"一边说着一边往前走,一路上引得好多孩子看着她。她突然停下来用两只手将木棍竖起来,举得高高的,一会儿又扛起木棍继续边走边说:"我要去打工了!"

对以上观察记录中多多的兴趣点进行分析,如果不经调查,以成人视角来看,可能我们很自然会判断多多的兴趣点在于"角色扮演",她以随意捡到的一根木棍为道具,想象自己外出"打工"的情节。但如果我们结合多多的词语经验以及其家庭生活背景就会知道,多多其实并不理解"打工"的真正意思,在她的家庭中父母从来不用"打工"这个词语来表述,一般会说"工作"或者"上班",而"打工"这个词语是多多词语经验中没有的,但是对于"打"这个字多多有经验,她一般理解为"打架""打怪兽""敲打"等,这才是多多生活中出现频率较多的词语,结合多多的家庭背景和她自身的词语经验,教师判断她此次的兴趣点是用长木棍进行敲打及其他玩法。试想一下如果教师没有进行深入调查分析,只是提供一些角色扮演的道具,很可能多多会忽视,而对于她真正的兴趣——用长木棍进行敲则会被忽视。这就要求教师观察幼儿在游戏中的行为表现后,要结合幼儿的生活背景和原有经验去判断幼儿的兴趣点。

2. 选题的适宜性

教师关注幼儿在游戏中的行为表现后,还要判断课程生长点是否适宜。一是确保课程的创生点在法律允许的范围和道德约束的界限之内。二是判断是否具有明显危险性,比如上例"我要去'打工'了"中的多多,想探索长木棍的敲打效果,如果她去人多的场地或者空间受限的场地明显具有危险性,教师应当制止或调整木棍长度,引导多多到人少空旷的地方进行探索。三是考虑是否适合幼儿的年龄特点。在《纲要》和《指南》中我们可以看到每个年龄段幼儿在各个领域的发展目标和典型表现,可以对照去看一看,是否有适合儿童最近发展区的发展目标。这里我们要重点提醒的是,《指南》不强调"统一性"和"规定性",如若把《指南》中提出的发展目标作为一个框,需要所有幼儿的发展都达到完全一致的水平,我们又走回了教师高控、主导过多的老路,《指南》只是参照工具,强调的是"导向"和"指引",是家庭和幼儿园培养孩子的参考依据。

3. 儿童发展心理学理论

教师还要基于儿童发展心理学理论进行判断,比如:皮亚杰的认知发展阶段论、埃里克森的心理发展理论、马斯洛的需要层次理论、弗洛伊德的心理发展阶段理论等。掌握了这些理论,教育者可以更好地理解儿童是如何学习的,能够根据表象很快判断出儿童所处阶段或表现的图式,有助于规划适宜的课程内容给予儿童适宜的支持和指导,从而促进儿童发展。

4. 儿童的家庭背景

教师在规划博览活动时还需关注不同儿童的家庭文化背景和遗传情况,比如有的儿童是少数民族儿童、外地随迁儿童,有的儿童受遗传基因、家庭生活习惯等的影响。

(三)选择内容——合理利用资源

秉承"儿童视角、儿童自主学习"的课程理念,当我们发现了儿童的兴趣点,并且判断出活动的价值所在,便可以通过挖掘周边相关的教育资源,以支持儿童保持探究的动力,有效拓展他们的活动。

1. 紧紧围绕孩子们的兴趣点

孩子天生具有好奇心,许多事物在他们的眼中都是新奇的,因此他们经常会提出各种各样的疑问,而这些问题一般都能成为有价值的博览活动内容。

[案例]大班博览活动"我们的身体"

大班的孩子开始换牙了,他们每天都在关注着自己和同伴的牙齿,为什么你的牙齿少了一颗,我的还没有掉?为什么我们会掉牙呢?不是老爷爷才会掉牙齿吗?掉落的牙齿还会再长出来吗?围绕着"换牙"这个话题,我们开始了一系列的探索,通过去园内科探博览园观察牙齿模型,请来牙医家长讲述关于换牙的知识,同时,还进一步引发了"对自己身体的探究""我的长相和五官""我的指纹""我的肠胃""我的心脏"等活动,我们还利用周边少儿图书馆的资源,去查阅相关资料,开展身体探究的系列游戏,如"我的肠子有多长"的测量游戏,"谁是小偷"——指纹的秘密探究游戏,"做小丑"——画脸谱美术游戏等。

2. 不放弃孩子们不感兴趣的点

有很多事不一定是孩子们特别感兴趣的,但是也可成为有效的博览活动资源,因为越是不了解的事,越存在着探究的深度和广度,经过适当的引导也能激发孩子的探究兴趣。

[案例]中班博览活动"角蛙日记"

角蛙是一种孩子们平时不常见而且有点害怕的小动物。教师从家中带来了一只小角蛙,放在班级饲养角中。孩子们和角蛙的"相知相遇"就这样开始了,从一开始的害怕到后来的主动接近,再到越来越喜欢,给角蛙起名字,看角蛙游泳,了解角蛙的生活习性,学习如何照顾角蛙。关于角蛙的探究活动逐步深入开展。由此可见,有些课程的内容开始不一定是孩子们感兴趣的,也有可能是孩子们不感兴趣甚至不熟悉的,但是博览活动的"博"的特点让教师具有课程开发的敏感性,能从探究的角度去寻找课程内容,激发幼儿对动植物和自然的探究兴趣。

3. 有效抓住社会热点

社会也是我们的课程教育资源,社会中每天都会发生很多事,有些和我们小朋友的生活息息相关,有些可以成为很好的课程起源。比如,新冠肺炎疫情期间,小朋友们每天都会接触口罩,关于口罩他们有很多疑问:口罩有哪些种类？口罩有几层？口罩真的能挡住细菌吗？这一系列的问题都会引起孩子们的探究兴趣，因此，"会呼吸的口罩"这个活动就产生了。再如，随着扬州东站的建立，扬州正式通高铁了，幼儿周围的人都在谈论着高铁站的事，幼儿在班上也在谈论着关于高铁的事，虽然很多幼儿坐过高铁，但是还没有在自己家门口坐过高铁。于是，"高铁站的探究之旅"也开始了！

4. 合理运用周边资源

我园地处四季园小区，周边环境优美，蕴藏着丰富的教育资源，经过几轮环境改造，更是呈现出鸟语花香的怡然环境。我们有专门的种植博览园，里面种植了很多植物，这些丰富的资源也成了幼儿博览活动的来源。

[案例]大班博览活动"轮胎里的向日葵"

幼儿园的种植区已经空出来了，该种些什么呢？孩子们最近一直在谈论这个话题。朵朵在美工区写生柜子上的向日葵花束，她边画边跟同伴说出了自己的想法："我想种一个向日葵轮胎花园。""哇！那一定很好看！"两人关于向日葵轮胎花园的话题引来了其他同伴的讨论，大家对这个想法竟是一致的赞同。孩子们从种向日葵种子到观察种子发芽，再到观察、探究苗的变化与生长，他们在观察、浇水、除草、捉虫、讨论与探索的过程中体验了种植活动的乐趣，更随着向日葵一起成长。属于孩子们自己的向日葵的活动就此展开，也让我们相信每一朵花都可以盛开！

（四）三维审议——优化活动内容

三维审议是指活动实施前审议、活动实施中审议、活动实施后审议三个维度，指向教师的具体操作层面。这一块面解决了"对于教师而言，活动审议该怎么做？"的问题。

1. 活动实施前审议——分析幼儿的原有经验，关注活动的适宜性

博览活动就是师幼共同寻找和收集学习资源，选择学习内容，探究学习问题的过程，简而言之，就是教师和幼儿一起做他们感兴趣的、力所能及的、能感受挑战的事。活动实施前审议其实就是教师基于对幼儿原有经验点的分析，从多方融合各种教育资源，进行寻找、判断的过程，这里也是解决了博览活动做什么的问题，其核心点在于孩子。教师应如何通过活动实施前审议了解孩子们的探究需求呢？主要途径有以下三个。

(1) 和幼儿对话

通过对话发现幼儿的原有兴趣、经验,并进行有效分析,确立可提升的经验点。如我们的每日圆圈时间,教师会充分了解幼儿关心的热点话题,进行充分的对话和讨论,内容包括节日节庆、节气、当下社会热点等,从中寻找孩子的共同兴趣点。

(2) 观察幼儿的行为

有时候,幼儿并不会用语言去表达,但是他们的行为中蕴藏着丰富的语言,教师要善于通过日常生活中对幼儿的观察,发现亮点,如植树节来临之际,教师在户外活动中偶然发现了几个幼儿在讨论幼儿园有多少棵树,有的说有 10 棵,有的说有 8 棵,有的说有 15 棵。于是,"数一数,幼儿园有多少棵树?"活动就产生了,各种各样的关于树的探究之旅也开始了!

(3) 明确幼儿学习与发展的核心经验

当教师发现幼儿的兴趣点后,还要对幼儿当下的经验进行有效分析,并结合《指南》明确幼儿学习与发展的核心经验,为课程的开展做好准备。

[案例] 大班博览活动"绳彩飞扬"实施前审议

在日常户外活动的组织中,教师发现幼儿对跳绳的兴趣似乎不大。班上 30 多名幼儿能连续跳绳的只有 2 个,很多幼儿拿着绳子不知该怎么跳,对跳绳缺乏了解,没有丝毫兴趣和自信,但是跳绳能力也是《指南》中对大班幼儿的基本要求,于是,我们和孩子围绕着"跳绳"话题,以议会的形式开展了以下讨论:

师:孩子们,你们喜欢跳绳吗?

幼1:喜欢呢,小学生就会跳绳,我也想做小学生。

幼2:我妈妈也会跳绳,她能连续跳很多个。

幼3:我喜欢跳绳,但是我不会跳,我最多只能跳一个。

师(问其中一名幼儿):你觉得学跳绳难不难?

幼:难,我就是学不会,不会连着跳……

师:我们班的婷婷小朋友就很会跳绳,请婷婷说一说是怎么学会的呢?

婷婷:我每天回去都会和姐姐一起玩跳绳,姐姐会跳,她教我,我天天练,就会了。

师:原来,跳绳看起来难,其实并不难,只要我们喜欢,就可以尝试练一练,像婷婷一样,坚持下来,就会跳了!

教师发现，孩子们对跳绳这项运动很喜欢，也很向往，但是觉得有难度，不容易实施，有畏惧心理，通过请会跳绳的婷婷现身说法，让孩子建立初步的信心，为下面的跳绳活动打下基础。虽然跳绳活动的主题是教师预设的，但教师组织幼儿进行"谈话"，从中了解到幼儿对跳绳的真实想法，更好地开展下面的活动，这就是基于幼儿参与的活动实施前审议。

2. 活动实施中审议——追随儿童的兴趣点，关注活动的灵活性、随机性

活动是一个动态的过程，因此，教师应该时刻保持观察的状态去接近幼儿，记录幼儿的每个突破点，从而不断地去调整、丰富课程。活动实施中审议的基本方式是观察—发现问题—及时调整—改变实施。从活动实施前审议到活动实施中审议，教师更多关注的是幼儿在活动中的兴趣、表现和反馈，通过交流、建议、整改、实施等方式，最大限度地追随着幼儿把控主题的方向。

[案例]中班博览活动"认识蚂蚁"实施中审议

前期，教师预设了隐形的目标为：在外界环境中探索、感知蚂蚁的外形特征，了解其与周围环境的关系。活动实施中，孩子们没有按照教师预设的目标进行探索，对蚂蚁本身的外形特征兴趣不大，反而在寻找蚂蚁的过程中对蚂蚁的行走路线产生了莫大的兴趣。很多孩子跟着蚂蚁一起走，想看看它们到底要去哪里？去做什么？教师没有因为幼儿偏离了原来的目标而阻止他们的探索，而是尊重幼儿的需求，追随着他们的兴趣，通过议会的形式了解"关于蚂蚁，你最想了解什么"，根据孩子们的想法去调整活动内容和过程，提出了更具挑战性的探索任务，如分小组追踪蚂蚁的路线，看看你的发现是什么？又如，提供给孩子各种标记牌随时进行蚂蚁路径的记录。再如，请幼儿分组将自己的追踪记录画成地图，向大家介绍自己的发现……活动在教师的支持下变得越来越丰富，有的孩子在追踪蚂蚁的过程中发现了蚂蚁在合作搬运食物，有的孩子追着蚂蚁一直追到了班级的走廊，并且用粉笔将路线在地上画了出来……

在探索蚂蚁的过程中，幼儿原有的经验和新获得的多种经验（蚂蚁的习性、蚂蚁的种类、蚂蚁的行踪等）形成了完整的链接，这样的低结构的探索活动充分体现了幼儿的深度学习，还原了科学探索活动应该有的模样，这一切也是在教师对幼儿尊重和支持的基础上产生的。活动实施中审议强调的是

幼儿已有经验和新经验建构的链接,学习方式重于学到的知识本身,体现了课程中的深度学习。

3. 活动实施后审议——发现儿童的成长点,关注活动的延续性

活动实施后审议的重点就是在活动实施到一定阶段后,教师是否能够发现儿童的成长点,这时候的审议主体除了班上的两位老师和幼儿以外,有时候也可以邀请部分家长通过现场参与或者问卷调查的形式开展。随着课程的推进,教师们要思考,课程给孩子带来了什么变化?课程还可以继续深入吗?如果可以,我们该怎么做?该如何给予幼儿更大的自主和自由探索的空间,提供怎样的支持策略?通过活动实施后审议阶段,我们往往产生新的想法,让课程继续延展实施下去。

[案例]大班博览活动"绳彩飞扬"实施后审议

关于跳绳的探索已经进行了一段时间,当幼儿基本掌握了连续跳绳的运动技能后,跳绳活动并未结束,教师继续组织幼儿开始新一轮的审议活动。这一次,审议的主题围绕着"绳,还可以怎么玩"进行,除了幼儿、教师,还邀请了部分家长参加现场审议。

问题一:绳子除了可以跳,还可以怎么玩?

问题二:如果爸爸妈妈参加我们的跳绳活动,可以怎么玩?

问题三:如果和小伙伴一起玩,要注意什么?

问题四:你想怎样为大家展示跳绳技术?

在此过程中,不同的人群给出了不同的想法。孩子们讨论出很多种花样玩绳子的方法,比如跨栏、网小鱼、跳格子、穿越火线、软腰达人、倒爬长绳等,并集体制定出合作游戏的规则;家长们是审议活动的积极参与者,他们在审议活动现场展示了自己的"绝活",如夹花跳、双人跳、双飞跳等,还为孩子们展示了多人合作跳长绳的玩法;教师则是审议活动的总结者,对幼儿和家长共同讨论出的绳子玩法进行总结归类,如跳跃类(跳格子、跳长绳、花样跳)、攀爬类(倒爬长绳)、平衡类(开火车、软腰达人、穿越火线)等,并请幼儿自主分组寻找好朋友合作游戏。我们围绕"跳绳"开展讨论,衍生出了更加丰富的活动,这就是活动实施后审议。

(五)灵活实施——及时调整内容

班级博览活动通常是基于主题活动产生的,关注自然与社会赋予的丰富

资源,以自主探索为主线,充分考虑幼儿的兴趣、需要与经验,注重五大领域的整合,预设架构实施的网络,让幼儿多感官参与操作与体验,积累多元而丰富的经验。

在主题活动开展过程中,教师要注意捕捉幼儿感兴趣的问题,把握主题活动的核心价值,注重活动的多样性及展开的线索,预设和生成相结合,发现更多的更适合幼儿的新的学习活动。

如:找一找,关注幼儿对事物的已有经验;画一画,通过幼儿表征发现问题并生成新活动;探一探,以幼儿问题为主轴进行深入探究;玩一玩,在多元化游戏中丰富幼儿的经验。如此,主题活动开展起来有迹可循,我们能更深入地挖掘主题活动的价值。最后,把从主题的选择到主题的设计,再到主题的开展一步步地记录下来,有利于更好地回顾、反思与总结。

(六)评价调整——继续拓展活动

班级博览活动是一个动态的过程,关注"儿童的视角",主张尊重儿童身心发展规律,以儿童的兴趣和爱好、动机和需要、能力和态度为基础来设计活动,活动实施中,评价贯穿始终,主要以问题反思的方式进行。如:

活动是否建立在我园的背景分析基础上?

活动是否符合和反映幼儿兴趣和发展的需要?

活动是否来源于幼儿的真实生活?

活动是否尊重幼儿的知识经验水平,能否促进其发展?

我们围绕问题,通过多维审议的方式进行需求评估。当然,在活动实施过程中,教师也会对随时发生和出现的问题展开审议,跟进幼儿的需求变化及时调整活动。

四、家庭博览活动全面指导家庭科学育儿

儿童是人类的孩子,在他们的成长中成人的作用至关重要,"家庭是孩子的第一所学校,父母是孩子的第一任老师",一个孩子长成什么样,很大程度上取决于他的家庭教育水平。幼儿园有指导家长科学育儿的义务和能力。在家庭博览活动中,我们发动儿童的养育者们履行他们的义务:鼓励他们和孩子一起亲子共读,每学期幼儿园定期开展家园合作亲子共读博览活动;倡议他们和孩子一起运动,亲子运动博览活动应运而生;鼓励妈妈们回到厨房为孩子制作美食,尝试用简单的方式表达爱;欢迎爸爸们走进幼儿园,科技节中常见他们与孩子用心地交流……这种亲子之间有温度的陪伴既有助于孩子健康快乐地成长,也是孩子体会生态和谐社会的重要源泉。

[案例1]　由家长发起的个别家庭博览活动

这类活动的发起人为个别家长,是家长在日常的亲子陪伴中发现了孩子的兴趣点或者一些教育契机,主动发起的家庭教育活动。教师为支持者和帮助者,可在适当的时候根据幼儿及家长的需求给予指导帮助。我园组织教师团队根据幼儿的年龄特点编写的《家庭教育亲子游戏案例》中有着丰富多彩的亲子游戏案例,这一资源引导家长运用生活中随处可取的素材在家庭生活中自然生态地科学育儿,为家长科学育儿提供了支持。

家庭博览园案例:盒子大聚会

活动缘起:尊重孩子的想法

跟祖辈在一起生活,会有一些小小的烦恼。这不,淘淘小朋友的家里到处都是舍不得丢的"宝贝"——废旧盒子。有大大小小的鞋盒、牙膏盒、饼干盒、月饼盒、玩具盒……祖辈总喜欢把这些盒子留在后院,谁想扔,就跟谁急。好不容易等到祖辈外出,淘淘的妈妈就推来三轮车,准备把这些盒子全部扔掉。淘淘看见了,立即阻止妈妈:"我们的盒子都是宝贝,老师教育我们要把生活中的材料留着,我们可以和盒子交朋友,玩游戏。"

家庭审议:盒子可以用来干什么?

妈妈尊重淘淘的想法,决定和她一起将堆得乱七八糟的盒子重新整理,按照大小分类,把各种各样的盒子变成资源库。接下来应该怎样和盒子交朋友、玩游戏呢?淘淘和妈妈进行讨论:

表6-5　盒子可以用来做什么

妈妈	淘淘
装东西,如装鸡蛋、零食…… 当小物件收纳盒	制作盒子机器人 做艺术品 搭建

妈妈发现自己的想法比较局限,只想到盒子的普遍功能——收纳,而淘

淘却把盒子当成玩具,想方设法与盒子做游戏,妈妈决定支持淘淘。

在家庭审议的基础上,妈妈和淘淘还咨询了老师,老师表示很支持妈妈和淘淘的想法,并告诉妈妈这与幼儿园的生态教育理念相一致。老师也希望淘淘能够尝试利用图像表征的方式把自己的想法画出来,这样便于她跟随自己的设计去尝试操作。在老师的帮助下,妈妈请淘淘用思维导图的方式画出盒子可以用来干什么,方便她思考如何合理利用这些盒子。

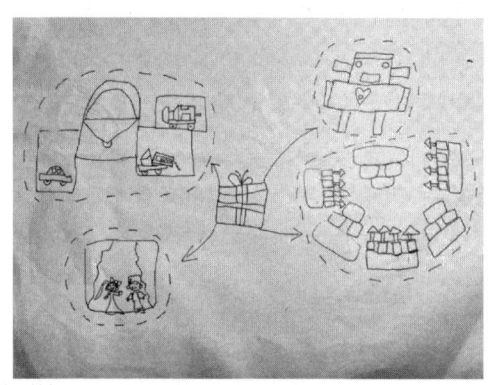

(淘淘绘制的关于"盒子可以用来做什么"的思维导图)

根据淘淘的思维导图,妈妈觉得小朋友的想法着实跟大人不一样,大人往往只能考虑到事物的表面,想到赶紧"断舍离",好让家里变得清爽些。但是,小朋友却有另一套想法,他们深受幼儿园生态博览文化的熏陶,从小便树立废物利用的理念。或许"教育就是孩子的一万种尝试,我得始终支持",于是妈妈决定尊重淘淘的选择,抛开大人的身份,开始扮演同伴的角色,与淘淘一起尝试如何打造"家庭盒子博览园",开发盒子再次使用的价值。

实施操作:盒子大变身

"宝贝,那我们用盒子做些什么呢?"妈妈又抛出了问题。

淘淘:我想把盒子变成机器人,还想做成衣服,最后我要展示我搭好的机器人……

妈妈:好的,我们先一步步来,你最想用盒子干什么?

淘淘:我想做机器人,我们幼儿园就有盒子机器人。

妈妈:你会做吗?

淘淘:妈妈,我做过,我一个人可以的。

（一）自主探究：盒子的单一玩法

想象中的美好与实操中的困难

妈妈和淘淘发现，在制作中需要一些辅助材料，有的材料只有幼儿园有，家里并没有，所以，妈妈和淘淘在一边思考一边实操的过程中，及时调整，寻找可用的材料。

成品的展示与充分利用

终于，纸盒机器人制作好了。淘淘还把小兔机器人上的盒子打开，可以当作作品展示台，放一些迷你乐高积木作品。她收集了不少盖子，把它们沿着楼梯粘贴在墙面上，大大小小、颜色不一的鞋盒盖子，成了淘淘美工作品的展示台，给家里增添了不少乐趣。

（纸盒机器人）

（二）再次审议：盒子的多样玩法

除了做机器人、当作品展示台外，盒子还可以用来做什么呢？妈妈和淘淘进行了二次审议，就盒子的各种玩法展开了讨论：怎样让盒子成为互动游戏的玩具？盒子可以用来做学习用具吗？妈妈和淘淘觉得需要帮助：

1. 问一问：问问老师，盒子还可以用来做什么？
2. 查一查：借助网络查找相关图片。
3. 看一看：阅读相关绘本《喜欢盒子的人》。

于是，淘淘和妈妈共同制订了计划，整合盒子资源，让盒子成为家庭游戏的玩具，甚至成为益智区的学习用具。

在商量、共同查找答案的过程中，妈妈和淘淘合作制订盒子博览园的实施计划，罗列盒子的多种玩法：美工区装饰用，作品展示台；阅读区的手偶小

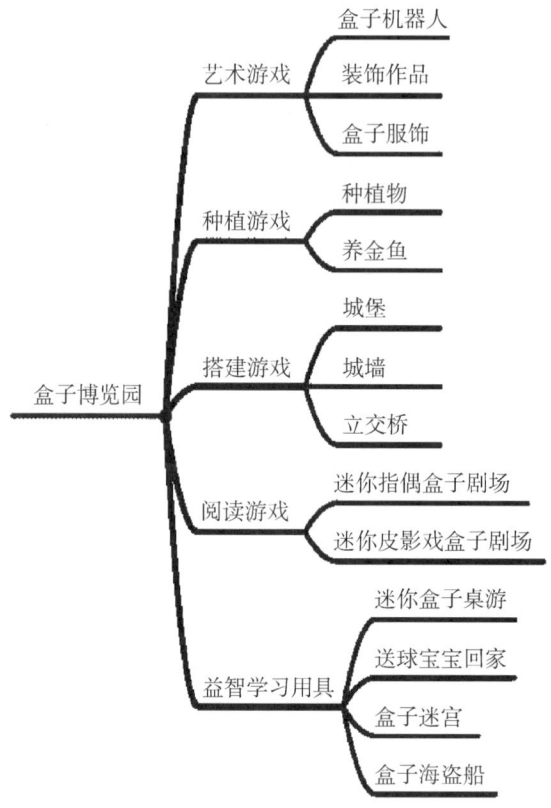

（盒子博览园实施计划）

舞台；自然角中种植植物；益智学习区中的各种桌面用具，如开展"盒子迷宫""送球宝宝回家""盒子海盗船"等活动均需要盒子。

（纸盒益智小游戏）

（盒子小剧场）

感悟与思考：

（一）来自小朋友的感悟：环保意识从小树立，资源收集物尽其用

1. 不可以随意扔垃圾，那样一点儿也不环保，要学会收集。

2. 有的废旧物品是可以用来玩游戏的，就像我们幼儿园的资源库那样，里面有各种废旧材料。家里的盒子也可以变成盒子资源库，可以让我再次使用。

3. 盒子有大的、小的，还有的盒子可以装水不会漏，这些盒子都有自己的本领，我要好好用起来。

4. 可以把家里当成第二个学习、游戏的乐园，像我的班级一样，有阅读区、美工区、操作区、建构区、自然角、益智区等，我要把盒子带到各个区域，与盒子交朋友。

（二）来自家长的感悟：尊重孩子，倾听孩子，支持孩子

教育就是尊重孩子的想法，大人给予支持。妈妈觉得自己需要反思，如果坚持以大人的思维去看待问题，家庭博览园的计划就落空了，盒子就被丢弃了。但是，妈妈选择倾听孩子的想法，从最初的讨论，了解到幼儿园的理念，再耐心地听完淘淘怎样与盒子做游戏，不得不感叹孩子是天生的创造者。妈妈决定当淘淘的游戏伙伴，借助思维导向，帮助淘淘明确盒子怎么玩，从说一说怎么玩，到试一试、做一做，寻找可行的方法，一起在家里创设了"盒子博览园"，充分利用盒子资源，完成了一系列的亲子游戏，如纸盒机器人、作品装饰台、纸盒益智小游戏、纸盒小剧场等，在此过程中，不仅仅亲子感情增进了，妈妈还学会了尊重孩子，支持孩子，满足孩子的需求。

（三）来自教师的思考：梳理核心经验，培养生态理念

从家庭博览园的案例中，可以看到孩子对盒子的关注，先从分类收集整理盒子开始，对盒子的大小、质地等进行归类；再与家人讨论盒子的玩法，并且借助自己的思维导图，记录想法，从而与家人一起探索盒子可以用来做什么，最终实现自己的想法。

随着家庭博览活动的开展，孩子在各个领域的经验也得到提升：

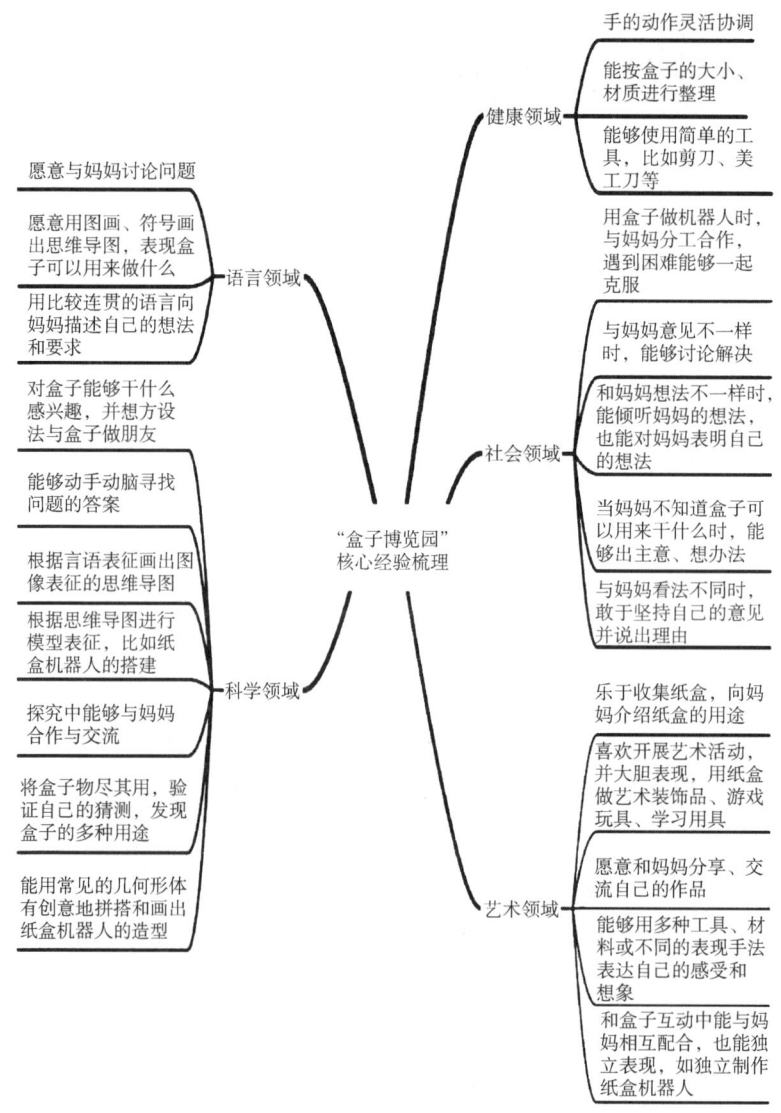

（"盒子博览园"核心经验梳理）

家庭博览园案例中,我们可以看到幼儿生态理念的培养。从合理利用盒子,将其作为博览园资源,并且整合到家庭的各种各样的学习、游戏中来,如艺术区的盒子艺术品,建构区的纸盒机器人、城墙等,阅读区的指偶小舞台、皮影戏小剧场等,以及学习区的益智学习玩具等,可以看出幼儿从小树立了环保意识,不乱扔废旧物品,能尽量利用资源,达到物尽其用,并且在说一说、想一想、试一试、做一做中,丰富情感,培养动手能力、建构能力、创造力、表现力等。

[案例2] 由教师发起的群体性家庭博览活动

随着国家"双减政策"的实施、《家庭教育法》的正式颁布,我们越来越感觉到幼儿的教育生态环境格局在改变,家庭教育的重要性得到社会普遍重视,然而很多家庭在科学育儿方面仍有待提高,幼儿园对于家长资源的有效开发较少。第二种家庭生态博览活动是由幼儿园发起,根据家庭中普遍的薄弱环节举办一个个的项目活动,以一个个活动推进的方式带领家庭一同在某一项目中进行深度探索学习。比如,我园每学期都会进行的亲子阅读、亲子运动、亲子科探等活动,其中不仅有幼儿园资源向家庭开放共享,也会充分运用家庭的优质资源,采用沙龙、平台分享、家长助教等形式共享,从而达到全园幼儿整体进步的目的。例如,我园充分运用家长资源举办家庭联动共读一本书活动,运用家长一对一倾听孩子心声的方式搜集幼儿的兴趣点和关注点,教师根据每个幼儿的需求分组进行项目探索,生成一系列活动。这些活动不仅充分利用了家长资源,而且帮家园之间形成了良性沟通,达成共同科学育儿的小目标。

家庭博览活动案例:背起背包去郊游

以往,总是由老师讲述故事给孩子听,本次我们向家庭推荐共读书目,由家长带着各自的孩子一起共读同一本图画书——《背起背包去郊游》。拿到绘本之后,我们老师先进行了阅读,并对绘本进行了初步分析,这样才有可能做有准备的教师,开展有意义的活动。接着,我们引导家长开展亲子共读,家园共同制定家庭活动指导方案,展示交流四步走的策略,引导家长观察了解孩子对这本书的反应,分析家长记录的信息,从而找到共读时可以突破的重难点。如此,阅读活动更加贴近孩子的需要。在这样的过程中,我们引导家庭用更有意义的方式陪伴孩子成长。

一、引导家庭进行亲子共读,鼓励家长观察记录信息

我们强调,家长们自己要先阅读两到三遍绘本,在对绘本有了一定的理解后,和孩子进行亲子共读,并在阅读的过程中记录下孩子的想法、兴趣点。家长的记录给了教师丰富的信息。教师统计出孩子们普遍的关注点如下:郊游好好玩;小动物捉迷藏,几种动物的特性;大的袋子里面放小袋子。

二、教师进行信息分析,制定家庭活动指导方案

教师根据整理的"亲子阅读成长记录"表格,进一步分析并找出幼儿的关注点、兴趣点,结合家长的观点进行了解分析。在整理的过程中,教师不仅能通过亲子阅读记录表看到孩子的具体语言和行为,还可以看到不同家庭的教育理念、陪伴成效,家长之间的差异也是客观存在的。于是教师决定充分利用资源,邀请家长们分享经验,互相启发带动,并根据大家的意见创设出丰富的家庭亲子游戏项目,供家庭参考使用。

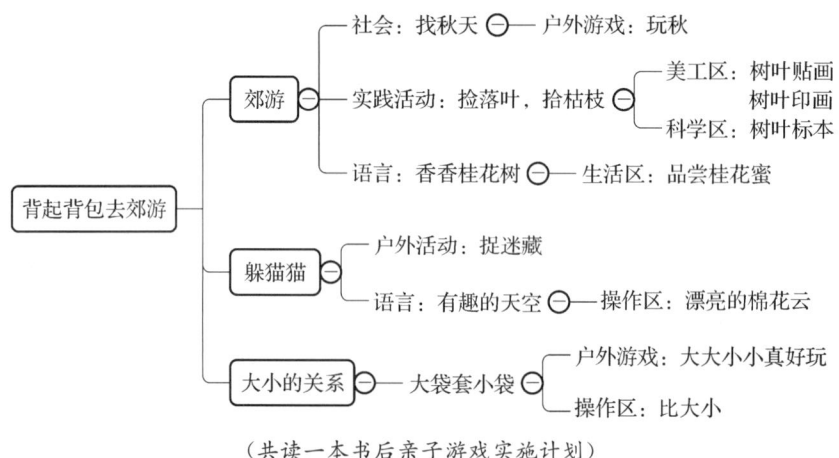

(共读一本书后亲子游戏实施计划)

三、各家庭开展丰富的亲子游戏,教师巡回指导

在交流制定了班级共读一本书的亲子游戏指导方案后,班级的各个家庭纷纷开始行动起来,由于是同一主题,又是同班的小朋友,有的家庭单独行动,有的家庭周末相约一起游戏,开展了丰富多彩的相关主题的亲子游戏活动,以下选择小部分精彩瞬间进行展示。

亲子游戏一：快乐的郊游

亲子游戏二：美丽的树叶贴画

亲子游戏三：香香的桂花

亲子游戏四：躲猫猫

亲子游戏五：漂亮的棉花云

四、总结并展示交流，促进家庭教育水平发展

（一）活动前后幼儿经验的变化

教师根据家长的反馈和平时孩子们在幼儿园中的点滴表现，总结出幼儿在经历共读一本书及开展相关亲子游戏后的经验变化，见表6-6：

表6-6 幼儿经验变化

类别	原有经验	具体行为表现	获得的新经验
探究兴趣	对绘本里面的图片感兴趣	快速翻开绘本，对画面有趣的地方稍稍停留	1. 在绘本中找到自己的兴趣点，并且乐意与同伴交流分享。 2. 会将绘本里面有趣的情节延伸到生活中、游戏中。

续表

类别	原有经验	具体行为表现	获得的新经验
探究能力	在观察中发现兴趣点	在户外闻到了桂花的香味就会想了解香味的来源以及有关桂花的相关信息	解决问题的方法更加科学客观:在现场观察,通过网络深入探索,了解桂花与人类及环境的关系。
探究品质	喜欢大自然,会跟大自然进行"互动"	喜欢在户外和同伴一起玩耍、捡树叶、玩躲猫猫、躺在地上观察天空等	情绪情感:乐于亲近大自然,做大自然的朋友,并萌发保护大自然、热爱大自然的情感。

(二)家长的感悟

我们在此次共读一本书的游戏活动中亲身体验了很多有趣的游戏,这是我们以前单独开展亲子共读时没有想过的事,原来读完一本书后可以这么玩,在老师和其他家长的影响下我们才发现:原来这本书读后可以玩很多相关的游戏,一本书的价值原来这么大!这些游戏有些是我们自己想出来的,有的是从别的家长那里学来的,感谢老师组织这样的活动让我们得到如此有趣又有用的资源,让我们感觉到幼儿园集体的力量。回顾整个活动,我们看到了孩子们惊人的观察力和想象力,我们要和孩子们一起走进绘本,读懂绘本。只有读懂孩子,才能和孩子们一起探寻这些秘密。我们成人在陪伴孩子的过程中要特别注重尊重他们,他们在学习过程中的"小主人"地位需要成人的支持和帮助。幼儿的学习特点是直接感知、亲身体验,他们喜欢动手尝试,我们要经常带幼儿接触大自然,激发其好奇心与探究欲望,要以陪伴者的身份及时关注幼儿的兴趣与需要,要提供更多的时间、空间和材料等,给予多方面的支持,这样才能让幼儿在游戏中自然、快乐地成长。

(三)教师的思考

1. 家庭博览活动的开展源于家长和幼儿的兴趣

家庭博览活动要充分利用家庭资源,发动家长参与教育的热情。借助家长的观察记录,教师可以得到最真实、最广泛的信息。这有助于教师了解每一位幼儿的兴趣点和关注点,以及他背后的家庭情况,在此基础上生成的活动更加符合幼儿及其家庭的实际需要,更加有助于幼儿的健康发展。

2. 家庭博览活动要充分挖掘家长资源

一个幼儿背后是一个家庭，一个班级的幼儿背后是若干个家庭，此次共读一本书后的相关亲子游戏活动巧妙地用同一个话题连接起全班幼儿所在的家庭，让家庭资源在一次次沙龙研讨、展示交流、游戏互动中流通起来，智慧由此生发，每一个参与的家庭都得到了启发，丰富了游戏储备，扩充了认知范围，幼儿各方面的能力也得到了发展。这种生态可持续发展的做法，是教师们在今后的工作中值得保留的。

3. 家庭博览活动中教师的角色定位

在生态系统中，家庭、学校、社会均对儿童的发展有重要影响。以往，我们更加注重教师在家园活动中作为指导者、组织者的作用，在此次的家庭博览活动中，我们挖掘了教师倾听观察者、欣赏学习者的身份，在家长资源的引进方面教师是有突破的，教师是家庭博览活动的发起者，用一本书的资源引发一个主题的探索，及时组织家长进行记录、交流；也是家庭博览活动的协助者，根据家庭给出的关键信息进行整理分析，再组织引导家庭进行交流互动，碰撞出丰富多彩的亲子游戏活动；最后在各个家庭实施游戏的过程中注意搜集整理，引导家庭间进行互相学习交流，在过程中始终引领着各个家庭的进步和成长。

第七章　幼儿园生态博览课程评价

《纲要》指出,教育评价是幼儿园教育工作的重要组成部分,是了解教育的适宜性、有效性,调整和改进工作,促进每个幼儿发展,提高教育质量的必要手段。课程评价是课程系统的重要组成部分,是根据课程目标,系统地收集各种资料,对课程实施过程的效果和价值的判断,是有效改进和提高课程质量的手段,也是日常教育工作的重要内容。

生态博览课程以幼儿可持续发展为目标研发评价机制,以尊重、参与和创造为原则,多主体、多维度、多元化评价,支持幼儿创造。我们以生态发展为目的,促进教师和幼儿共同可持续发展;注重评价方式的科学化,追求各评价要素的平衡;强调评价主体的多元化,评价途径和方法的多样化,评价内容的综合化,评价对象的层次化,评价关系的对话性。

一、评价主体的多元化

幼儿、教师既是评价者,也是被评价者,是课程评价的主人。幼儿是评价的主体,教师也是评价的主体;管理者、专家等是课程评价的参与者,对课程起着导向和质量监控作用;家长是评价的参与者,保育员也是评价的参与者;此外,教育行政领导、教研员、社区工作人员等都是评价的参与者和指导者。凡是与课程相关的人员都可以成为课程评价的指导者、参与者和支持者。生态博览课程评价立足于促进幼儿和谐生长,以及教师及其他参与者的共同发展。

二、评价内容的多维度

一是对课程本身的评价,如课程目标是否准确、课程内容是否适宜、课程组织与实施是否适当等,优质、可持续的课程才能保证幼儿的可持续发展。

二是对幼儿的评价,幼儿的身体与心理、态度与情感、知识与能力等是否全面、均衡、和谐和可持续发展。

三是对教师的评价,教师的课程理念、儿童观、教师观,教师设计和组织实施一日活动的能力,创设和利用资源、评价幼儿的能力等。

三、评价方法的多样化

生态博览课程以发展性评价、过程性评价、表现性评价、真实性评价、对话式评价等为主要评价方式。根据需要,我们灵活地采取观察、谈话、调查、作品分析等多种方法评价,以幼儿成长手册、主题活动档案、幼儿活动评估表、教师观察记录分析等记录幼儿的成长历程;以活动方案评估、走进现场的分析,从教师和幼儿的成长评估考察成效等评价课程质量;以评价途径和方法的多样化、评价内容的综合化、评价关系的对话化,促进幼儿、教师和课程的可持续发展。

第一节　发展性评价理念

正确的理念是有效开展工作的前提,发展性评价理念以促进评价对象和评价者发展为根本目的。生态博览课程评价是坚持以教师和幼儿共同可持续发展为核心理念,重过程、重评价主体性,这与发展性评价理念不谋而合。除此而外,生态博览课程还注重通过评价促进课程本身的持续发展。

一、发展性评价理念的含义

(一)以人为本的课程评价理念

《纲要》中贯穿着一个理念——发展,即坚持以幼儿的发展为本,生态博览课程评价秉持发展性评价的理念,以幼儿未来可持续发展为出发点和归宿,用发展的眼光看待幼儿,既了解幼儿现有水平,又关注幼儿可能达到的最近发展区,了解幼儿发展的特点和学习方式,让每个幼儿自然有序成长,帮助幼儿认识自我、树立自信,促进幼儿持续发展,保护并珍爱每一个幼儿欢乐幸福的童年,使幼儿获得全面又富有个性的发展。

发展性课程评价还以教师的发展为本,充分考虑教师的可持续发展,注重以评价促进教师的发展,培养教师、帮助教师、锻炼教师、成就教师,促进教师在教育教学中学会反思、学会评价,更好地提高课程设计和实施水平,提高教师的专业素养和专业化水平,使教师在课程评价中获得持续发展,真正实现"评价最重要的意图不是为了证明,而是为了改进"。

(二) 全面可持续发展的课程评价理念

生态博览课程是在生态观理念下的课程,追求和谐、全面发展,以促进幼儿全面和谐、可持续发展为课程目标,在课程评价中考虑幼儿的年龄特点和身心发展规律,根据不同年龄段幼儿,每个幼儿的个体差异,幼儿在不同领域的发展要求,追求幼儿与社会,幼儿与自然,幼儿与自我及其与同伴、他人整体协调发展。

发展性的课程评价不是为了评价而评价,也不是增加教师的工作任务,评价不仅是完整课程系统的重要组成部分,更是教师全面可持续发展的生长剂。教师在课程评价中不断学习、思考、实践、研究,其专业理念、专业知识、专业能力得到全面提升,为其自身的可持续发展提供了实践路径。

(三) 课程持续发展的课程评价理念

师幼共同可持续发展也会促进课程本身的发展,特别是随着课程开发主体教师专业素养和专业能力的提高,课程理念的不断转变,课程目标、课程内容、课程实施方式也会得到不断调整和修正。生态博览课程和许多园本课程一样,也经历了萌芽期、形成期和体系构成期,每一个阶段都能根据课程实施状况对发现的问题进行调整,以使课程不断适应幼儿的发展需求,不断促进幼儿可持续发展。

一个好的课程评价既要有利于幼儿的发展,有利于教师的发展,有利于课程的发展,还要能体现新的课程理念,有利于幼儿、教师和幼儿园的可持续发展。生态博览课程从最初的环保课程到生态式环境教育,从生态式主题课程到和谐课程,再到生态博览课程,每一个阶段都是伴随着改革与发展,伴随着研究与反思,伴随着成长与进步。

二、全面性评价原则

生态博览课程评价是借鉴教育生态学原理,将生态的原则、理念和方法运用到评价中,评价指向促进幼儿和教师以及课程的可持续发展,在评价方式上追求真实、客观,讲究各评价要素的协调、平衡。

(一) 科学性与可行性相结合

课程评价是教师运用专业知识审视教育实践,发现、分析、研究、解决问题的过程,因此,教育评价首先要体现教育的方向性、时代性、客观性和科学性。其次,课程评价是教师在观察、了解幼儿,反思教育实践的基础上,是在分析孩子的身心发展特点后进行的,应具有可行性。

(二) 定性与定量相结合

课程评价要对幼儿的兴趣和需求、幼儿的个性特点、幼儿的闪光点等做全面、深入、细致、真实的质性评价;对幼儿不同时期的共性要求进行量化、数据化的评价。

(三) 导向性与现实性相结合

课程评价可以引导评价的对象趋于理想的目标,使得评价就像"指挥棒",它既是上级部门指明的办园方向,也是幼儿园明辨自己的使命和任务的"航标";既是检查教师教的水平和幼儿学得如何的"标尺",也是诊断存在问题,明确努力方向的"风向标"。课程评价又是和具体的教育实践相结合的,它离不开幼儿的一日学习,离不开幼儿的游戏和生活,因此,教育评价还具有现实性。

(四) 过程性与总结性相结合

总结性评价一般在一段时间的教育活动结束后开展,用于确定活动目标达成的程度,了解幼儿的整体情况。评价幼儿的发展水平,不仅要关注结果,还应关注幼儿的求知过程、探索过程和情感变化的过程。只有关注过程,评价才能深入幼儿发展的过程,及时了解幼儿在发展中的问题和所做出的努力以及获得的进步,这样才会使幼儿在评价过程中得到不断发展。

(五) 单一性与多元性相结合

除了在教学中用适当的语言夸奖幼儿、鼓励幼儿,还可以用档案袋方式记录、叙述幼儿在活动、游戏中的表现等进行多元性评价;除了老师对幼儿进行的评价,还可以采用幼儿自我评价、幼儿之间互相评价、家长评价等多种形式进行评价。

三、生态化评价策略

(一) 关注平衡的评价

平衡是生态博览课程评价的前提,偏向任何一方都会导致评价的失衡。自然界中,由于失衡而造成的水土流失、土地沙漠化等已经给人类带来了许多毁灭性的灾难,在教育评价中,我们要树立平衡的理念,防止教育的"沙尘暴"。

1. 构建评价的平台,实现评价主体的多元化

幼儿、教师、家长、保育员、管理者等都可以参与评价,幼儿和教师都是评价的主体,既是评价者,也是被评价者,幼儿通过多元化的评价,收获自信,提升能力,获得发展。

2. 创设评价的环境,实现评价方式的多样化

幼儿没有升学率的要求,没有分数的测量,没有优劣之分,评价的环境相对宽松,方式也多种多样,生动有趣。幼儿园评价常见的评价方式有:图表式、文字叙述式、口语交流式、个别评价、集体评价、等加式评价、一次性评价。还有如下几种类型的评价:专门性评价,侧重于孩子在一段时间、某一个方面的评价,旨在观察、分析孩子的发展情况;偶发性评价,在教育过程中偶然发生的,如对表现特别的幼儿给予夸奖和激励;渗透性评价,将评价贯穿于幼儿学习、生活的全部,既有学习资料的积累,又有文字的记录,既有成长的档案,又有活动情况的实录。

3. 关注评价的指标,实现评价内容的综合化

为了更好地体现评价的作用,方便教师和幼儿定期或不定期地开展评价,需要借助于一定的工具。各种评价表成了直观的、方便使用的评价工具。

(二) 关注和谐的评价

生态文明的宗旨是和谐共生,实现中华民族乃至全世界有序发展、科学发展、持续发展,生态式教育评价同样关注师幼的和谐、幼儿与幼儿之间的和谐、人与自然环境的和谐、人与社会的和谐。

1. 评价的多维度

我们的教育目标一般是从知识、能力和情感三个方面考虑的,但是知识

的获得和能力的提高是显现的,是看得见摸得着的,往往更容易受到重视,学会了什么,学到了什么,学到什么程度成为评价的主要内容,尤其是在应试教育情境下,知识和能力是可以量化的,家长、学校、社会更重视的是分数、升学率、能上什么学校,情感、态度是内在的、隐性的,往往被评价者忽视,但教育者都知道情感和态度对一个人成长的重要性,在评价的时候是"知"但却很难"做"。以可持续发展为宗旨的生态式评价突出知识与理解、能力与技能以及情感态度与价值观三个维度,而且一个都不能少。

2. 评价的多层次

每个幼儿能力不同,发展水平不一,都有其独特性和个体差异,多元智能理论指出:每个人都有独特的智能,如用同一"标尺"、用同一"标准"显然是不行的。这就需要我们根据幼儿的最近发展区,设计多层次的评价标准,关注被评价者之间的差异性和发展的不同需求,促进其在原有水平上的提高和发展。如我们的生态评价指标一般分为3—4个层次,让发展得好的幼儿看到自己的长处和优势树立自信,让发展得一般的孩子明确努力的方向,"跳一跳能摘到果子",让处于劣势的孩子不气馁。

3. 评价的多角度

我们都知道,构成课程的元素不仅有教师、幼儿,还有环境、管理、家长等。在课程评价中,只管教师、幼儿的评价显然是不公平的,当然教师、幼儿的双主体地位是不容怀疑的,因此,在课程评价中,要打破关注教师的行为表现,忽视幼儿参与学习过程的传统的评价模式,建立"以学论教"的发展性评价模式,即将教学的关注点转向幼儿在活动中的行为表现、情绪体验、过程参与、知识获得以及交流合作等多方面,在活动中孩子是否有参与的兴趣,道德品质是否得到培养,能力素质是否提高,发展的动力是否得到激发。还要关注教师是否在活动中抓住了重点和难点,是否很好地解决了相关问题,教师是否有教育机智,能根据活动中的突发情景和突发事件有针对性地调整,能否发现孩子宝贵的闪光点,并引导孩子发扬光大。美国学者辛德·波琳和米沃特认为:可以从三种不同的角度去分析课程实施,即忠实观、相互调适观和课程创生观。在课程实施中,我们除了要关注教师是否依据课程计划的原本意图去实施课程,同时关注教师是否能根据具体教育情景对课程做出适当的调整,还要关注教师能否将教学内容整合在一起,使课程成为教师和幼儿创生的课程。

我们应该努力使教育活动成为师幼快乐学习的过程,成为师幼享受学习的过程,成为师幼创生学习的过程。

(三) 关注发展的评价

1. 从相信人的发展角度,采用对话式评价

对话式评价是以幼儿的真实感受为基础,注重幼儿的学习过程,以平等、民主、交流的方式进行的评价。在对话式评价中,教师常常和幼儿围绕一个话题、一个内容采取讨论、交流、商量的方式一起评价,这种对每一个个体在每一个活动中的评价都是在相互交流、沟通后做出的,是幼儿认可的,也是幼儿容易接受的,更是幼儿乐意参与的,是课程不可或缺的重要组成部分。

2. 从尊重人的发展角度,提倡主体性评价

不管是教师还是幼儿,都有自尊,只要他们得到尊重,内在的动力就会被激发。因而在评价中,教师和幼儿是否成为评价的主体,不仅是教育理念的体现,更是评价是否得当的体现。首先,我们要把评价的方法以自然的方式融入幼儿的日常生活中,让幼儿学会评价,不仅会评价自己,还要学会评价别人,让幼儿不仅享受鼓励、欣赏和掌声,还要接受批评、建议和要求。其次,教师要学习采用过程性评价,及时发现幼儿发展中的需要,帮助幼儿认识自我、建立自信,激发幼儿内在的发展动力,从而促进师幼的发展,实现教师和幼儿各自的个体价值。

3. 从促进人的发展角度,实施发展性评价

教育的根本目的是促进人的发展,我们要树立"为促进师幼共同发展"而评价的理念,关注幼儿、教师、幼儿园的需要,突出评价的激励与调控功能,激发幼儿、教师、幼儿园的内在发展动力,促进其不断进步,实现其自身价值。

生态博览课程评价是一种关注教师和幼儿平衡、和谐、可持续发展的评价方式。它改变了传统的"开发—利用—保护"的现象,走向了"开发—利用—发展—再开发—再利用"的循环往复的健康之路。

第二节 多元化评价主体

生态博览课程评价主体是与课程评价相关的人与组织,多元化是指参与和实施评价的人和组织不是单一的,也不是仅限于部分或者参与者,而是不同的人或组织根据分工和特长,共同对课程评价的过程,是比较广泛的、多元的。

一、幼儿是课程评价的主体

幼儿是课程建设的主体,也是课程评价的主体,幼儿在课程评价中既是评价者,也是被评价者。一方面,幼儿参与课程评价,评价自己,评价同伴,甚至可以评价老师;另一方面,幼儿也是被评价者,幼儿的发展是课程评价最重要的内容,我们应该用多种方法对幼儿的学习需求、学习方式、学习能力,以及知识和情感等方面进行评价。确立以幼儿发展作为发展性课程评价的基本理念,是从幼儿的角度出发,强调幼儿在课程评价中的地位,充分考虑幼儿在课程中的发展情况,把保证幼儿的发展作为课程设计和实施的前提,根据幼儿的学习与发展情况随时调整课程,以通过课程评价更好地促进幼儿的全面和谐可持续发展。

二、教师是课程评价的组织者

教师是课程的设计者、决策者和实施者,课程是教师与幼儿互动的桥梁和纽带,课程评价也应该以教师为主体,教师最有课程评价的发言权,最了解课程各个环节的开展情况,最了解幼儿在课程中的学习与发展情况,最能根据课程进展情况和幼儿的发展情况灵活地调整课程内容,提出整改意见,也能根据课程灵活地采取评价方法。教师对课程的价值体察最深,是最直接的课程评价者,也是课程评价的组织者。

教师和幼儿是课程评价中最重要的主体,是评价的主人,不论是评价者还是被评价者,不论是教师还是幼儿,都是平等的主体,从教师评价到师幼评价、幼幼互评、幼儿自我评价,从单向评价转为多向,增强评价主体间的互动,以多渠道的反馈信息促进被评价者的发展。

三、家长是课程评价的参与者

家长是课程重要的伙伴,课程评价也离不开家长的参与。家长可以用多种方法对幼儿的学习与发展做出客观的评价,作为幼儿最亲近的人,家长对幼儿积极的评价,不仅能激发幼儿学习的动力,还能帮助幼儿了解自己的不足,从而帮助幼儿明确自己的学习和发展方向。当然家长在参与评价的过程中,也充分了解到孩子的优势和不足,和孩子一起提优补差,同时通过参与评价,不仅融洽亲子关系,还能建立起家园合作教育机制,和幼儿园一起共同营造更加和谐的成长环境,为幼儿的可持续发展服务。

四、其他人员是课程评价的协同者

教育行政部门、教研员、园长、年级组长、教研组长等都是课程评价的协同者,都会从不同角度对课程进行评价,有利于课程自身的发展。教育行政部门对课程的评价属于宏观层面,从政策和法规方面以及个性化的课程方向方面把关;教研员从专业的视角分析课程的结构和课程质量,作出判断,并做出优化指导;而幼儿园的管理者则是为了评价的操作性和科学性,制定切实可行的评价方案,并对整个课程设计与实施质量进行综合评价。

生态博览课程评价主体是课程生态系统内对课程产生影响的人和组织,各类人员和组织的协同,才能保证课程评价的客观性和真实性,才能促进课程评价的科学性。

第三节 多维度评价内容

一、对幼儿发展的全面客观评价

《纲要》明确指出:评价的目的是了解幼儿的发展需要,以便提供更加适宜的帮助和指导,全面了解幼儿的发展状况,防止片面性,尤其避免只重知识和技能,忽略幼儿在情感、社会性和实际能力等方面的发展。《指南》也从五个领域的维度,对幼儿的学习与发展提供了期望参考细则。生态博览课程评价就是在《纲要》《指南》精神指导下的生态式评价,关注的不仅是幼儿在知识和技能上的收获，更关注对可持续发展的理解、个人潜力的发挥以及价值观的形成，并进一步生成新的理想、信念、习惯和行为，尤其是创新、探究、合作与实践等能力的发展。

在评价幼儿情绪情感方面：一是关注幼儿的生命价值，课程是否构建了民主、平等、合作的师幼关系；二是关注幼儿的心理需要，幼儿是否有安静、平和、稳定的学习状态，教师是否创设了对幼儿具有挑战性的问题和情景，幼儿是否具备发现问题、解决问题的能力；三是关注幼儿的情绪体验，幼儿学习的主动性、内在的发展动力；四是关注幼儿的行为表现，幼儿是否有参与活动的兴趣，投入度怎样；五是关注幼儿的个体特征，是否在游戏中有个别化、层次化的探索操作；六是关注幼儿的交流合作，如师幼、幼幼之间的互动情况。

在评价幼儿知识能力方面：多元智能核心能力表用图表的形式从多元智能的八个方面四十个小项对幼儿进行评价；生态博览课程的评价从生态环境的敏感性、参与性、探索能力、环保意识、行为习惯、观察兴趣、交往合作、自我表现认识、语言表达、自我表现评价等二十四个方面，对幼儿参加生态环境教育活动进行评价，内容详细、全面，关注幼儿发展的各个方面。

在评价幼儿学习品质方面：从学习兴趣、态度、方法、能力等几个方面，提出幼儿学习品质评价的八个内容，一是专注学习的能力；二是好奇和探究精神；三是自主学习能力；四是学习的意志力；五是想象与创造；六是快乐的学习体验；七是思维品质；八是追求成就感。

二、对教师设计和实施课程的综合评价

教师设计课程方面：一是课程理念的运用是否具有先进性、科学性、适度性；二是课程设计意图是否具有全面性、整合性、文化性；三是课程目标的把握是否具有层次性、适切性、可测性；四是课程内容的选择是否具有丰富性、多样性、趣味性；五是课程组织是否具有针对性、适宜性、有效性。

教师实施课程方面：一是课程准备是否具有丰富性、实用性和层次性；二是课程策略是否具有游戏性、参与性、体验性；三是教育机智的体现是否具有灵活性、调整性、创生性；四是语言表达是否具有规范性、启发性、有效性；五是教育环境的创设是否具有教育性、可利用性、生态性。

三、对课程环境的丰富性和适宜性评价

（一）空间规划

是否充分利用所有的活动空间进行统筹安排；是否采用固定和灵活设置相结合，室内与室外相结合，大区域和小区域相结合，专用活动室和班级区域相结合，社会游戏、智力游戏、运动游戏相结合，动静结合等方式设置；是否既考虑到幼儿各个领域的全面和谐发展，又考虑到幼儿游戏活动的方便和安全；是否既考虑到幼儿之间能相互交流、共同合作，又注意彼此之间互不干扰。

（二）环境功能

是否充分发挥了环境的教育功能，让环境说话，将游戏规则、游戏要求通过环境让幼儿熟悉并遵守；让幼儿与环境互动，参与环境的设计、制作和布置；是否整洁、有序、美观具有艺术性；是否符合幼儿的学习特点和游戏需求，能够促进幼儿多方面的发展，以幼儿的视角创设属于幼儿的环境；是否关注物品与材料的多样和丰富，平衡丰富与适宜的关系，在环境中形成生态行为习惯，使环境具有生态性。

（三）游戏材料

一是材料投放与发展目标的一致性；二是材料投放的层进性和递进性；三是材料投放的趣味性和丰富性；四是材料投放的探究性和创造性；五是材料投放的艺术性和投放位置是否适宜；六是材料投放的安全性和可操作性。

（四）师幼互动

师师关系、师幼关系、幼幼关系是否平等、健康、和谐；教师是否能够灵活运用激励式、追随式、挑战式策略有效支持幼儿学习与发展；是否形成愉快、宽松、合作的氛围；在互动中是否蕴含着教育价值和人文关怀；教师能否适宜地介入幼儿的游戏和活动中，把幼儿的发展放在第一位，尊重幼儿的天性；教师能否因人而异，采取多样化的方式对幼儿进行多方面指导。

第四节 多样化评价方式

课程评价是课程的重要组成部分,也是最难组织和实施的部分,用什么样的方法能够真实、客观地评价,既对幼儿和教师的发展有利,又能真实反映幼儿和教师的发展状态,同时还能促进课程的优化,是所有教师和管理者思考的问题。我们关注现实的情境、关注幼儿一日生活的全过程,关注幼儿和教师在课程中的发展变化,在评价方法上,倾向于在课程实施中,开展多样化的生成性评价,使评价在真实的情境中、伴随着课程的设计和实施进行。课程评价的方法是多样的、动态的,目的是通过评价,观察、诊断课程中出现的问题,以及幼儿在课程中的变化,根据实际情境不断调整、优化课程设计和课程实施,不断提高课程质量,促进师幼共同发展。

一、真实记录评价幼儿成长过程

幼儿学得怎样、玩得怎样、生活得怎样是课程评价的重要内容,行为观察、过程性评价、档案袋评价等是教师常用的评价方法,真实性、表现性、发展性是对幼儿评价的基本要求,生态博览课程评价注重在课程评价的方式和手段上,有利于幼儿身心全面和谐发展。

(一)观察记录表

以往我们在对幼儿评估时是有观察记录的,但并没有使用记录表记录幼儿在活动中的表现和发展情况,而是凭看到的幼儿状态,根据自己的经验判断幼儿的发展水平,这样的方法有时缺乏客观性和科学性。近年来,我们把对幼儿的观察记录作为课程设计的主要流程和主要依据,也作为幼儿评价的重要内容和方式。

对幼儿观察的目的不同,所采取的方式也不同。一般情况下,如果观察是为了设计课程,主要观察幼儿的兴趣、需要以及已有的经验,结合《指南》设计符合幼儿学习与发展需要的课程,其主要是了解幼儿,在此基础上进行科学的分析,并提出合理化策略。以此为目的的观察一般采用个别观察和集体观察相结合的方法。如果是为了评估幼儿一个阶段的发展情况,需要对幼儿在每个领域的情况做全面的了解与分析,一般采用一对一观察,还要在一日生活中,对幼儿发展的每个方面进行深入的了解,以对幼儿的发展情况有全面细致的评价。

有经验的教师会在一日生活中的每个环节都对幼儿进行有意和无意的观察,观察不仅能客观地评价幼儿的发展水平,还能在课程实施中发现幼儿的兴趣需要和能力的变化,对课程做相应的调整和改变,以提升课程的有效性。有意观察一般会采用扫描观察法、定点观察法及追踪观察法等。

总之,观察是对幼儿进行真实客观评价的依据。我园教师常用的观察记录表有如下四种:日记式儿童观察记录表、追踪式儿童观察记录表、定点式儿童观察记录表、常规儿童行为观察记录表。

表7-1 日记式儿童观察记录表

时间	
地点	
对象	
内容	

表7-2 追踪式儿童观察记录表

观察者	
观察对象 (2—3人)	
第一次 观察地点、 观察内容	
第二次 观察地点、 观察内容	
第三次 观察地点、 观察内容	

表7-3　定点式儿童观察记录表

观察者	
观察地点	
第一次观察对象、观察内容	
第二次观察对象、观察内容	
第三次观察对象、观察内容	

表7-4　常规儿童行为观察记录表

观察时间		观察者班级	
观察环境			
观察对象		年龄	
观察目的			
观察实录			
分析评价			
支持策略			

（二）发展评估表

每种活动对幼儿的发展都会有不同的作用,生活、学习、游戏活动对幼儿核心经验的丰富,对幼儿的发展有不同的侧重点,幼儿在不同活动中应有不同的评估点。为了让教师更加全面、直观地评估幼儿的学习与发展状况,我们根据不同的活动分别设计了主题活动中发展评估表、区域游戏中发展评估表、生活活动中发展评估表、可持续发展评估表。

表 7-5　主题活动中发展评估表

指标	评价项目	☆☆☆	☆☆	☆
知识获得				
能力发展				
情感态度				
生态行为				

表 7-6　区域游戏中发展评估表

指标	评价项目	☆☆☆	☆☆	☆
制订计划				
兴趣投入				
遵守规则				
知识获得				
社会交往				
游戏水平				
生态行为				

表 7-7　生活活动中发展评估表

指标	评价项目	☆☆☆	☆☆	☆
生活秩序				
自主能力				
情绪情感				
安全防护				
社会交往				
集体规则				
生态行为				

表 7-8　可持续发展评估表

指标	评价项目	☆☆☆	☆☆	☆
价值观念				
思维方式				
情感态度				
实践探究				

续表

指标	评价项目	☆☆☆	☆☆	☆
知识能力				
消费习惯				
生态行为				

此外，还有各领域幼儿发展评估表。

（三）成长记录册

成长记录册是幼儿园记录幼儿生活、学习过程中成长足迹的册子，也是幼儿从事各种活动的成果记录，是教师和家长了解和掌握幼儿学习与发展的依据。成长记录册由教师、幼儿和家长共同完成，体现幼儿在园的学习、生活和游戏的快乐时光。成长记录册的设计从幼儿年龄和身心发展特点出发，一般一学期一册，包含幼儿园名称、幼儿姓名、幼儿基本信息、评估指导思想和要求、发展评估细则及发展情况评估、幼儿重要活动记录、教师评价、家长评价等。

《指南》颁布后，我们也和大多数幼儿园一样，以其要求和发展标准为依据，重新设计了包含五个领域以及学习品质和幼儿可持续发展要求的成长记录册。下表是我园大班上学期成长记录选页。

表7-9 成长记录册（大班上选页）

评价内容	A级指标	B级指标	C级指标	达成度
健康与动作	能很快适应天气变化，基本不生病	基本适应天气变化，较少生病	逐渐适应天气变化，换季时生病情况较少	
习惯与能力	每天早晚主动刷牙、方法正确	能坚持每天刷牙	能在提醒下坚持每天刷牙	
倾听与表达	听不懂或有疑问时能主动提问	听不懂或有疑问时偶尔会提问	在提醒下知道听不懂或有疑问能提问	

续表

评价内容	A级指标	B级指标	C级指标	达成度
阅读与书写	经常专注地阅读书籍	专注地阅读喜欢的图书	在提醒下能专注地阅读书籍	
人际与交往	有自己的好朋友,也喜欢结交新朋友	有自己的好朋友	能在引导下学习与他人做好朋友	
社会适应	积极、快乐地参与群体活动	基本能快乐地参与群体活动	能参与群体活动	
科学探究	喜欢探究并对自己的发现感到幸福和满足	能在引导下完成相关的探究活动	愿意参与探究活动	
数学认知	能发现事物简单的排列规律并尝试创造新的排列规律	能发现事物简单的排列规律并按一定规律排列物体	在引导下发现事物简单的排列规律	
感受与欣赏	乐于向别人介绍自己发现的美的事物	能简单地描述自己发现的美的事物	能在引导下说说事物的美	
表现与创造	能用多种工具、材料或不同的表现手法表达自己的感受或想象	尝试用工具、材料表现自己的感受和想象	能在老师的帮助下用工具、材料表现自己的感受和想象	
学习品质	有浓厚的学习兴趣,能与小伙伴一起游戏、自主学习	对学习有一定的兴趣,在小伙伴的带领下自主学习	在老师的提醒下能够对周围的事物感兴趣、自主学习	
生态行为	有生态意识,爱护自然、保护环境、节约资源	有一定的生态意识,能爱护自然、保护环境、节约资源	逐步形成生态意识,在老师的提醒下能爱护自然、保护环境、节约资源	

(四)家园联系簿

如果成长记录册是记录幼儿在幼儿园的学习与发展情况的,幼儿在家的学习与发展情况则用家园联系簿记录,以帮助教师和家长全面了解和掌握幼儿的学习与发展情况,做到家园合作,共同为幼儿的学习与发展服务。

表 7-10　家园联系簿主要页面

发展内容	发展概况	轶事记录
身体健康		
语言表达		
社会交往		
科学探究		
艺术表现		
发现创造		
环境保护		
消费习惯		

(五)活动档案袋

利用活动档案袋记录幼儿的学习和发展是一种师幼共同评价的过程,通常教师和幼儿将活动中的各种材料收集起来,放进属于幼儿自己的"专用袋",师幼共同进行合理的分析与解释,以记录和评价幼儿一段时间学习与发展的情况。这是幼儿最喜欢的方式,他们喜欢对自己的日记、问题记录本、绘画、手工等"杰作"进行收集整理。这不仅能反映幼儿学习的过程,还能帮助他们增强自信,提高自我管理、自我服务和自我反思的能力。档案袋贯穿于幼儿学习与发展的全过程,也帮助教师及时、准确地了解每个幼儿的学习和发展情况,促进课程的反思和调整,提高课程质量。

二、客观反映评价教师课程设计与实施过程

(一)从课程设计方面评价

1. 主题活动方案评价

活动方案设计是活动开展前的工作,一个好的活动方案,是课程能够顺利高效开展的保证。主题活动方案的评价由课程理念、主题目标、主题内容、组织方法、环境创设几个部分组成,每个部分既符合课程理论的基本原理和方法的逻辑,又符合生态课程以幼儿为中心的整合渗透的要求,既是独立的

几个部分，又是一个整体，体现了评价的判断和导向作用，还涉及教育教学的基本理念。

表7-11 幼儿园主题活动方案评价表

评价内容	评价要点	评价等级		
		A	B	C
课程理念	以幼儿的发展为中心			
	符合《纲要》《指南》精神			
	符合课程游戏化的要求			
主题目标	与幼儿年龄相匹配			
	体现层次性和发展性			
	明确、具体、可操作			
主题内容	符合幼儿发展水平，有挑战性			
	符合课程目标，活动之间相互联系、渗透			
	与幼儿生活相联结，符合生态文明要求			
组织方法	以游戏为基本活动，注重幼儿动手操作			
	方法灵活适度、教玩具设计恰当			
	利用环境资源，激发幼儿学习的积极性、主动性			
环境创设	环境有利于支持幼儿主动学习与探究			
	环境适宜、利用率高，利于幼儿养成良好习惯			
家园工作	发挥家园共育的作用，家长参与课程			
综合评价				
改进建议				

2. 环境设计方案评价

环境是课程的重要组成部分已经成为幼教工作者的共识，和活动方案设计一样，环境也应跟着主题一起规划和设计，以更好地体现环境的育人功能，发挥环境的教育作用。对于环境设计方案的评价不同于环境评价，更多的是对理念和思路的评价，是对环境创设可行性的评价。课程是以主题形式组织的，还要考虑与主题的一致性，为主题目标服务。一般环境设计主要围绕物理环境和精神环境,这里的环境设计评价主要围绕为幼儿学习与发展提供的物质环境,从空间规划、区域设置、材料准备、主题创意等几个方面展开评价,以判断环境的合理性。

表7-12 幼儿园环境设计方案评价表

评价内容	评价要点	评价等级 A	B	C
空间规划	符合幼儿年龄特点			
	科学合理规划空间,符合幼儿全面发展要求			
	温馨、适宜,方便幼儿自主生活和游戏			
区域设置	区域大小和数量适宜			
	动静区域不相互影响,区域间畅通			
	区域具有开放性,有幼儿创意空间			
材料准备	符合幼儿发展水平,有层次性和挑战性			
	与主题内容相匹配,满足幼儿发展要求			
	数量、品种满足幼儿持续探究需求			
主题创意	主题环境创设与主题课程紧密联系,有新意			
	根据主题变化,创设具有特色的环境			
	调整主题环境时注意前后内容的衔接			
环境创设	环境创意体现以幼儿为中心的理念			
	体现季节、节日、民族特征,能让幼儿与环境互动			
家园工作	家园工作与主题活动同步,支持家长参与课程			
综合评价				
改进建议				

3. 一周活动安排评价

多数幼儿园课程是按主题设计,以一周为一个单元组织幼儿学习、生活和游戏的,通常在设计一周活动安排前会先了解分析幼儿的发展水平和兴趣喜好,结合主题计划按照集体活动、游戏活动、生活活动以及环境创设几个部分设计规划。生态博览课程强调将生态文明理念融入课程中,将丰富资源的利用,以及对幼儿自主学习的要求渗透在课程实施中,在一周活动安排评价时再充分考虑这些因素,同时强调设计能真正满足每个幼儿发展的个性化课程,体现教师生成课程的能力,使班本课程在一周活动中占有一定的比例,以真正落实建设生态文明课程和可持续发展的要求,促进师幼持续发展。

表7-13 幼儿园一周活动计划评价表

评价内容	评价要点	评价等级 A	B	C
主题选择	符合幼儿发展和需求			
	符合领域核心经验			
	符合社会客观要求(生态文明和可持续发展)			
目标制定	符合《指南》精神和幼儿年龄特点			
	体现个体差异性			
	符合班级幼儿发展水平			
活动安排	教学活动适宜			
	游戏活动丰富			
	能够根据幼儿需要灵活安排			
环境创设	符合主题课程要求,有新意			
	满足幼儿探究和学习需要			
	体现师幼、家长共同参与			
生活要求	融入生态理念			
	体现自主、自由,有序且满足需求			
家园互动	家长参与课程设计与实施			
综合评价				
改进建议				

(二)课程实施后的评价

课程评价的目的是了解课程实施后的成效,了解课程实施过程中教师和幼儿发展的情况,了解课程设计和实施中存在的问题,以使课程不断优化,提高课程的适宜性。

1. 集体教学活动的评价

集体教学活动是幼儿园教育活动的一种重要形式,是教师根据课程要求有目的、有计划地组织全班或部分幼儿开展的学习活动。对集体教学活动的评价要追求教师有效地"教"和幼儿有效地"学",以幼儿的"学"来确定教师"教什么""怎么教",评价内容应目标定位准确、内容符合幼儿年龄特点、具有挑战性、组织方法多样、策略得当,能激发幼儿参与、体验和操作。在集体教学活动评价中重点要关注幼儿在活动中投入、互动、知识技能和学习习惯等情况,同时关注教师的教育机智、教育素养、语言表达、对幼儿的关注度等,以及教师在活动中体现的课程理念,是否将可持续发展理念和要求渗透在活动中。

表7-14 幼儿园集体教学活动评价表

评价内容	评价要点	评价等级		
		A	B	C
活动目标	目标的适宜性、层次性			
	目标的发展性、可达度			
	目标的全面性、操作性			
活动内容	内容的生活性、生态性			
	内容的科学性、联系性			
	内容的整合性、渗透性			
活动实施	体现幼儿主动性、参与性			
	方法的多样性、艺术性			
	组织的灵活性、有序性			
教师素养	关注全体、善于启发			
	表达清晰、策略得当			
	关注幼儿、评价合理			
幼儿发展	幼儿核心经验的达成度			
	幼儿的情绪和参与度			
	互动的机会和挑战度			
	学习习惯和经验丰富度			

续表

评价内容	评价要点	评价等级		
		A	B	C
活动效果	目标达成度、师幼发展情况、活动氛围和谐度			
综合评价				
改进建议				

2. 区域游戏活动的评价

游戏是幼儿最基本的活动,区域游戏是最主要的游戏形式,也是幼儿最喜欢的活动方式。幼儿的学习与发展大部分是在区域游戏中进行,区域游戏活动的评价从满足幼儿游戏、促进幼儿发展两个部分评价,主要围绕空间环境、游戏材料、教师指导等方面,围绕幼儿发展的游戏目标、自主探究、情绪情感、游戏水平等,评价游戏中幼儿的自由选择、自主学习、分工合作、表达创造、学习习惯等。当然,在区域游戏中我们还要评价教师的指导与介入是否适宜,是否能促进游戏有序深入开展。

表 7-15 幼儿园区域游戏活动评价表

评价内容	评价要点	评价等级		
		A	B	C
游戏目标	以幼儿的发展为中心			
	符合《纲要》《指南》精神			
	与主题内容匹配			
游戏内容	符合幼儿年龄特点和经验水平			
	来源于幼儿生活,具有挑战性			
	游戏之间相互联系,有利于幼儿全面发展			
空间环境	科学规划空间,区域安排适宜			
	环境安全温馨,方便幼儿游戏			
	室内室外结合,动静交替相宜			

续表

评价内容	评价要点	评价等级 A	B	C
材料投放	操作性强、可变性高,半成品、替代品多			
	种类丰富、数量充足,根据幼儿能力投放			
	安全卫生、摆放合理,根据需要投放			
游戏水平	情绪平和、专注、投入游戏,遵守规则			
	发展好,分工、合作游戏,丰富有益经验			
教师指导	观察、指导、帮助,满足幼儿游戏需求			
综合评价				
改进建议				

3.生活活动的评价

幼儿园一日生活皆课程,幼儿的生活活动是课程的重要组成部分,是满足幼儿基本生活需要的活动。生态博览课程重视在幼儿一日生活中融入生态的理念和价值观,如节约水、不浪费粮食等。在幼儿生活活动评价方面,不仅重视幼儿通过生活活动获得身体的生长,在自我服务中提升能力、学习知识,还要通过生活活动的组织体现生态文明的要求,如有序地生活、节约资源、生活有规律等。通过对生活常规、生活环境、生活秩序等评价教师对生活的组织情况,以及幼儿在生活活动中的发展等。

表7-16 幼儿园生活活动评价表

评价内容	评价要点	评价等级 A	B	C
生活常规	科学合理的生活常规,并严格执行			
	对幼儿生活精心照顾			
	幼儿有良好的卫生习惯和初步的生活自理能力			
生活环境	氛围和谐,幼儿生活自然、自在,情绪平和			
	生活用品、环境满足幼儿生活需要			
	有利于幼儿生活自理			

续表

评价内容	评价要点	评价等级 A	B	C
生活秩序	统一等待少,幼儿等待时间少			
	根据季节和幼儿实际情况,灵活安排幼儿生活			
	教学、游戏、生活有序进行,相互渗透			
教师组织	关心、关爱每个幼儿,为特殊幼儿服务			
	注重生活中的教育,提高幼儿自我服务的能力			
	生活常规、秩序好,满足幼儿生活需要			
幼儿发展	有良好的生活习惯,保持个人整洁、卫生			
	有自我服务的意识和能力,节约资源			
	有为集体和他人服务的意识和能力,遵守规则			
综合评价				
改进建议				

4. 环境适宜性评价

课程实施后的环境评价重点围绕"生态性"和"适宜性"。生态性是生态博览课程的核心理念,环境的生态性评价主要体现在环境中是否渗透生态文明的相关要求,是否体现幼儿参与决策和主动行动,幼儿在环境中是否能获得生态知识,培养生态意识,以及养成生态习惯;"适宜性"是活动区、游戏区和生活区等皆满足幼儿生活、学习和游戏的需求,幼儿通过与环境的互动,能够获得有益于身心发展的经验,促进可持续发展。

表7-17 幼儿园室内环境创设评价表

评价内容	评价要点	评价等级 A	B	C
生态馆	内容符合主题要求			
	培养幼儿生态意识和情感			
	体现共同学习、收集材料的过程			

续表

评价内容	评价要点	评价等级		
		A	B	C
自然角	符合幼儿年龄和认知特点			
	品种丰富,便于幼儿观赏、种植、操作和管理			
	整洁有序,动植物有生命力			
生活区	方便幼儿用餐、午睡,有助于自理能力提高			
	安全温馨,便于幼儿自由活动			
	有规则,为记录幼儿生活的过程提供机会			
游戏区	环境创设具有儿童性,富有美感和童趣			
	区域材料丰富、数量充足,满足幼儿学习探究			
	整合主题学习目标与要求,符合全面发展要求			
主题墙	体现幼儿学习过程,呈现幼儿的作品			
	体现主题墙学习价值,成为幼儿学习的途径			
家长角	科学指导家园共育,发布有价值的教育信息			
综合评价				
改进建议				

第八章　幼儿园与家庭、社区协同育人

《纲要》中明确指出,家庭是幼儿园重要的合作伙伴。应本着尊重、平等、合作的原则,争取家长的理解、支持和主动参与,并积极支持、帮助家长提高教育能力。在我园 20 多年的生态教育研究中,我们面对不同的家长群体,遇到的问题也是林林总总。从研究之初至今,家园共育的状态发生了天翻地覆的变化! 起初,幼儿园从生态教育入手,培养孩子亲近爱护自然、关心周围环境、珍惜自然资源等一系列环保意识。但在现实中,我们却时常看到家长乱扔垃圾、破坏草坪、随便摘花。由于环保问题未得到重视,幼儿园周边的城内河都成了臭水河……如此与和谐生态相悖的现象更激发了我们开展教育研究的热情。丰富的家长群体对幼儿园来说是不可或缺的互助团体。基于幼儿学习与身心发展的特点,从我园生态博览课程出发,家园协同扩展幼儿的生活和学习的空间平台,双方能积极主动地相互了解、相互配合、相互支持。通过幼儿园与家庭的双向互动,共同提高幼儿的综合素质,共同为幼儿的发展创造良好的条件。

我们帮助家长了解幼儿园的生态教育理念、和谐的教育方式,增加亲子互动,更新家长育儿方式。基于家园合作的生态教育中,家长可以直观地看到幼儿的活动,了解幼儿的学习方式,客观地评价幼儿的发展,积极有效地与孩子沟通,采取更有效的教育措施。在这个过程中,家长的参与和陪伴,既能增进亲子感情,又能激发幼儿踊跃而大胆的探索,幼儿会更乐于展现自己,乐观且自信,有益于自主学习品质的培养。可喜的是,通过不断的努力,我们的家长越来越支持老师,越来越关注孩子的发展,越来越认可幼儿园的教育理念。家长在一次次活动中,与孩子零距离接触、游戏,不仅获得了满满的幸福感,同时也收获了一份份感动和欣慰。

第八章　幼儿园与家庭、社区协同育人

第一节　丰富家长的生态理念

家庭是幼儿成长最自然的生态环境，是不可或缺的教育因素。家园合作是指在幼儿成长过程中，家长和教师都把自己当作促进幼儿发展的主体，信息共享、相互支持，在家庭和幼儿园两个不同的场所积极作为，通过双向互动共同促进幼儿身心健康发展。传统的家园联系是通过家长会、约谈等形式单向传递信息，多由教师主导活动，上演"独角戏"，家长则被动配合，甚至"袖手旁观"，这种低效的互动形式已经不能回应新时代家园合作的诉求。促进幼儿可持续发展的生态教育已越来越被重视。家庭和幼儿园是幼儿生活与学习的主要场域，家长的不同职业、不同教育认知和文化背景可以为幼儿园提供丰富的教育内容，也可以为幼儿园提供课程支持，继而被优化为幼儿园特色发展的重要组成，为幼儿提供更好的养育内容和环境。可如果家长的生态意识淡薄，幼儿虽然在园接受生态教育，而却又面对家长的"不生态"行为，就失去了生态教育的意义和价值。因此，提高家长的生态理念和意识，实现家校共育，势在必行。

一、生态共识——建立家园合作的良好教育生态

生态博览课程创设以幼儿自主学习为中心的互动式学习环境，以丰富的学习资源支持幼儿主动获得多方面的有益经验。家园形成生态共识，生态环境的建设是有利于子孙后代幸福的大事。良好的家园合作是促进幼儿发展的双向、开放、互动、共生的生态系统。在这一系统中，家庭的养育环境和幼儿园的教育环境不断调适，家庭的养育经历和幼儿园的制度体系不断磨合，家庭的养育理念和幼儿园的教育理念相契合，从而互为参照、互为条件、互为动力，发展生态共识。

（一）拉近距离，了解"生态"要义

家长是最基本的教育者，他们对幼儿园的所有课程都应该有一定的知情权、参与权和话语权。我们可以引导并帮助其积极主动地参与幼儿园课程实施工作，让他们对幼儿园的教育教学既有了解又有参与，既有监督又有决策。

这样家长一定能帮助教师更好地了解幼儿的需求,更好地推进课程开展。只有家园共同合作,才能体现教育的一致性,也才能达到事半功倍的最佳教育效果。教师要采取多种有效方式向家长宣传正确的教育思想、课程理念等,提高家长的知情权,帮助家长改进和优化家庭教育,从而更好地配合幼儿生态博览课程的实施。

要想取得家长对生态教育的支持,首先要让家长了解生态教育的重要性和迫切性。20多年前,幼儿教育的发展还是比较功利化的,小学化倾向也较为严重。家长认为孩子到幼儿园就是唱唱歌、跳跳舞、念念儿歌等等。那时家长关注更多的是孩子认了多少字,学会了多少儿歌、古诗。而我园率先带幼儿走进绚丽多彩、神奇美妙的大自然。一朵小花,一只蝴蝶,一块石子,都能激起幼儿的兴趣。果然,"生态教育"在家庭中也掀起了波澜。一个个求知若渴的"小问号"常常询问家长各种各样的问题,幼儿对周围环境和生活的关注也带动了大部分的家长参与其中,他们对生态教育产生了兴趣和喜爱。通过多元化的教育方式,幼儿的知识面大幅度提高。如:幼儿园旁边的小河引发的"河流日益遭到淤泥与排泄物的污染和堵塞"问题等,人与自然和谐共存的境况逐渐走向衰落,人类赖以生存的自然资源日益短缺的现状等,我们以此来让家长了解生态教育的重要性和迫切性,以及创造生态教育环境对幼儿发展的深远影响。

(二) 有效沟通,建立双向互助平台

"生态博览"旨在改革幼儿园传统管理组织形式的思维定式,寻求满足幼儿自主学习的新的管理机制,研究有利于幼儿自主学习平台建设的组织管理、制度建设、人员安排、物质保障等,家长如何为幼儿学习提供准备,使幼儿自主学习的平台建设可持续发展,是我们需要思考的地方。家长参与幼儿园生态博览课程建设中,能促使课程内容更符合幼儿发展的需要,对幼儿的发展大有裨益。家长在参与生态博览课程中,通过观察幼儿在园的生活、游戏和学习活动,获得更多幼儿成长的感性知识经验,更好地认识和理解"一日生活即课程"的教育思想,逐步形成科学的儿童教育观和教育行为。例如,家长在观看孩子游戏的过程中,逐渐明白了"儿童是在游戏中成长的"道理;参与教学活动,了解了孩子的学习特点,发现培养孩子良好学习品质的重要性;参与区域活动,可以丰富活动内容和材料,在与孩子互动中进一步增强亲子间的情感,形成融洽的教育氛围。同时家长与教师协商教育问题,不仅有助于提高双方合作的效率,改进幼儿园教育现状,也能提高家长自身的科学育儿能力。

二、生态共情——家园合作源于共同的情感向往

(一) 积极主动的家园合作态度

父母的一言一行、一举一动,都影响着像白纸一样纯洁的孩子,对孩子思想、性格、作风的形成产生深远影响。正因如此,家长要以身作则给孩子做出表率。家长如果在参与生态博览课程中积极主动,也能为孩子树立榜样,调动孩子参与课程的主动性,激发孩子主动去观察、探索,从而获得知识和经验。

(二) 生态教育行为的持续养成

我们应利用孩子感兴趣的活动,把孩子本来不自觉的行为,转化为有意识的自觉行为。这就要求家长要细微地观察孩子,了解孩子身心发展的规律,根据孩子的特点,善于抓住教育时机,调动孩子的积极性、主动性,使孩子尽快地从"要我做"向"我要做"转化。幼儿良好的学习行为习惯不是天生就有的,而是在长期的生活里逐渐形成的,它贯穿于孩子生活的各个方面。家长应善于抓住生活的各个环节,并持之以恒,不要半途而废。幼儿的行为具有不稳定的特点。家长想要帮幼儿培养好习惯,必须始终不渝地坚持下去,直到好习惯在孩子身上根深蒂固。良好的习惯要经过不断的重复、反复的实践才能养成。

(三) 解放天性,培养自主意识

在生态博览课程实施中培养孩子的自主能力,必须解放孩子的手脚,让他们自己去做一些力所能及的事情。孩子的自主能力是在实践中逐步培养起来的。随着身体的发育,他们各方面能力都在不断提高,从不会做到会做,从做得不好到做得井井有条,这是必经的过程。在日常生活中,从孩子身边的一些小事开始,比如,孩子的房间是一个单独的区域,区域内的东西由孩子自己做主,让孩子在自己的区域中活动,给孩子一种小主人的感觉。在这个过程中,孩子感受到了独立做事的乐趣,愿意自己的事情自己做。另外,日常

生活中的许多小事,也都是对孩子进行独立自主行为训练的良好机会,家长应尽可能把自主权交给孩子,尽可能为孩子提供锻炼自主能力的机会。

三、生态共建——"生态链"有利于家庭、幼儿园的共同提高

(一)温馨和谐的家园生态环境

家庭的温暖给了孩子成长的动力,幼儿园的教育赋予孩子成长的能量,家园密切配合才能给孩子一片更广阔的天空。温馨和谐的家庭氛围,可以给孩子创造出良好的学习、成长环境,有利于孩子健康快乐地成长。家长努力为孩子营造一个良好的成长环境是形成正确的家长教育理念的重要部分。家长是与孩子共同成长,甚至是相互学习的。家长的成长和孩子的成长一样,是没有止境的过程,家长的一生都在为树立正确的教育理念而努力着,而家长不断学习、不断进步,对孩子的影响是无形而深刻的。

(二)和谐共生的家园生态教育

一个孩子的健康成长,仅靠幼儿园或仅靠家庭都是不够的:教师观察不到孩子在家的情况,家长也很难看到孩子在幼儿园的表现。家园之间只有形成合力,良好沟通,教育才会有针对性和连贯性。而沟通是家园之间、家长和教师之间建立合作伙伴关系的重要途径。但由于家长的职业不同、层次不同,教育孩子的观念也不同,教师要想和家长进行行之有效的沟通,最好是开展心与心的交流,它不取决于形式,而取决于真情。家长参与生态博览课程的方式不能强求,最好是以孩子为中介吸引家长主动参与。如请家长参与生态博览课程的决策和教育过程,为幼儿建立活动档案,等等。家园生态教育环境的有效融合,关键在于教师与家长之间建立相互信任、相互尊重、相互支持的伙伴关系与亲密感情。

(三)优势互补的家园生态关系

自然的生态环境建设与幼儿园生态教育环境的打造形成的"生态链",对幼儿的身心发展和素质培养有着终身影响。随着现代社会的发展,社会的经济、文化、思想观念、生活方式乃至家庭结构都发生了明显变化。这些变化给家庭教育也带来了影响。家园沟通的方式越来越多,幼儿园指导帮助家长,充分利用"家园环境"优势,如组织"创绿"动员大会,生态教育知识讲座,组织

家长开展生态知识问卷调查,收集家长绿色学习、行动心得资料等,提高家长自身的生态意识。他们会用自己的言行去影响、感化孩子,使孩子在无形中受到潜移默化的熏陶,得到良好的发展。

第二节 引导家长参与课程

家长的加入对生态博览课程的完善起到事半功倍的作用。家长的知识储备、职业特性、兴趣能力等都可以为课程的实施带来良好的助力。如,在开展生理健康卫生教育时,可以请从事医护工作的家长来进行答疑解惑和专业的讲解,把握教育内容的科学性。教师在此过程中只需将这些专业的知识用幼儿可以理解的方式呈现出来。这样既可以丰富幼儿园生态教育的内容,同时也可以保证幼儿经验建构的准确性,提高幼儿园课程教育的效率。在开展生态博览课程时,根据不同的年龄段、不同的主题,家长的参与度也是不同的,当然所发挥的作用也不一样。特别是当孩子在学习中遇到困难和挑战的时候,家长在孩子面前应做到态度积极、兴趣高涨,让孩子们能够充分地体验到活动的意义,从而帮助孩子快速地、心情愉悦地继续课程活动。在课程活动进行的过程中,家长也可以和孩子们一起动手制作、表演和收集资料,这也是在帮助孩子巩固已有知识经验。

一、博览群"雄",激发参与课程的热情

我们努力遵循《纲要》精神,高度重视各年龄段家长参与课程的状态,开展"课程100问"实践解读,教师与家长互相尊重、互相信任、平等合作、真诚沟通。生态博览课程的活动,真正让家长参与其中,他们不再是旁观者,而是组织者、实施者、帮助者,是幼儿园强有力的合作伙伴。家长要善于引导孩子发现周围有价值的、可探索的教育元素,发现事物的细微变化并及时记录,收集相关资料,在发现的过程中帮助孩子积累经验,感受亲子相处的美好。如,孩子问"为什么我们喝汤时油都浮在水的表面",这个时候家长要适当赞扬他会发现,并陪他一起寻找答案,以后孩子就会善于观察发现生活,并在过程中不断积累相关知识。我们应让家长更多地了解幼儿在园的游戏、活动、学习、生活情况。家长助教是家园共育的一个新的措施,是让一些有专长的家长走

进幼儿园,与教师们一起进行教育活动,给孩子们的成长提供帮助和支持。生态博览课程中的"阳刚工程"——男家长入园助教活动,更是因其独特的创新性受到了新华社等国家级媒体的广泛关注。

二、生态架构,建立课程的思想链接

我们按照一切活动都围绕让幼儿生动、活泼、主动发展的要求,认真学习、贯彻、实践《纲要》和《指南》的精神,努力更新观念、转变教育行为,建立课程的思想链接,做到理念新、工作实、效果好,依据幼儿实际发展情况和各年龄层次发展目标,制订相应的活动计划,并将幼儿园生态教育融于其中,在课程实施的过程中,注重教学目标明确具体、符合幼儿的认知经验,注重目标设置、材料投放的层次性,以调动幼儿已有的经验,激发幼儿内在的学习动力,促进每个幼儿在原有水平上得到提高。

我们率先提出了"和谐的教育,教育的和谐"这一理念,并把这一理念融入平时的教学中,开设了系列园本课程,在校园环境创设中,让孩子一起参与、亲身体会。在生态教育建设中,我们不仅注重生态环境的打造,更注重教育的内涵,在生态博览课程中融入智慧的元素,使"生态博览园"成为我园一道亮丽的风景。家长不仅是活动的响应者、参与者,更是特别的教育者。家长和孩子们共同收集活动需要的材料、图片、工具,积累相关知识和经验。我们鼓励家长发表意见和建议,更好地了解生态博览课程的内容和孩子的情况,使得家庭和幼儿园更有效地配合,从而促进幼儿的发展。如:在生态博览课程实施过程中,我们根据活动的需求,进行活动资源的筛选,与家长一同进行活动的设计与组织工作。在"我的牙掉了"活动中,我们请从事牙科医生工作的爸爸向孩子们详细介绍了不同部位的牙齿的名称以及换牙的原因,结合孩子现状帮助他们正确对待换牙。我们立足于幼儿,放眼社会,争取家长、社会各个方面对幼儿园活动的大力支持,协调好多方关系,通过特色化的项目活动、拓展活动、区域活动、游戏活动、户外活动等,培养阳光自信、勇敢坚毅的幼儿,帮助他们发展创造性思维与能力。

三、生态视域,关注"生态"活动渗透

从生态的视角看世界,创造一个可持续发展的生态环境,不仅有利于幼

儿心情舒畅地学习、生活，而且有利于陶冶幼儿的情操，提高幼儿的综合素质。因此，生态视角至关重要。环境是幼儿自主学习的媒介。在对大自然的探究中，在户外活动的探索中，在室内游戏环境的互动中，幼儿与环境亲密接触，把生态博览理念渗透到幼儿一日生活、学习、游戏中，并将生态教育渗透于园外活动中。我们将课程实施与纪念日、活动日相结合，让幼儿充分在玩中学、乐中学，开展丰富多彩的系列活动。家长陪伴孩子成长，参与孩子生活中的重要瞬间，帮助孩子积累经验的过程是动态的。如，家长参与生态博览课程的系列活动、亲子开放日活动、亲子户外拓展活动、家长助教活动等，陪伴孩子完成生命中诸多的第一次。在这些陪伴过程中，孩子也会积累很多知识，如家乡文化、历史进程等。

（一）节日主题：多元化的博览活动

丰富多彩、特色鲜明的生态博览课程活动能促进幼儿多元化发展。如我们开展"生态时装秀""科技博览活动""世界环境日广场活动""同一片蓝天，同一个梦想""我是文明小使者""放飞梦想"等活动，通过多种形式，激发孩子的潜能，锻炼孩子的才能。此外，在幼儿喜欢的自主活动中，如户外写生、放风筝、找春天等，他们感受自然、生活、艺术中的美，观察生活中美好的事物。又如，在"世界环境日""世界地球日""爱鸟周""世界水日"，我们举行以"环保"为主题的博览园活动等。我们组织幼儿走出园门，走向社会，到动物园、绿色农庄、自来水厂等进行生态考察，参加"绿色小卫士"义务劳动。绿色是生态博览的主色调，是指自然环境有序循环再利用，师幼、家长共同收集整理丰富的物质材料，供幼儿选择设计、感受了解、体验操作、探究学习，以帮助幼儿主动获取知识经验、建构概念、发展智能、养成习惯、提高能力，让大家一起走入"绿色的梦"。我园以节日活动为契机，开展亲子主题生态博览活动。如在母亲节来临之际，开展"献给妈妈的爱"活动，让孩子们从小感受母亲的伟大和无私，学会感谢母亲、感恩生命，体验与妈妈之间的浓浓亲情，进一步激发爱妈妈、爱亲人的美好情感，让每一个孩子充满爱心、充满自信地生活，这也拉近了孩子与母亲之间的情感距离。

（二）季节主题：内容的层层"绿意"

幼儿园的四季博览活动把幼儿熟悉的真实情境作为教育的场所，鼓励幼儿积极参与探索。在大自然中,孩子们呼吸着新鲜的空气,感受人与自然的和谐与美好。四季博览活动以幼儿园为基地,由家长、社区代表等多方人士共同参与,在实践中积极架构丰富的活动脉络。如"雨天真有趣""小小笋儿尖尖头""小种子大能量""蜗牛日记""小蝌蚪成长记""蚕宝宝的一生"等,以多元生态的教育活动发展幼儿的多元智能。春天,孩子和家长、老师一起栽种;地球日,开展"我爱地球"系列环保活动;秋天,开展"我眼中的秋天"和"大自然的礼物"活动。家长们把孩子们带进田野,走进生态园进行采摘、摄影,和孩子一起感受大自然带来的快乐。孩子们把采摘来的石榴、山楂、柿子、大南瓜、萝卜、花生、棉花、玉米、小麦、高粱、葫芦、枣等带到幼儿园进行自然角的创设等等。我园注重家园联动机制的实效性,挖掘生态教育素材,找准切入点,有目的、有计划地进行渗透、深化、扩充,使生态博览活动成为幼儿园教育的有机组成部分,让各领域泛出"绿意"。大自然、大社会为幼儿提供了取之不竭、用之不尽的探索元素,成为幼儿自主学习的重要载体。

(三) 读书主题:浸润童心的亲子共读

基于家园合作的亲子共读,让父母与孩子共同学习,共同成长。共读为父母创造了与孩子沟通的机会,分享感动和乐趣;传播真、善、美,传递正确的教育观念。通过亲子共读,家园之间建立起一座桥梁。建立属于孩子的阅读空间,放上孩子随手可取的图画书,坚持每天与孩子共读20分钟以上,让读书成为孩子获取知识的重要途径。亲子交流由于有了感兴趣的话题而变得更加频繁,亲子情感也由于共读而更加浓厚,家园联系也因为阅读而更加紧密。班级推广家园共读日,共读书目由家庭自由选择和教师推荐相结合。教师、家长共同审议,推荐适合孩子阅读的书目。每天20分钟的坚持,一个好的阅读习惯就会渐渐养成。我们还邀请资深的阅读推广人传经送宝,进行阅读推广并共研阅读。

建立共读训练营,由训练营的种子家长带动全班,再从班级到全园。我们还利用网络,建立亲子共读的交流平台,在这里(微信群、QQ群、打卡小程序)大家利用留言功能随时记录、交流共读过程中的得与失、分享实用的资讯、了解最新的资源动态等,进行海量经典阅读。家园携手开展阅读沙龙,面对面地沟通,畅所欲言。此外,还有精品阅读课堂,我们定期邀请家长走进幼儿园的精品课堂,进一步加强幼儿对文学作品的理解力、鉴赏力。生态博览课程中,如亲子共荐、自制绘本、读书漂流、亲子共演、故事妈妈进校园、线上故事音频评选等活动,都能起到浸润童心、帮助幼儿智慧成长的作用。随着"博览群书"的不断深入,幼儿、家长、教师都获得了成长。

(四) 其他主题:"阳刚课堂"的典型案例

在实施生态博览课程时,我们特地创设了"阳刚课堂",吸引了更多爸爸们参与到幼儿园的教育教学中来,填补幼儿园男教师的空白。他们铿锵有力的声音,严谨、认真、一丝不苟的品质,给孩子们带来了前所未有的新奇感;同时,给孩子们提供了更多感受阳刚与力量的机会。"阳刚课堂"加强了家园之间的合作,更促进了孩子们健康和谐地发展。爸爸们都是来自不同行业的专业人才,对于求知欲极强的孩子们来说,他们的到来能够满足孩子们对专业知识的渴求。同时,爸爸们所特有的坚韧果断的性格和简约粗犷的处世风格,会潜移默化地影响孩子,使孩子们形成自信、坚强、勇敢、果断、大方、关爱等良好品质。一般在确立活动目标后,园务委员会广泛听取教师及家长代表的建议,确立"阳刚课堂"方案,收集家长资源调查表,发放"阳刚课堂"邀请函。邀请函发出后,爸爸们踊跃报名参加。在教师的引导和帮助下,爸爸们精心准备,带着自己特有的专业知识走进课堂,和孩子们进行面对面的交流互动。如,自来水公司的爸爸带来的经验:水是生命之源,但在日常生活中孩子们浪费水的现象时有发生,洗手后不及时关闭水龙头,小完便后,冲水龙头没有及时拧紧等现象。爸爸结合自身的工作经验,通过视频展示、实验操作等方式给孩子们展示了废水如何变清水的过程。通过活动,孩子们明白了,我国虽然地大物博,但水资源仍然匮乏,生活中要合理用水,并懂得了要从小养成节约用水的好习惯。

四、双向互动,拓展学习空间的园外博览园

自然、社会给我们提供了真实的场景,园外广博多元的自然和社会环境为幼儿的学习与发展提供了用之不尽、取之不竭的课程资源,整个世界都是幼儿学习与发展的博览园。幼儿沉浸其中,身心愉悦,和同伴一起在用眼观察,用耳倾听,用手感知,用心感受,获得最为直接的经验。他们在大自然中汲取营养,理解人和自然、人和社会的关系,亲近自然、保护自然、探索自然,萌发人与自然、人与社会和谐共生的情感。我们从自然博览园、社区博览园和家庭博览园等方面组织园外博览园活动。

自然博览园——户外远足

户外远足是一种自然状态下的探索性学习活动,从内容和形式上远足活动呈现多元化价值。在远足活动中,幼儿通过各种方式去感知大自然的变化,探索大自然的奥秘,从中获得丰富的感性知识和生活经验;幼儿在观察、讲述、探索、操作、体验和与大自然互动的过程中也获得了各种认知能力的发展;幼儿的观察能力和专注力也有了显著提高。

[案例]我们的远足活动

活动缘起:金秋十月,丹桂飘香,银杏叶黄,气候宜人,周末成了家庭亲子游的好时光,孩子们一回到幼儿园就迫不及待地讲述自己周末在户外草坪上看到的昆虫、漂亮的树叶,有幼儿说"好想再去公园玩"。幼儿园也是秋意正浓,在餐后散步时,幼儿有的捡着地上的树叶,还和小伙伴仔细地比较,有的在低矮的草丛里寻找着小昆虫,不一会儿,便有幼儿兴奋地跑过来告诉老师:"老师,老师,我捉到了一只蚂蚱。""老师,我发现了这里有小昆虫。"于是,追随幼儿兴趣与需要,结合季节特征和幼儿对大自然的喜爱,依托园外的自然资源,我们开展了具有自然性、生活性、生成性的户外远足之旅。

1. 活动计划:我的远足我做主

为了让远足活动顺利进行,教师引导幼儿自己进行了讨论和策划。

(1) 我们去哪里远足?

(2) 远足需要准备什么?

(3) 我们玩什么呢?

教师思考:以往的外出活动,都是由家长和教师计划和准备,这次远足活动完全是幼儿自己讨论并决定去哪里及准备哪些物品,他们还用简笔画形式进行了较为全面的记录。我们也把幼儿的记录张贴在主题墙上,并以照片形式发在班级群里,让幼儿回家在爸爸妈妈的帮助下一起做准备。

2. 活动准备:我的任务我做主

确定好活动内容后,并不能马上开展户外远足活动,还需要许多的物质准备,做任务分工。那怎么分工呢?为了最大限度满足与支持幼儿远足活动,保证安全性,教师们提前去瘦西湖公园踩点,排除安全隐患,选择合适的活动区域,制定活动方案,做好活动前的准备。

3. 活动过程:我远足,我快乐

师幼共同制作了四组任务卡,梳理出了远足活动的任务:

任务卡1:寻找与任务卡要求相匹配的自然物(如硬硬的、软软的、刺刺的、滑滑的、粗粗的)保存于塑料袋中,到达终点处往塑料袋里注水,观察不同质感的自然物在水里会发生什么有趣的现象。

任务卡2:沿途收集新鲜树叶、鲜艳的花朵等,到达终点后开展敲染活动。

任务卡3:沿途收集喜欢的果实、树枝、叶子、石头等,对比色卡的颜色找到相应的自然物并粘贴在相应的色卡上。

任务卡4:用多种自然物拼搭、粘贴成一幅长长的远足画卷。

教师思考:愉快的远足活动在幼儿的计划与组织、教师与家长的支持与帮助下顺利地完成了。此次远足活动收获良多,幼儿不仅享受了远足的快乐,领略了秋天的美景,最重要的是自主策划、科学探究、创新模式,在活动中与大自然亲密接触,充分运用各种感官,观察、探究、发现,同时在远足活动中他们还生发了新的活动,在这种生动的学习中主动探究的学习品质得到加强,并获得自主发展。

4. 活动拓展:我的新发现

大自然总能激发幼儿无限的想象。"为什么枫树的叶子有红有绿",幼儿的回答不尽相同,我们也鼓励幼儿回家后和爸爸妈妈一起寻找答案,再和小朋友们分享。同时,我们也在远足过程中请幼儿仔细观察:秋天是不是所有树的叶子都会变颜色?哪些树的叶子有两种颜色?我们会根据孩子们的调查再开展相关活动。

5. 反思与总结

户外远足为幼儿提供了一个自然、生态、开放的教育环境,满足了幼儿亲近自然、自发成长的需要。《指南》中也指出,幼儿园应充分利用社区和周边环境,扩展幼儿的学习空间,为幼儿的体验性、探索性学习创造条件。此次远足活动就充分利用了幼儿园周边环境资源。我们借助远足活动,把学习内容迁移到大自然中,将教育内容与教育环境融合,丰富了生态博览课程实施的内容和形式。幼儿在远足活动中与大自然亲密接触，充分运用各种感官进行真切感知，他们锻炼了体质，愉悦了心情，获得了发展。

第三节　促进家园合作形式

围绕博览园开设的各类活动，打着深深的生态、绿色、和谐的烙印。活动中，孩子进行自主观察，探索周围现象和事物，成人适时、适度予以支持和引导。我们积极打造丰富的游戏场，努力挖掘有用资源，充实教育内容，拓宽教育途径。"生态博览"旨在改革幼儿园传统学习管理模式，寻求满足幼儿自主学习的新的管理机制，研究有利于幼儿自主学习平台建设的组织管理、制度建设、人员安排、物质保障等。家长如何为幼儿学习提供准备，使幼儿学习的平台建设可持续发展，是我们需要思考的地方。家长参与幼儿园生态博览课程建设，能促使课程内容更符合幼儿发展的需要，对幼儿的发展大有裨益。各种有效的亲子互动活动能增强家园联系的密度，拉近园所与家长之间的距离，让心与心坦诚地沟通交流，从而形成和谐、友爱的家园合作关系，为幼儿的全面和谐发展添砖加瓦，为幼儿园生态博览课程活动的开展创造良好的条件。

一、建立家长合作资源库

家长的教育资源是多种多样的，因此教师要筛选出实际需要的，认真收集记录，充分地了解家长的职业特长、文化水平、兴趣爱好等相关信息，进行信息汇总、分类处理，创建出有代表性的家庭资料库，通过数据整理，更好地掌握有利信息，为开展博览园活动提供更好的便利。

在博览园活动中，师幼共同创造研究的热点问题。幼儿自主学习的探究计划，需要我们充分开拓活动空间，合理调整区域结构，力求环境与主题活动的融合，注重在活动中融入多种的元素来展现孩子的天赋。我们挖掘出具有一定教育理念和教育经验的家长，请家长们介绍主题活动、分享对教育问题的一些想法和经验，明确博览园活动的主旨，充分肯定家长的配合行动，使他们增强自信心和荣誉感，同时也调动了其他家长的积极性，从而使家长群体更积极地参与到幼儿的活动中。

二、增强家园互动的联结

(一) 家园联系栏

家园联系栏是班级和家长之间沟通的重要途径,家长可以通过家园联系栏了解幼儿园生态博览课程的内容和要求。我们要充分发挥家园联系栏的作用,在主题活动开展的过程中,进行主题活动的说明,让家长了解这个主题的由来和目标,需要家长怎样配合以及孩子在课外需要进行课程延续等,并且告知家长这个活动对孩子哪方面的发展有益。结合各班实际情况,家园联系栏适时推陈出新,体现各班教师的创新意识,各栏目图文并茂,内容丰富,成为家长接受幼儿教育信息的主渠道,如"畅所欲言""互动专区"这些新颖别致的名称让家长产生亲切感、温馨感。

(二) 家长会

家长会是促进家庭和幼儿园之间互动、沟通的重要形式。我们通过互动式家长会、家长委员会等,针对家长的教育困惑进行梳理解疑,如我们针对"如何支持幼儿的探究行为""孩子的专注力不够怎么办"等诸多问题组织过专门的讨论交流会。我们在家长会上与家长分享孩子在幼儿园中的照片和视频资料,让家长能够了解幼儿园博览课程的内容和孩子在活动中的表现;通过案例与家长共同讨论活动与幼儿之间的关系,分析孩子在活动中的表现。在博览园活动中,我们与家长共同讨论,通过互动,家长们更深刻地了解了家长参与活动的价值所在。

(三) 家园互动手册

"家园互动手册"是教师每月必做的功课,以文字、照片的形式将课程的内容、孩子的活动情况与家长进行沟通,使家长了解幼儿园博览园活动的情况和孩子最近一段时间的表现。教师根据幼儿的活动状况进行详细记录。譬如,幼儿对材料产生了"疲惫感",是什么原因引起的,接下来该怎么调整?再比如,将幼儿在种植活动中遇到的问题引向深层次的探究与学习。教师也在不断尝试、反省、调整的过程中前行。教师在观察中学会了等待、学会了放手、学会了欣赏、学会了鼓励、学会了服务、学会了适时指导。在各个活动区进行定点和随机观察,适当轮换,有利于教师对幼儿发展水平进行了解。通过家园互动手册,家长能够了解到孩子在学习、生活以及游戏中的各种状态,能更全面地了解孩子的整体发展情况。与此同时,家长也能更好地了解课程,了解博览园活动进程。

(四)网络互动窗口

我们利用信息化手段提高家园合作的效率,引导家长配合幼儿园共同营造博览园活动的家园和谐环境。教师通过网络积极和家长沟通,将博览园活动开展的画面上传至网站,呈现幼儿在园的活动情况。根据幼儿的兴趣,有时有的博览园活动实施时间会持续一个多月。如在班级中持续一个月的"春天"主题活动中,教室里始终"盛开"着各种各样的花:花盆里的、画布上的,还有用园艺工人剪下来的树枝手工粘贴的花枝。这时候,班级空间就成了春天本身。而春天的诗歌、春天的绘本、春天的美文欣赏、春天的歌曲、春天的戏剧表演等,当然,最重要的还有孩子们对春天的观察、记录,这些都让春天融化在了孩子的生活里、生命里。每个孩子都拥有了一本春天的书,里面是自己创作的关于春天的手绘作品。教师将孩子的活动照片分享给家长,适时传送博览园活动开展的动态进程,使网络真正成为家长了解教育动态的窗口,架起了家长与教师、幼儿园沟通的桥梁。

(五)家长学校

我们充分利用教育资源,邀请专家来园,与大师对话,拓宽家长视野,形成多元价值观。我们在"实验活动周"举办家长讲座,每一期开展不同主题,从家长关心的话题入手,审议讲座价值,通过讲故事、举例子、结合现实生活中的实际问题分析,让家长们了解并体会到家园合作的重要性。同时,我们接受家长的咨询,有针对性地提出建议,鼓励家长参与幼儿园活动。我们不仅以专题讲座为主要形式举办"家长学校"活动,还对全园家长进行问卷调查,将家长在教育中的困惑进行统计归类,调整合作模式。每周五为园长接待日,家长可以与园长零距离现场沟通。园长既向家长解答教育困惑,也将幼儿园的有关工作向家长进行宣传,让幼儿园教育与家庭教育更加和谐统一,从而更好地促进幼儿的全面发展。

三、层级活动的支持

我们坚持以活动引领家长,分园级、年级、班级举办"沙龙"活动,营造良好家庭教育氛围;以资源整合构筑共享平台,按照"共育共建、共享共生、多元互动、资源融合"的要求,拓展各类博览园活动的资源;扩大资源引进的渠道,引进行业专业机构及第三方资源;探索生态博览理念下家庭教育资源平台建设,开辟家校联系新空间,为家园合作提供便捷、个性化的指导服务。

(一) 背景下的环创

在博览园活动中,把握活动要素是家长支持幼儿园工作的动力。首先,教师要深入了解家长的关注点,取得家长的认可和支持。比如,布置活动场景时需要家长带一些废旧材料,但是有家长可能会觉得不卫生,不利于幼儿的健康。教师可以和幼儿一起利用废旧材料制作一些小作品,展示在主题墙上、门厅、区角,邀请家长来参观,让家长们直观地感受到废旧材料的多种作用并教给家长一些基本的消毒方法,解决家长的后顾之忧。这样一来,我们既尊重了家长,又提高了家长对教师的信任度和配合度。其次,教师要及时向家长反馈情况,通过班级群、公众号等平台让更多的家长了解家园合作背景下幼儿活动的受益情况,彻底调动家长的积极性,为幼儿园的博览园活动献计献策。比如,在户外艺术博览活动中,家长们可聆听孩子们的演奏,可以与孩子一起表演,给孩子伴奏。有这方面艺术特长的家长可以带着自己的乐器来与孩子们互动,如吉他弹唱、小提琴演奏等等。幼儿可以在敲敲打打、听听玩玩中发展手、眼、脑的协调能力,感受音乐旋律的美妙。场景布置可以让幼儿感受各种色彩的魅力,有美术特长的家长们可以带领幼儿一起感受美,向往美。幼儿对艺术的喜欢往往是停留在好玩这一层面,家长的引导参与能够使幼儿进一步感受、发现艺术的形式美和内容美,能帮助幼儿将表面的热情转化为积极主动参与艺术活动的动力。我们组织幼儿开展"昆虫大聚会""美丽的蝴蝶""纸""天气""恐龙的故事""蛋的世界""我爱扬州""树""有趣的瓶子"等探索型活动。幼儿通过绘画展览、街头宣传、种植饲养、参观调查、试验操作等形式参与这些环创活动,亲身体会,充分发挥探索创造能力。

(二) 班级活动共同体

我们组织:教师和家长一起加强理论学习,开展打卡活动。我们通过班级读书会、告家长书、召开家长会等形式,广泛开展由教师、家长共同参与的读书学习活动。园内按期出刊家教小报《三幼新蕊》,各班创设"家园同步"活动阵地,我们还开辟家园互动网络平台,通过家校通、家长手册、学习成长手册、家园互动手册等多种途径与家长紧密联系,通过开放日、亲子活动、特色活动、家委会会议等组织开展各种活动。我们各班在"家园互动墙"上展示亲子活动样态,评比出"环保小明星""爱护环境小卫士"等,让家长和幼儿更加喜爱参加博览园活动,进一步让幼儿和家长在鼓励与表扬中养成良好的生态环保好习惯。幼儿园的教育需要家园一致,在开展的各种活动中,家长们逐渐认识到生态博览课程对于孩子发展的价值,乃至对家庭的重要性,他们希望给孩子一个绿色的童年。现在,我们的生态博览课程已经慢慢走入了家庭,并融入了每个家长和幼儿的心里。

(三) 增进亲子互动

每个人都渴望被赏识,都渴望成功,家长也不例外。因此,我们要采取措施保护家长的积极性,让家长有更大的热情参与到幼儿园生态博览课程中来。在幼儿园"变废为宝"活动中,家长与孩子们一起用废旧物品制作了彩色纸花瓶、多彩环保袋、布艺玩偶等作品。每样作品我们都认真地进行评分、颁奖,最后将这些作品展示在我们幼儿园的门厅、美工室,成了幼儿园一道美丽的风景线。这样不仅让家长们感受到"变废为宝"的快乐,更是对他们劳动的尊重。在家长开放日活动中,各班在户外游戏时,将亲子活动中制作的"环保户外玩具"投入活动中,如用各种饮料罐做成的高跷、梅花桩,供幼儿开展平衡游戏;用旧碎布做成的沙包、尾巴、降落伞,供幼儿开展投掷、追逐游戏;用饮料瓶装上适量的沙子做成的各种标志物、保龄球、小哑铃;用旧纸板做成的爬爬乐;用旧报纸做成的纸球、纸棒、纸飞机等。教师积极地创新这些玩具的玩法,实现一物多玩,让家长了解到自己原来制作了这么实用、有趣的体育器材,体会到为孩子服务的成功感。

在"翻转课堂"中,家庭成为幼儿园课程建设的同盟军。我们根据活动需要安排家园联动亲子活动,首先由教师集体审议,充分挖掘活动的价值,和家长进行交流,讲清楚家长与孩子互动的要求,再请家长记录下幼儿在活动过程中的真实反应。教师搜集全班幼儿的记录单,整理出幼儿的兴趣点并分组,有类似兴趣点的孩子们合作探索,教师作为支持者,在幼儿有需要的时候进行适当帮助,在过程中注重观察记录幼儿的探索过程,逐渐形成丰富多彩的班本活动。

四、日常活动的渗透

《指南》的颁布,标志着家长参与幼儿教育的深度上了一个新的台阶,也为家长的积极参与提供了可能性。但这种可能性想要转化成现实,还有待教师通过生态型班级活动引导和组织家长积极参与幼儿园的教育,真正形成幼儿、教师、家长多方共同成长的生命共同体。生态型班级活动开展的主要目的是对幼儿进行系统的影响,而这种系统的影响主要通过班级各类活动来实现,在诸多活动中,日常的班级活动是生态博览课程背景下家长参与幼儿园教育的重要载体。

(一)助力集体活动

集体活动是基于以班级为生命群体的共性问题提供基础支架的活动,旨在引导家长树立正确的教育观念,了解某个生命群体的学习与发展的基本规律和特点,建立对生命体发展的合理期望。比如小班幼儿的绘画水平相比中大班幼儿较弱,但是家长如果能通过教师了解到本班幼儿在平行班级中的绘画情况,就能对自己孩子的绘画发展情况有客观且清晰的认知,为家长具体参与幼儿园的教育提供抓手。

《指南》中提到要尊重幼儿发展的个体差异,支持和引导他们从原有水平向更高水平发展,但每个生命体生长的方向和速度是不一样的,比如"班级资源地图"主题活动中,有的孩子关注教室在整个幼儿园中的地理位置,有的孩子的兴趣点在教室内部区域设计图的绘制上,有的孩子把重心放在班级物资的记录表上,家长们可以根据幼儿的兴趣与发展水平给予幼儿有指向性的帮助……孩子们都在按照自身的速度和方式到达《指南》所呈现的发展"阶梯"。

(二)重视个别探究

当少数幼儿对某个主题产生兴趣时,教师和家长应该对幼儿的探究活动进行个别的指导和助推。例如某个幼儿对"恐龙"这个主题感兴趣,能说出三角龙、翼龙等数十种恐龙的名称,想要继续探究却因无法获得同伴的共鸣而暂时放弃,这时,教师和家长可以充当"同伴"角色,和幼儿进行思想碰撞,家长还可以带孩子去参观恐龙博物馆、查阅相关图书等,幼儿、教师、家长还可以形成关于"恐龙"主题的学习共同体,深入挖掘,共同发展。

(三)把握阶段进程

生态博览理念下的班级活动是不断生长的。教师通过线下和线上两种途径引导和组织家长促进幼儿获得阶段性的发展成果,以本班幼儿生命发展为基点,内外合力、多维互动,孕育新一轮的成长。阶段性活动的持续推进是教师引导和组织家长参与幼儿园教育的主要途径,比如教师可以联手特定职业的家长通过体验性的班级活动、讨论性的班级活动、表演性的班级活动等帮助孩子阶段性地了解某个特定职业(如医生、警察、门卫、厨师、社区工作人员、传统手艺人等)或者某种技术,发挥社会人文资源效应,让家长参与到幼儿园的教育中来。活动是开放的、融合的、持续推进的,我们将大世界的资源融入小小的班级中,成为班级幼儿成长的养分和助力。阶段性活动将循序渐进地填补课程活动必备的资源。比如在种植区的打造中,孩子们对很多植物叫不出名字,不了解其习性,想要照料这些植物却无从下手。这时家长们可以帮助孩子通过在线查阅资料、观看花农种植视频等方式将自然资源融合到活动的知识储备和发展中去。

(四)关注偶发活动

与固有的节日性活动不同,班级生成活动通常是偶发性的,最能考验生命(群)体的发展水平,例如当中班幼儿对"结婚""我从哪里来"等具有生命意义的话题感兴趣时,教师的支持策略能够支撑幼儿探究到哪一步?家长的态度和辅助能力也影响着幼儿的发展。生态型班级活动是整体的,又兼具开放性;它依赖于内部的活力,又得益于丰富多彩的外部世界,具有多元的特点。生态型班级活动的内部存在着多类型、多层面的组织形态,随着幼儿的发展,班级活动的内容不断丰富,家长参与幼儿园教育的途径和方法也在不断地更新和调整。

(五)支持生发活动

我们在生态博览课程中开设各类活动。活动中,孩子自主观察、探索周围现象和事物,教师适时、适度予以支持和引导。我们将节日、纪念日、时节等与教育活动相结合,组织幼儿参与接触自然环境、社区环境的活动,按照一定的规则、一定的层次组织相对固定的、有特色的系列性活动,让幼儿感受人与环境的相互依存关系,从自身做起,保护身边的环境。例如,10月16日是

"世界粮食日",根据这一主线,大班幼儿开展了"粗粮和豆制品品尝会",在参观食品厂后开展"能干的点心师"活动,亲手制作葱油饼、蛋糕,在观察、制作、欣赏、品尝、分享中学会爱惜粮食,体验劳动带来的快乐;中班幼儿在参观粮食店的基础上,认识大米、面粉及豆制品;小班幼儿在认识香喷喷的大米饭的基础上,进一步了解、品尝各种米制品。通过这些活动,幼儿萌发了爱惜粮食的情感。家长的参与帮助幼儿打开了认识社会的一个窗口,而不同的家长有着不同的兴趣、特长,若将家长的各种优势资源结合到幼儿园的特色活动中,支持幼儿不断生发新的活动,一定能有意想不到的收获。

在教育越来越强调生态化的今天,家园合作必须越来越受到教育工作者的重视,也只有这样才能使孩子得到更全面的教育,才能使幼儿园、家庭与社区的教育合力发挥最大的功能。

第四节 建立家园合作机制

幼儿园生态博览课程的开展需要教师、家长、幼儿、社会的共同努力,其中教师与家长的合作更为重要。我们在进行项目活动建设时,贯彻《指南》精神,深入挖掘、合理利用家长资源,充分调动家长参与幼儿园活动的积极性,做到家园合作、群策群力,共同营造适宜幼儿生长、发展的良好环境。

一、以互助价值引领家园合作前景

家园合作是一种双向互助活动,因此其中必然要有家庭的积极参与和配合。家长的参与不能停留在"形式上的参与",我们需要的是深层次的参与活动,有一定的责任分工,才能使这种双向互动有序开展,达到实效。我们以互助价值引领家园合作前景,充分发挥各自的教育优势,相互支持,共同服务于幼儿的学习与发展。开始,幼儿园与家庭在教育上存在或多或少的差异,这种差异来自不同的教育理念、不同的成长环境、对幼儿的不同期待及各自所处的不同立场等等。我们围绕生态博览课程活动,通过多种形式,以幼儿发展为核心,与家长之间开展各项沟通、交流、互动,使家园形成教育共同体,抓住家园合作的鲜明优势,获取最大的合作效益,共同解决教育上的差异问题,同步同向产生出"1+1＞2"的合力,拓展经常性、全面性的合作活动,建立共同的现代教育观,凝心聚力共育幼苗。

二、以组织构架领航家园合作模式

我园建立家庭教育实验工作指导站,具体负责家庭教育工作的开展与实施。指导站重点指导家长委员会和家长学校开展工作,进一步规范家长学校管理,建立规范的家长学校办学机制,扎实开展"幸福父母大讲堂"活动,引导各年级、各班级分别建立"好父母同盟体",从微观层面加强家庭合作,共商教育策略,促进孩子共同成长。我们还注重完善"园级、年级、班级"三级家委会,明确家委会岗位及其职责,建立以"家长代表选举制、问题议题提案制、议题决策票决制"为核心的家长委员会工作新机制。

我们培育了一支家庭教育实验专业指导队伍。我园加大对心理学专业、有心理咨询师资质及从事教育工作的教师的培训力度,鼓励他们每学期参加新家庭教育实验指导师系统培训,确保不同年级段均有专业的家庭教育指导师开展工作。在家长中选聘一些具有一定家教知识、组织能力、义工情怀的家长组成家长志愿服务队伍,参与园所管理,助推家校合作各项活动的开展。

三、以优质培训促进家园互助提升

我园开发了具有区域特色、涵盖不同层次的新家庭教育实验课程资源,编制家长教育教材读本,形成了富有特色的新家庭教育的"1+X"课程体系。我们构建新家庭教育微课程体系,形成线上与线下互动培训培养模式。"X"是各幼儿园根据幼儿园实际情况自主开发课程,形成"1+X"多元、特色化新家庭教育课程。如,"起始年级段家长培训"每年对起始年级段家长进行不少于16课时的全员培训,对其他年级每学期至少组织1次面向全体家长的新家庭教育指导,形成了幼儿园博览园活动叙事案例汇编。

四、以有效沟通促进共同体发展

幼儿园与家庭的互动一定要建立在信任的基础上,如何让"信任"这座桥梁发挥重要作用呢?面对家长我们需要运用不同的技巧去沟通,在集体活动、个别交流的时候需要运用不同的方式。在与家长沟通的时候,我们要让家长感觉到老师是喜欢、欣赏自己家孩子的。很多时候老师在与家长沟通时没有注意自己的表达方式,结果无形中给家长留下了不好的印象,让家长心里感到不舒服。因此,我们在与家长沟通的时候一定要讲究沟通策略——共情沟通。

首先,我们与家长交流的时候要肯定孩子的优点和进步,这样家长听了就会心情愉悦,接下来再和家长谈谈孩子近期不足的地方,往往这个时候家长是可以理解和接受老师的提议的。在沟通的时候,教师也要注意自己的语言,如"我建议""我认为""您可以"等中肯的词语也会让家长更容易接受。

教室门口的家园联系栏也是家长与教师沟通的一个重要窗口。很多时候都是教师张贴一些"活动通知"或者"准备材料"等,这样时间长了就成了老师在唱"独角戏",家长只是观看,对于活动的意义及发展动态不清楚,不利于调动家长的兴趣。所以,我们更新转变,丰富栏目内容,也请家长写一写关于自己家孩子活动的情况、活动的感悟等。这样我们的家园联系栏就变成了一座彩虹桥。一般家长会是以教师说教为主,家长们的兴趣不大,家长不能和教师产生共鸣,对教师的信任就不充分。我们改变家长会的模式,提高家长的兴趣,缩短教师和家长之间的距离。比如我们组织互动式家长会,开展双向互动的讨论,这样可以更好地调动家长们的积极性。我们根据本班幼儿的年龄特点进行讨论,也可以根据本班博览园活动的开展情况进行讨论。家长们也会说说孩子在家的情况,说说自己对孩子教育问题的想法。现在许多父母工作繁忙,照顾孩子的工作往往交给了祖辈。还有个别家庭会请保姆帮忙照看小孩。不同家庭在生活习惯、文化背景以及对待孩子的责任意识等方面都有很大的差异,因此对孩子的教育方式也不同。通过了解不同家庭的特点及其对孩子的影响,采取不同的沟通策略,可以有效促进家校沟通。

不同年龄阶段的幼儿有不同的年龄特点和发展需求,因此家长所关心的幼儿教育内容也会有所不同。教师不仅要牢牢把握幼儿的发展需求,也需要把握不同年龄段幼儿的家长所关心的主要问题,然后有针对性地帮助家长答疑解惑。每个家长的生活背景、所从事的工作不同,他们的价值观念及个性特征也不同,进而影响家长的教育观念和教育方法。有的父母经常出差,工作繁忙,觉得为孩子创造更好的环境、给予更多的物质,就是对孩子的爱。有的从事管理类工作的家长,太过于注重孩子的发展,喜欢拿自己的孩子与其他孩子进行攀比。我们应引导家长尊重幼儿的发展规律,避免幼儿教育成人化,用符合幼儿年龄特点的方式引导孩子;通过选择、组合、整理等方式建构适合幼儿的生态博览课程,让家长以合适的方式参与,丰富活动的内容。

五、以积极态度担任课程的建设者

教师、幼儿、家长是生态博览课程的共同建设者。我们通过梳理形成家长资源表,根据开展不同的博览园活动选择适合的家长参与,家园协同建设课程。当家长参与到活动审议中,我们可以借助家长的视野,多方面考虑博览园活动的开展和课程发展方向,通过教学观念上的沟通,达成教育共识。一方面,家长会给教师以启发、灵感,另一方面,家长可以运用各自的专业知识和技能拓宽幼儿的视野,丰富幼儿的社会生活经验,提高幼儿的社会交往能力。幼儿园不是幼儿学习的唯一场所,教师不是幼儿的唯一教育者。家庭、社区中的自然资源和人文资源均给幼儿提供了学习的舞台。而要发挥这些资源的价值光靠教师的力量是无法达到的,只有在家长的支持下,充分发挥各行各业家长的纽带作用,为我们的活动牵线搭桥,才能更好地利用这些活动资源。如在"各种各样的车"主题活动中,我们及时与家长取得联系,带领幼儿参观了车管所,使幼儿有机会探索警车、排障车、大吊车、洒水车等不同功能的车,工作人员还示范了大吊车的操作方法。家长的支持为幼儿的学习提供了机会。这样的活动扩大了幼儿的交往面,丰富了幼儿的社会经验,更激发了幼儿对周围生活、事物的兴趣和关注;同时也发挥了家长参与教育活动的积极性,唤起了家长的主人翁意识,使家长真正成为幼儿园的合作者。

教师要利用家长参与的契机,最大限度地促进幼儿发展。其间,教师要发挥桥梁作用,引发幼儿与家长间的互动。在"马路上的车"活动中,交警爸爸介绍完毕,就进入自由发问阶段,小朋友迫不及待地提出心中的疑问:"叔叔,你身上怎么有数字?""叔叔,有人闯红灯怎么办?""叔叔,你在马路当中汽车会碰到你吗?"幼儿与家长全身心地融入活动中,消除了陌生感,一切都那么融洽、自然。

六、以实践行动促进教育和谐共生

目前我们的幼儿教育实践中,幼儿园与家庭的合作效果仍存在一些问题,需要在以下几个方面加强注意。

(一) "主人翁意识"的树立

教师应以平等的态度帮助家长建立主人翁意识。在幼儿园,教师往往认为家长不是学前教育工作者,对于教育孩子的事情并不是那么专业,因此,面对家长,总喜欢使用"你应该""你们必须"等词汇。在面对孩子教育问题时,教师应该注意与家长的沟通方式,与家长分工明确,多让家长参与具体活动,从而使家长萌发主人翁意识。如,博览园活动环境的布置、探索区域材料的更换、材料的制作等。

(二) 获得家长的信任

教师与家长有共同的目标:一切为了孩子。在此基础上,幼儿教师应掌握更全面的知识,当遇到问题的时候主动与家长交流沟通,面对偏见应冷静对待;面对家长指出的意见和建议,应虚心接受,反思问题;在与家长沟通时应该以商量且平等的语气交流,付出自己的真心和耐心,给予家长积极的教育支持,得到家长的信任,从而提高家园合作的有效性。

(三) 正确理念的传播

家长和教师之间的文化水平,包括对学前教育专业知识的具备都是不一样的。我们在做家长工作的时候,总喜欢把自己的思想强加给家长,而忽略了家长本身的接受能力,以及家长原有的对待教育问题的想法。在与家长沟通时,我们不仅要把经过实践证明的正确的育儿理念告诉家长,而且要倾听家长对教育问题的看法,通过不停地交流和磨合,许多问题便迎刃而解。

(四) 优秀经验的习得

教师有各种各样的学习机会,但是家长对于教育孩子的方法只能靠自学。家长跟教师之间、家长群体之间的观念存在差异,因此,我们可以多开展家长群体参与的沙龙学习活动,向家长输送新的教育理念;同时可以通过每周家园联系的形式、与家长约谈的形式,让教师和家长相互学习,为家长传送新的理念。

第五节　充分利用社区资源

幼儿园教育与社区、家庭的融合互动是一个值得研究和实践的问题,具有重要的现实意义。它不仅意味着幼儿园教育中可利用资源的扩大,也蕴含着幼儿园办学理念和制度的重大变革。它在本质上突出了"以幼儿发展为本"的教育理念,充分利用社区与家庭的丰富教育资源(环境资源和人力资源),重组幼儿园的教育资源,丰富教育的策略,以形成幼儿园、社区与家庭共同促进幼儿健康成长与全面发展的合力。幼儿园应主动参与社区活动,创造性地为社区各项事业服务,为家长服务,同时,运用社区的便利条件为幼儿园生态博览课程提供支持。

一、构建家园、社区生态体系

(一)建立社区生态网

1. 一定范围的地域空间

社区的地域要素是社区各种地理条件的综合,是社区存在和发展的基本自然条件。社区的地域要素不仅为社区成员提供活动场所,提供生产、生活的部分资源,而且很大程度上影响社区的发展。

2. 一定特征的社区文化

社区文化是社区居民在长期的共同生活中积淀而成的,是许多社区相对独立、相互区别的一个主要标志。社区文化是社区认同感、归属感和社区凝聚力、影响力的重要基础。社区文化包含行为制度、社会习俗、生活方式、价值观念、思维定式、心理认同、审美情趣等内容。

3. 一定规模的社区设置

社区是人们参与社会生活的基本场所,人们的活动总是有赖于一定的设施进行的。所以,一定规模的社区设施是构成社区的重要元素。如公园、加油站、车站、医院、社区服务站、超市、食品店、小卖部、书店、报刊亭、邮电局、银行、服装店……

4. 一定类型的社区组织

作为具有多重功能的地域性生活共同体,社区是一个有组织的、有秩序的环境实体。每个社区都有相对独立的组织机构,来管理社区的公共事务,调解人际关系,维护社区的共同利益,保证社区生活的正常进行。

以往与社区的互动更多是家长志愿者的参与,本园或本班的家长将社区资源共享。现在我们打破围墙,将几个分园的社区资源整合共享,将各类资源根据开展的主题活动整理汇总,张贴在各自的班级内,随时使用,充分体现资源的有效利用,将资源最优化。我们通过寻找区域内各种社会资源,为幼儿园提供充实的教育力量、教学资源,为幼儿的全面发展提供社会支持。

(二) 实行双向开放机制

1. 双向互动

教师要迅速转变观念,从狭隘的园内小圈子中跳出来,充分利用社区资源,以"社区的位置""社区的人们""社区的环境""社区的交往"各个方面开展博览园活动,增加幼儿对社区的感性认识,了解不同家庭、街道、建筑物组成的社区环境;要树立大教育观,树立正确的教育资源观,让幼儿教育跨越围墙,向传统的教学模式宣战,开发并发挥好幼儿园自身、家庭、社会教育资源的最大功能,去探索幼儿园与家庭、社会三体合作的教育新模式,不断地扩展教育的空间,去求得自身的持续发展和飞跃。

2. 资源共享

社区和幼儿园具有不同的教育特点,有其不同的职责,我们深刻感到幼儿园教育必须充分利用和借助社区教育的优势,与社区一道共同优化社区教育环境,才能取得幼儿教育的整体效果。这就要求我们主动架起幼儿园和社区的桥梁,将幼儿园教育辐射到社区的环境中,构建起真正符合幼儿身心发展的教育环境,以充分满足幼儿全面、协调和可持续发展的需求。

3. 丰富活动

幼儿园与社区双向互动的内容和形式丰富多彩。我们应充分挖掘社区优势资源,调动一切积极因素,可以最大限度地拓展幼儿教育空间,丰富幼儿博览园活动的形式和手段,为幼儿提供真实、健康、丰富的成长环境。利用社区教育资源为幼儿园教育教学服务,落实到幼儿的身上不仅是把幼儿带到社区中去,还要把社区生活带回到幼儿园来,让幼儿在模仿中再现生活的过程,并在这一过程中得到发展。如区域活动"小超市"中,孩子们学会了分工合作,自定角色,他们的动手、动口、合作、组织等能力得到了发展。

4. 优化课程

积极挖掘幼儿园周边优质社区资源,共建实践活动是优化幼儿园课程的有效途径。幼儿园在利用环境资源的时候,应充分考虑社区的可利用资源。如果附近有水厂,教师可组织幼儿去参观,使幼儿认识到水的来源、净化、输送、饮用及污水处理过程等,体会到水的来之不易,萌发节约用水的意识;如果附近有树林,教师可组织幼儿去观赏,摸一摸、抱一抱自己喜欢的树木,和树木比一比身高,为树木画一张像,和树木一起照张相,促使幼儿深刻领会人与自然的关系。

幼儿园在利用人工环境的时候,需考虑交通、建筑群、各种设施、广场等因素。教师可结合场所的特殊性因地制宜地考虑活动价值。如虚心向社区的建筑师或者建筑行业的家长请教,了解建筑物的类型,并在实地考察的过程中,和家长、幼儿一起尝试着对各种建筑物进行分类,看看它们是属于何种网格或类型的建筑。许多城市的社区广场都由雕塑、草坪和喷泉等组成,教师应注意发挥社区的独特作用,有意识地带领幼儿到广场去观赏、触摸和游戏。幼儿走出园门,走进社区,实践体验,可以得到丰富的真实感知,同时,幼儿园课程也得到了有益的反馈和补充。

二、促进社区活动多样化发展

社区对幼儿的作用和影响广泛,是幼儿社会化活动最直接的阵地。幼儿园、社区、家庭的合作有利于形成教育合力,促进幼儿的身心健康、全面发展。幼儿是完整的人,需要全面的关怀。社区是幼儿成长最初的也是最基本的社会生态环境,对幼儿一生的发展有深远的影响。

(一) 社区协作委员会

社区协作委员会以社区为平台,以服务为纽带,以构建和谐社会、促进学前教育的蓬勃发展为宗旨,发挥社区联动机制,统一教育思想,确保了活动的统筹,信息的流通,运行渠道通畅。

（二）社区互助家教社团

社区互助家教社团由家长代表、社区代表、幼儿园代表组成，改变原幼儿园家教社团主要由教师、部分家长参加的局面，拓展家教社团指导者的队伍：由教师指导家长扩大为双向指导，使家长、教师的科学育儿能力起到互补作用。

（三）社区专家顾问团

我们聘请有关活动评价、课程实施、幼儿保健、教育指导等方面的专家，定时向家庭、社区、幼儿园开展指导工作，为生态博览课程保驾护航，成立教育指导中心；通过中心指导站，创建亲子互动手册，开展社区讲师团讲座、菜单式辅导活动等。

（四）社区联动关系网

依托社区区域联动体系，整合社区、街道、居委会的资源，结合社区重大活动如慈善义卖，家庭联络会共同商讨制定联动方案，确定具体分工。我们应充分利用社区资源，将社区内潜在的各种人力、物力和财力资源，自然资源与人文资源有效地加以开发利用，建立健全社区为幼儿教育服务的规划、组织、标准等机制，形成全方位、开放的教育系统，促进教育的多样化与社会化。

以幼儿园为主，家庭、社区为辅的合作活动有：家教社活动、志愿者活动、建构家长资源库、亲子活动，各类博览活动（"玩具交易会""与社区老人心连心""家庭才艺秀""民间游戏全家玩"等等），社区指导活动等。如在"福利院"系列活动中，我们组织幼儿关心老人，为老人们带去幼儿和爸爸妈妈一起制作的爱心饼干，鼓励幼儿用自己的钱（压岁钱、卖旧货的钱、在亲子玩具义卖募捐活动上"赚"来的钱）为老人购买围巾、手套等日常用品。幼儿还为老人们送上自编自演的文艺节目、和老人共同游戏，给老人们带去了浓浓的关爱之情。

以家庭为主，幼儿园、社区为辅的合作活动有：家长进课堂活动、家长义工队服务、家长经验交流与讲座、家长沙龙、家教知识比赛等。

以社区为主，幼儿园、家庭为辅的合作活动有：区域联动、社区节庆活动、文明节水创建活动等，具体有慈善义卖、家庭联谊会、为爷爷奶奶庆重阳、节约社会环保服装秀、民俗游戏、亲子运动会、生态小卫士活动等。

通过幼儿园、社区、家庭之间的融合互动,和谐共建,我们积极利用各种家庭、社区资源,加强了幼儿园自身建设,扩大了教育空间,形成了教育合力。

三、深化幼儿园与社区互动方式

社区环境具有一定的开放性,能为广大幼儿提供多种接触社会、与人交往的机会,从而培养幼儿良好的社会适应能力。社区活动是指在社区内为幼儿设置的各种教育活动,是多层次的、多种类的社会教育活动,具有地域性和灵活性。幼儿园作为社会的一个组成部分,和谐校园不但表现为幼儿园内部组织结构及各要素之间的和谐,也要充分体现幼儿园与社区、家庭之间融合互动,和谐共建。

(一)共建社区和谐教育环境

幼儿园相继参加"节水型校园""文明城"的创建,社区博览园活动也是丰富多彩的,幼儿、家长、教师共同参与社区"金秋活动""社区义卖"等主题活动。幼儿园与社区、家庭呈现出良好的互动局面,形成了"你中有我,我中有你"不可分离的新型关系,真正达到了资源共享、和谐发展的新局面,为全面育人创造了良好的环境条件和氛围。

(二)更新内化家长教育观念

家长们通过全程参与博览园活动,对课程有了全面、细致的认识和了解,其教育观念能及时更新并内化,从而更主动积极地投入幼儿园的教育实践中。越来越多的家长成为我园"活动志愿者"队伍中的一员。参与幼儿园、社区教育实践活动的家长志愿者比例从原先的不到30%上升至80%以上,由此表明家长的教育观念已得到了明显的更新与提高。

(三)良好场域的有效利用

幼儿园与社区、家长志愿者的系列互动实践,社区博览园活动等,拓展了幼儿园的课程内容,丰富了园本课程,使幼儿园的课程开发取得了一定的成效。如:生态博览理念下产生的系列教育实践活动已成为我园园本课程的一大亮点;家长志愿者定期参与幼儿园的管理、教学、策划、实施等活动也成为我园课程实践的一大特色。

（四）生活链接的多项体验

在开展生态博览课程的过程中，孩子们的学习始终在真实的博览园活动里，自始至终都有家长的伴随。空间不再是单纯的物理存在，而真正成为课程的一部分。整个教室、整个校园、整个大自然，都成了孩子学习的"教材"。幼儿在实践的过程中，不断地去发现问题、分析问题、尝试解决问题。我们从对大班毕业的幼儿跟踪调查中发现，他们时常参与一系列社区实践活动。家长和小学老师普遍反映：孩子们在社会认知、社会情感、与人合作、性格开朗等方面都有较好的表现。

总之，幼儿园与社区、家庭的融合互动已经成为幼儿园和谐发展的必然趋势，它是社会和谐发展对幼儿园提出的要求，也是支持生态博览课程的有力后盾，更是构建生态化和谐校园的重要内容之一。

第六节 带领幼儿走进社区

利用社区资源引入多元文化，幼儿在社区中开展的观察、感受、游戏、操作等博览园活动，让幼儿充分理解人与环境之间的关系。通过参与社会实践，幼儿走出幼儿园，体验社会生活，丰富社会经验，增长见闻，开阔眼界，提升了综合能力。在生态环境中，各个因素是相互联系、相互制约的。自然、人与社会相互作用。生态博览课程集中广泛地反映我们生活环境中的各种生态关系。因此，生态博览课程应以人为中心，推动个体社会化，建立家庭、幼儿园、社区三维度生态环境相互渗透的有机联系，使幼儿园生态教育真正落到实处，发挥其在幼儿教育中的作用，为幼儿构建一个生态教育网。

一、资源有效开发，适应实践活动需要

教育家罗宾森说过："对我们成人来说，社会生活方式，人类的过去、现在和未来，以及居住在不同地域人们的生活等，都是习以为常的现象，但幼儿需要学习。"这句话从一定程度上说明了社会学习的意义所在，而其中也包括了幼儿通过参与社区活动，达到社会认知这一目的。那么，我园的周围环境对我们开展社区教育非常有利。气象站、农贸市场、四季园小学等都是我们开

展社区教育的优良场所。

(一) 加强与社区的联系,开展资源调查

幼儿园在利用地理环境的时候,要考虑社区的地理位置、地形地势和气候特征等因素。幼儿园处在城市内部,交通便利,资源丰富。我们主动与社区架设各种桥梁,使幼儿园的教育与社区生活紧密结合,形成一体化的联动机制。为了促进幼儿园博览园活动的顺利开展,建立幼儿园与社区之间的关系网,教师和孩子一起进行了资源调查。

教师和幼儿一起调查幼儿园周边 2.5 公里以内的资源,适时带领幼儿到社区中去走一走、看一看,指导幼儿自己去发现季节对人的行为有什么影响等。幼儿园课程应是可开发的,从整体到局部,让幼儿了解、认识事物之间的相互关系,构建一个大致框架,然后再局部细致延伸。在开展生态博览课程进程中,我们充分利用了社区资源,如以"交通工具"为主题,让幼儿了解能源、人、资源、不同的职业等,多次设计相关博览园活动,培养幼儿的整体思维,以一带多,从中心辐射开来,构建一个内容生态网,从而使幼儿整体地把握事物之间的关系。

(二) 依托社区资源,共筑教育平台

我园最大限度发挥社区教育资源的优势作用,挖掘社区内的人才优势,运用社会的力量使我们的活动更丰富、更充实,也更贴近生活,更具说服力。社区中身怀一技之长的热心人士也是我们的良师益友,如为了更好地开展民族文化博览园活动,我们请来有二胡技艺的民间艺人,让他以生动的形式为幼儿进行讲解,孩子们被深深吸引,渴望了解更多的民族文化,充分发挥了这部分社区教育资源的作用。

充分利用社区物质资源,既能让孩子们到真实的环境中探索学习,又能使教师在活动过程中注意教育资源的有效整合,坚持幼儿教育的整体观,不断提高幼儿教育的成效。我们可以把孩子带出幼儿园,让孩子们用眼睛去看,用手去触摸,用心灵去感受。如在"车子叭叭叭"博览园活动中,为了让孩子们更好地了解各种汽车的构造和功能,我们组织孩子们参观汽车公司的车队,还请车队的工作人员为孩子们现场讲解车的构造,并带领孩子们到不同的车子里参观,尽可能地为他们提供一个良好的教育平台。

（三）强化与社区的联动，搭建互助桥梁

幼儿园应与社区建立日常联络机制，确保社区活动能顺利开展，取得社区领导和各个部门的理解、信任和支持，与社区建立良好的关系，极大限度地调动人力资源，进而将这一关系程序化、制度化。社区将协助幼儿园开展活动视为自己分内的工作，变临时性为计划性，以保证社区活动的方便、及时、系统、有实效。完善社区联动管理，就是完善服务，营建积极、和谐、开放的人际关系。幼儿园管理制度也应做出相应的调整，以我们的资源优势回报社区。如我园定期向社区开放，为社区的家长们提供方便；定期举办培训，搭建互助桥梁。

二、整合社区资源，丰富实践活动内容

社区是社会环境中与幼儿园关系最密切的一部分，与社区的紧密结合其实是我们对幼儿进行社会教育的重要途径。教师要充分地挖掘社区资源，利用社区已有的资源对幼儿进行社会教育，使社区真正成为园外的大课堂。在博览园活动的探索和实践过程中，我们开展了系列社区活动，如秋游写生、生态园亲子野炊、关爱独居老人实践行、双博馆体验行、探访福利院、走进消防体验中心、参观气象站、超市购物、参观图书馆等，通过与社区的紧密结合，发挥社区资源的优势，使幼儿在社会认知、社会行为、社会情感方面得到更好的发展。

（一）了解本土文化

本土文化是民族的文化根基，扬州悠久的本土文化是幼儿实际感受到的丰富与优秀的文化资源。博览园活动让幼儿感受到家乡的变化与发展。孩子们在活动中自己看，亲身感受与参与。家乡的木偶文化、剪纸文化、扬剧艺术，都深深地走进了他们的心中。他们会更加热爱自己的家乡，热爱家乡的文化。也许，他们长大后真的会有人投入其中，去发展、创新、宣传扬州的戏剧、木偶戏，去创新、改革、发展家乡的文化。

（二）了解社会机构

现代化社区，环境幽雅，有各种花草树木；设施先进，网球场、游泳池、休闲广场、垃圾分类箱一应俱全。孩子们兴致勃勃地观赏，互相交谈，共同讨

论,在不知不觉中习得知识,开阔眼界。我们利用这些社区资源,让孩子不仅开阔了眼界,学到了知识,更主要的是获得了认识社会、体验生活的机会,同时,他们的情感得到了陶冶,学习兴趣被不断地激发。

(三)了解社会生活

通过丰富的活动,幼儿对身边生活开展调查,了解社会中的各种行业,了解各行各业与社会生活的关系。幼儿懂得尊重各个行业的劳动者,在生活中珍惜他们的劳动成果。社会教育是复杂的长期的过程,我们应努力创设适合幼儿发展的优良社会环境,让幼儿在不断的、长期的、重复的、有益的社会活动中习得良好的社会品质。

(四)了解自然环境

自然环境是一种重要的资源。多姿多彩的自然事物,看似平常的自然现象,都蕴藏着许多值得幼儿探寻的规律原理。幼儿在自然环境自由嬉戏、探索奥秘,观察感知,交互信息,发现问题,解决问题。我们应以自然环境为基础,为幼儿创造良好的条件,引发他们动手动脑,以自然的"加工"回馈于自然。

三、合理利用资源,拓展实践活动类型

博览园活动内容从实际出发,因地制宜,因人因时而异,适时调整。首先,了解幼儿现有水平及社会发展需要,依据现实社会的需要去构建,跟上时代的步伐。针对不同幼儿的不同活动需求,尽量做到从幼儿的生活经验出发,探求活动的价值,利用社区资源有效地促进幼儿的认知发展,为幼儿社会性发展奠定基础。其次,要注意社会活动的差异性。小班幼儿情感的社会化主要表现在社会性交往的成分增加。因此,我们充分利用户外实践活动的契机,带着小班幼儿手牵手在社区的空地上散步,给予他们一定的时间、空间开展交谈,老师适时参与其中;同时,我们鼓励家长带自己的孩子到其他幼儿家里做客,以进一步提高他们的交往能力。中、大班幼儿的社会情感有了进一步发展,出现了道德感等高级情感,外部表情以及各种交往方式日趋社会化。根据这种情况,我们借助与营业员交谈、参观邮局、远足等一系列的社区活动,逐步培养幼儿的同情心、是非感、爱憎感等等。同时,我们还与家长携手

合作,将幼儿园集体活动和家长个别活动的方式相结合,有目的、有计划地长期进行这些社区活动,以达到巩固社会情感的目的。再次,还要注重社区活动的层次性。我们先从幼儿身边熟悉的社会机构开始入手,从参观商店、农贸市场、新华书店、银行,到参观幼儿不经常涉足的美术馆、军营、消防站等。幼儿只有这样逐步深入地接触生动、多样的社会现实,积累一定的社会生活经验,才能真正产生相应的社会情感。最后,要注意开展社区活动的时机,把握时机进行相关的社区活动,对于培养幼儿的社会性往往能起到事半功倍的效果。

(一)节日性活动

节日是从古至今人们在日常生活中浓缩出的精华,蕴含了丰富的文化底蕴。利用社区资源开展节日性活动是培养幼儿社会性品质的快捷方式。我们从幼儿自身出发,根据各年龄段幼儿身心发展的规律,制定了分层的博览园活动目标与内容。如,了解家乡春节"贴春联、拜年、舞龙"的传统风俗,通过观看民俗文化的视频、图片,了解全国各地不同的民俗,萌发热爱祖国的情感;通过阅读《好大一个家》的绘本,扮演各个民族的角色,并向大家展示,中国是一个多民族的大家庭,各个民族都很团结友爱。博览园的活动内容丰富,层次性强,只要是幼儿感兴趣、可探究、可互动的内容,都可以充分与社区联动,取得各方面的支持。幼儿相继采访了园内的老师们、家里的爸爸妈妈,还有邻居阿姨,询问他们是否了解民俗文化,请他们说一说他们认为的民俗文化是什么,并及时将自己调查到的信息记录下来,在班级中进行交流与探讨。民俗文化可以是一种技艺,民俗文化也可以是一种风俗,民俗文化是不是也叫"非物质文化遗产"? 民俗文化好像看不见也摸不着。我们联络了社区的网格员,希望能与社区合作,请幼儿与工作人员一起发放"弘扬传统文化,过好中国节"的倡议书,并且能够向大家传播真正的民俗文化,我们一定要保护好我们中国千百年来留下的文化瑰宝。通过活动,幼儿更加懂得要珍惜民俗文化,传播民俗文化,爱国之情油然而生。

(二)安全性活动

为了能更好地让孩子认识和体验消防安全,提高孩子的消防安全意识,我们分别组织每个班的孩子到社区消防体验中心进行了一次有趣而具有教育意义的体验活动。孩子们通过消防体验中心播放的录像知道了火灾发生的原因,参观了消防英雄墙,学习了消防安全知识,听消防员介绍消防器械,仿真场景体验操作灭火、模拟逃生等。孩子们获得了丰富的知识和经验,提高了安全意识,这样的活动远比我们单纯的说教更具体、更有真实感。在消防局的场景演练中,幼儿进行模拟逃生游戏,初步感知生活中的危险,各年级各班平面图都是孩子自己画的,孩子十分了解安全疏散通道,了解安全自救逃生的常识。

(三) 公益性活动

社会活动的其中一个目标是幼儿社会情感的发展。如今我们的孩子都生活在条件优越的家庭环境中,生活条件的优越对孩子们的行为和情绪有一定影响。例如幼儿以自我为中心,缺少尊重、感恩、关爱之情,认为家人养育自己是理所当然的,不懂得体谅家人劳动的辛苦等。为了培养孩子们对身边人的感恩之情,懂得关心和有爱心,我们深入社区开展走访和慰问活动。当我们和家长领着孩子们,带着我们的慰问物资来到独居老人的家中时,孩子们深有感触。因为眼前老人的家庭生活环境与孩子们自己的家形成了鲜明的对比,很多孩子紧紧拉着爸爸妈妈的手,觉得自己的生活太幸福了。从真实的社会探访活动中,孩子们的心灵深深地受到了触动,也懂得了关心、爱护身边的人,并萌发了爱心,知道帮助别人是一件快乐的事情。

在儿童福利院里的活动,孩子们又有了不同的感受。福利院里的孩子没有爸爸、妈妈的关心和爱护,部分孩子因先天性缺陷而被遗弃。孩子和家长们走进福利院,与福利院的孩子一起手拉手玩游戏,表演节目,他们还一起为福利院的孩子准备了礼物。通过慰问活动的各环节,我们的孩子们学会了关心别人,懂得与别人分享,懂得要珍惜自己的家人。社区就是教育的大舞台,给孩子们提供了教育的大环境,这些公益性活动,培养了孩子们尊重、友好、关心、爱心等社会情感。

(四) 自然性活动

每个社区内外或者附近一定会有资源和场所可以利用,供孩子实地观察、真切地去感受自然风情和自然场域带给他们的一切可能的惊喜。这样的资源和场所可能是附近的农庄、动植物保护和实验基地,甚至是一些有关动植物的展览馆,如动物园、植物园,其中的动植物种类丰富,很值得孩子去参观和学习。我们带领孩子走进"生态农场",观察生态园里的一草一木以及建筑物的特色,让幼儿直接与自然环境产生互动,在游园的过程中让孩子们发现景物的特点,让孩子与家长一起用写生的方式记录自己所观察和喜欢的园中一角。写生结束后,我们还让孩子参与了有趣的亲子捉鱼活动。孩子们在捉鱼活动中,与同伴、家长一起互动、合作,亲身感受捉鱼的乐趣。此外,我们还组织幼儿与家长开展亲子野炊活动。家长与孩子们分工合作,利用园中有限的条件和食材,动起手来洗菜、烧火、烹鱼等,不一会儿场内炊烟袅袅,热闹的场面让孩子与家长乐此不疲,孩子们充分感受到在大自然中进行野炊的乐趣。

(五)体验性活动

我们抓住社区各种职业场所,让幼儿进行职业活动体验。如,在图书馆图书管理员的帮助下,幼儿了解图书馆各部门的主要功能,还发现了现代图书馆的视听功能,可在多功能报告厅观看影片,也可以戴上耳机听书;初步了解借书、还书的基本流程;了解图书馆的基本社会规则,体验阅读氛围,提升了阅读兴趣。我们都希望孩子在博览园活动中得到快乐,快乐源自孩子对环境的把握、对活动的自主、对成功的追求,快乐是孩子精神上的满足。可以说,博览园活动自主情境的体验是孩子快乐的源泉,也是孩子成长的乐土。为孩子创设自主情境,是帮助孩子幸福成长的富有价值的行为。通过一个个鲜活的创造,孩子收获了"成长",教师收获了"改变",家园社区收获了"和谐"。

(六)参观性活动

社区博览活动的一大主题就是参观性活动,如参观气象站综合实践活动:围绕"科技生活"主题,为了帮助孩子更好地了解气象知识,培养幼儿探究科学的兴趣,幼儿园联合社区气象站,进行了一次有趣的参观活动。通过参观活动,幼儿了解了家乡的气候类型及气象资源,懂得了一些实用的观测气象技能,提高了对科学的兴趣。气象站的工作人员向幼儿详细地介绍了气象学常识、气象观测仪器与设备,以及如何采集数据、分析气象状况。通过生动的讲解,幼儿认识了轻型百叶箱、雨量器、蒸发器、风向标、地下温度表等气象观测的仪器,知道了在室外观测温度、风向的操作方法。幼儿园还在园内设置了小型气象设备,这些园内园外博览园活动的融合,丰富了幼儿的气象知识,提升了幼儿开展科学探究活动的热情。

四、社区博览园,内外融合的经典案例

幼儿处在复杂的生态系统中,除去幼儿园这个与其生活直接相关的微观系统,中间系统甚至宏观系统也对幼儿的发展产生重要的影响。社区是最接近幼儿的中间系统,成了幼儿拓展园外社会实践活动空间的主体,也是幼儿学习与发展的社区博览园。社会实践活动不仅拓宽了孩子们的社会视野,提高了实践能力,更提高了社会交往能力,也充分体现了自然、社会中所蕴含的教育价值是多元的、广博的、综合的。幼儿园有效开展社会实践活动,主要有"走出去"和"引进来"两种途径。"走出去"即带领幼儿外出参观或进行实践活动。

[案例]社区博览园活动——我们的气象站

"我们的气象站"是幼儿走进社区,利用社区资源开展生态博览课程的活动。在这个活动中,教师充分赋权,幼儿提出问题、思考解决问题的方法,根据资源图,绘制行动路线,提出解决问题的方案,设计解决问题的行动路径。教师支持幼儿的思考和行动,并给予幼儿相应的支持,提供外出的物资和安全保障,鼓励幼儿表达、交流、分享,记录幼儿学习的历程,并带领幼儿反思自己的行为,以及用自己的行动影响身边的人,呼吁身边的人参与到生态文明建设和可持续发展中来。

活动缘起:

幼儿提出的问题:

1. 沙尘暴是什么?
2. 怎么知道会有沙尘暴呢?
3. 沙尘暴来了会怎样?
4. 天气预报怎么知道会有沙尘暴?
5. 天气预报怎么来的?
6. 为什么天气预报会知道明天是什么天气?

了解幼儿已有的经验:

围绕问题墙上的问题,幼儿和家长开始调查和了解,利用各种方式调查出了气象站的多种用途,并利用图画表征的方式画了下来,到班级和同学们进行信息分享。

经过讨论、调查、探索和谈话后,我们发现孩子们对气象站已经有了初步的认识,并对气象站上各种仪器的作用非常感兴趣,我们把收集到的信息制作成一块信息板,供孩子自由翻看。

寻找解决问题的办法:

1. 查找资源图。
2. 发现附近社区有气象站。
3. 决定去气象站。

寻访活动:走进气象站

首先来到露天观测场,工作人员耐心细致地介绍了风向标、百叶箱、风向筒、地面温度计、传感器、避雷针等。幼儿对这些仪器充满了好奇,一个个神情专注,在看和听的过程中,通过直观感受了解到百叶箱能测出空气中的温度,量雨器能知道降雨量等粗浅的知识。然后来到气象分析室,听关于如何获得天气预报数据的介绍。通过现场寻访,幼儿还了解了云、雨、雾等各种自然现象的出现原因及雷电、冰雹、霾等各类自然灾害的形成,以及在灾害来临时如何自救的方法。通过参观气象站,幼儿了解到更多关于气象站的秘密,围绕气象站我们又开展了一系列丰富多彩的活动,如集体活动、小组活动、区域活动还有家长助教活动,拓展了幼儿学习的广度和深度!

活动拓展:建小小气象站

幼儿想在幼儿园建一个小小气象站。

教师支持幼儿的设想,并帮助幼儿规划。

师幼共同绘制气象站规划图。

家长提供的支持主要是技术指导、设备购买和安装指导。

游戏是幼儿自主探究的重要活动,根据幼儿的持续探究需求,我们对班级区域环境进行了调整,投放了一些支持幼儿探索气象站和发现天气变化的材料。比如,在阅读区增加了关于气象的书籍,在科学区提供了"简易气象站"等,鼓励幼儿动手操作、仔细观察、自主探究。

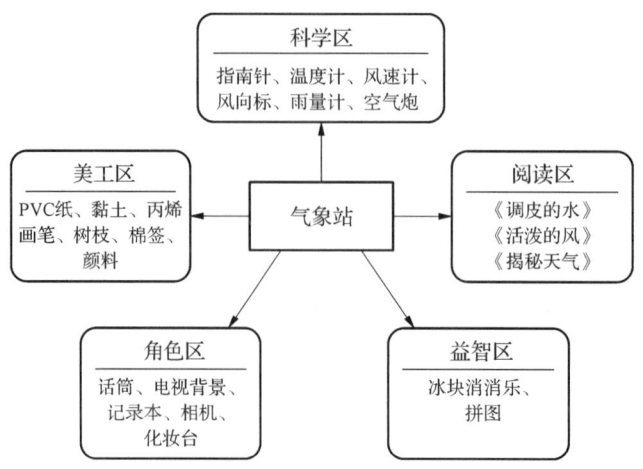

活动延伸：防止沙尘暴——我们的行动

经过一段时间的学习和探究，幼儿对气象站和天气预报有了浓厚的兴趣，每天都要去气象站观察，每天都认真地参与天气预报的研究、记录和播报，但似乎忘记了原来的探究内容——沙尘暴。虽然天气预报中预报了有些地区会出现沙尘暴，但我们所处的地区沙尘暴感受不那么强烈，只是风比较大，有些灰尘被风刮起，我们思考：还要继续探究下去吗？

活动一：集体活动"战胜沙尘暴"

我们园是一所生态幼儿园，对于生态知识的获得、生态意识的培养以及生态习惯的养成是我园课程的要求，当然在课程中培养幼儿有始有终的习惯也是教育的重要组成部分。经过深入的思考和分析，我们觉得有必要将园内和园外的行动、研究与学习结合起来，将幼儿的兴趣需要和根本要求结合起来，生成了集体活动"战胜沙尘暴"。

活动通过视频的方式，把幼儿带进沙尘暴的情境中，让幼儿感受到沙尘暴的危害。然后通过参与式和合作式学习的方式，引导幼儿分析思考：怎样才能阻止沙尘暴的发生？幼儿园通过实验的方式，帮助幼儿了解人与自然的关系，如大树能够阻挡沙尘暴；通过看塞罕坝的故事，三代人天天植树，通过不断的努力，原来的荒漠变成绿洲，原来北京年年有沙尘暴，现在几乎没有了。我们今天受沙尘暴的影响小，也是因为有了天然的屏障，要不然会和视频中看到的一样，人民的生活将受到严重的影响。通过看、听、做、说等活动过程,幼儿感受到要节约水、对动物友好、爱护自然、节约纸张。

活动二:社区活动"我们是防沙小卫士"

生态博览课程不仅要让幼儿获得生态知识、生态情感和生态意识,同时要能推动社会、经济、文化的可持续发展。沙尘暴天气是自然灾害,属于严重的环境污染,它的产生与人们不重视尊重自然、顺应自然、保护自然,乱砍滥伐有关,人们的不当行为造成了严重后果。而这样的环境污染,不仅影响了人类的生活和发展,也影响了动植物的生存,为此,我们要开展多种形式的宣传活动,帮助周围的人树立环境保护意识,防止沙尘暴。

经过师幼讨论商量,以及前期走进社区积累的经验,幼儿制订了以下走进社区计划:

1. 表演情景剧《沙尘暴来了》。
2. 发放宣传卡片《爱护我们的家园》。
3. 检查社区环境情况并整理。
4. 寻找可以植树的地方。
5. 为周围社区的花草浇水。
6. 设计、制作大树的身份牌。

一周后,准备工作完成,虽然从沙尘暴到天气预报,从参观气象站到建小小气象站,从集体活动到自主活动,从园内到园外,但幼儿乐此不疲,一直保持着浓厚的探究兴趣。

在教师、保安以及社区工作人员的支持下,社区活动拉开帷幕。幼儿自导自演的情景剧,让大人们看了后深受启发,自己设计绘画的宣传卡片也受到了社区人们的欢迎。幼儿还发现了几处植物枯死的现象,在教师的帮助下寻求绿化部门的支持,为附近的花草浇了水,现场分工为大树制作身份牌。整个活动基本都是幼儿自主设计和全程参与的,他们既是设计者和制作者,又是组织者和参与者,同时还是环保活动的宣传者和维护者。

活动总结:分析成长,共享成果

来自幼儿的自我总结:我们知道的

1. 不能乱砍树木——树木是防止沙尘暴的天然屏障,是人类的好朋友。
2. 不能浪费纸张——纸是由树木做的,少用纸张就会少砍树木。
3. 不能乱扔垃圾——垃圾会损坏环境的清洁,会伤害小动物。

4. 要经常给大树浇水——水是大树的粮食,没有水喝树会死的。

5. 多种树——可以防止水土流失,可以防止沙尘暴。

6. 敢于向别人介绍我想说的。

7. 我们一起合作完成了小小气象站,非常开心。

8. 我们知道了沙尘暴是怎么来的,怎么对付它。

……………

来自教师的教育反思:师幼共同成长

课程进行到了这个阶段,孩子们对气象站仍然十分感兴趣。整个活动中,幼儿学会了关注身边的变化,从发现气象站到记录天气、温度,幼儿能用自己的方式调查、多种形式记录表征,寻找问题的答案,提高了自身的探究水平。在持续探究中,幼儿发现了气象、温度与生活的关系,并在探究中学会与同伴交流、合作,同伴合作能力与语言表达能力得到了进一步的提升。随着探究的不断深入,他们在领域的经验也不断丰富。

通过这个活动,我们也进一步认识到:

1. 课程要基于幼儿的兴趣,基于幼儿的生活。

2. 课程要支持幼儿的探究,支持幼儿的学习。

3. 课程要开发身边的资源,利用身边的资源。

4. 课程要丰富多样的形式,开展变革性活动。

5. 课程要激发幼儿主动参与,共同建构游戏场。

6. 课程要丰富儿童的经验,促进可持续发展。

虞永平教授说:课程资源的根本价值在于有效利用、促进发展。一方面,要引导和激发幼儿自主活动、自由游戏;另一方面,要加强对幼儿的指导,以有针对性的方式积极回应幼儿的各类需求,引导幼儿不断投入活动,进行深度学习,不断获得新经验。

社区是一个精彩的大课堂,我们应积极挖掘社区资源,让孩子增广见识,培养孩子爱自然、善观察、乐交往、会合作的社会情感。以上每一个博览园活动的开展都离不开我们家长的支持与配合,家长的参与为我们的博览园活动提供方便。家园合作、社区合作,共同发挥优势为我们的教育服务,效果相得益彰。在实践的过程中,我们深深地感受到社区活动的开展,同样能广泛而有效地宣传幼教工作,使社会进一步了解我们的生态博览课程,使幼教园地更加生机盎然!

参考文献

一、学术专著

1. [英]怀特海.教育的目的[M].庄莲平,王立中,译.上海:上海文汇出版社,2012.
2. 简楚瑛.幼儿教育课程模式[M].南京:南京师范大学出版社,2018.
3. 施良方.课程理论:课程的基础、原理与问题[M].北京:教育科学出版社,2020.
4. [澳]朱莉·M.戴维斯.幼儿与环境:致力于可持续发展的早期教育[M].孙璐,张霞,王巧玲,等译.南京:南京师范大学出版社,2018.
5. 虞永平.学前课程与幸福童年[M].北京:教育科学出版社,2012.
6. [美]贝丝·马歇尔,香农·洛克哈特,莫亚·费森.高瞻课程的理论与实践 高瞻课程起步:30天课程计划[M].北京:教育科学出版社,2018.
7. 吴鼎福,诸文蔚.教育生态学[M].江苏教育出版社,1998.
8. [美]布朗芬·布伦纳.人类发展生态学[M].曾淑贤,刘凯,陈淑芳,译.台北:心理出版社,2010.
9. [加]怀特.生态城市的规划与建设[M].沈清基,吴斐琼,译.上海:同济大学出版社,2009.
10. [英]伊迪丝·彭罗斯.企业成长理论[M].赵晓,译.上海:上海三联书店,上海人民出版社,2007.
11. [美]帕特丽夏·F.荷尔瑞恩,弗娜·希尔德布兰德.幼儿园管理[M].严冷,赵东辉,高维华,等译.上海:华东师范大学出版社,2017.
12. 沐文扬.和谐课程[M].扬州:广陵书社,2009.
13. [意]玛利亚·蒙台梭利.童年的秘密[M].马荣根,译.北京:人民教育出版社,2012.
14. 秦元东,王春燕.幼儿园区域活动新论:一种生态学的视角[M].北京师范大学出版社,2014.
15. 汪丽.田野课程:架构与实施[M].南京:南京师范大学出版社,2008.
16. 叶岚.幼儿园经历学习课程[M].南京:南京师范大学出版社,2017.
17. 崔利玲.单元课程的实践建构[M].南京:江苏凤凰教育出版社,2015.
18. 宋宜,霍力岩.儿童主题博物馆:不一样的探究和艺术表征[M].北京:北京师范大学出版社,2016.
19. 朱激文.幼儿园田园课程的理论与实践[M].北京:北京师范大学出版社,2015.
20. 刘占兰,杨丽欣.聚焦幼儿教师专业发展:从骨干到名师[M].北京:北京师范大学

21. 杨志成.新中国基础教育政策价值取向演变:政策生态学视角[M].北京:教育科学出版社,2015.

22. 教育部基础教育司.《幼儿园教育指导纲要(试行)》解读[M].南京:江苏教育出版社,2002.

23. 成尚荣.儿童立场[M].上海:华东师范大学出版社,2018.

24. 王雁.一个农村家庭式幼儿园园长办园经历的叙事研究:人类发展生态学视角[M].上海:华东师范大学出版社,2014.

25. 鞠美庭,王勇,孟伟庆,等.生态城市建设的理论与实践[M].北京:化学工业出版社,2008.

26. 杨江峰.校本教研与教师专业成长[M].福州:福建人民出版社,2014.

27. [美]斯蒂芬·罗宾斯,玛丽·库尔特.管理学[M].刘刚,程熙镕,梁晗,等译.北京:中国人民大学出版社,2018.

28. 胡庆芳,陈向青,徐谊,等.校本教研制度创新[M].北京:教育科学出版社,2007.

29. 祝晓燕.幼儿园园本教研制度新思维[M].北京:世界图书出版公司,2011.

30. [美]约翰·杜威.学校与社会——明日之学校[M].赵祥麟,任钟印,吴志宏,译.北京:人民教育出版社,1992.

31. [美]约翰·杜威.民主主义与教育[M].王承绪,译.北京:人民教育出版社,2001.

32. [美]拉尔夫·泰勒.课程与教学的基本原理[M].施良方,译.北京:人民教育出版社,1992.

33. 张雪门.张雪门幼儿教育文集[M].北京:北京少年儿童出版社,1994.

34. 丛立新.课程论问题[M].北京:教育科学出版社,2000.

35. 陈秀云,陈一飞.陈鹤琴全集(第二卷)[M].南京:江苏教育出版社,2008.

36. 朱家雄.幼儿园课程[M].上海:华东师范大学出版社,2003.

37. [美]米丽娅姆·别洛戈洛夫斯基,莉萨·戴利.让早期学习理论看得见[M].赵红霞,译.南京:南京师范大学出版社,2018.

二、期刊

1. 屠美如.关于生态式融合课程[J].学前教育研究,2003(5).

2. 沐文扬.建构生态式教学评价,促进师幼可持续发展[J].学前教育研究,2008(2).

3. 金梅新.游戏化教育背景下幼儿园环保教育资源的有效构建[J].新课程研究,2017(33).

4. 徐玉琴.浅析课程游戏化背景下幼儿园环境创设的策略[J].好家长,2017(11).

5. 虞永平.试论幼儿园课程文化建设[J].教育导刊,2008(1).

6. 金春兰.校本教研文化研究[J].教育研究,2007(4).

7. 刘敏.当前园本教研中存在的问题分析及对策[J].学前教育研究,2010(2).

8. 汪丽.人类发展生态学视野下的幼儿园课程管理[J].早期教育(教师版),2009(4).

9. 秦元东.为儿童创设良好的环境——论陈鹤琴关于幼稚园环境创设的思想[J].学

前教育研究,2002(6).

10. 成尚荣.学校教育科研的应有追求[N].中国教师报,2014-5-14.
11. 沐文扬.人类发展生态学视野下的园本课程建设[J].教育导刊,2016(4).
12. 祝晓燕.园本教研"轮值制"的实践与探索[J].学前教育研究,2013(12).
13. 成尚荣.研究从问题出发[N].中国教师报,2014-12-03.
14. 孙元涛.学校教研文化重建论略[J].教育科学论坛,2007(10).
15. 沐文扬.试论园本教研中的"本"[J].人大复印资料(幼儿教育导读),2015(10).
16. 虞永平.幼儿园课程与幼儿生活[J].早期教育,2000(1).
17. 郑三元.论幼儿园课程的本质[J].学前教育研究,2005(3).
18. 虞永平.生活、生命与幼儿园课程[J].教育导刊,2010(5).
19. 虞永平.生活化是幼儿课程的根本特性[J].学前课程研究,2008(10).
20. 王春燕.试论幼儿园课程的生活化[J].幼儿教育,2002(3).
21. 虞永平.回到过程之中——幼儿园课程建设的路向[J].学前课程研究,2007(2).
22. 张斌,虞永平.基本立场的回归与内在本质的高扬——改革开放40年我国学前教育观念的流变[J].学前教育研究,2019(1).
23. 刘晓东.学前教育的"大纲"应当符合儿童的"大纲":从维果茨基到"方案教学"[J].学前教育研究,2001(6).

后 记

《幼儿园生态博览课程》是扬州市机关第三幼儿园自主研发的园本课程，从开展幼儿园生态环境教育的实践与研究到开展生态文明建设要求下的课程建构，二十多年深耕生态教育、研究和实践生态课程，今天终于开花结果了。

如同生态课程研究一样，本书在编写的过程中，也经历了起步、酝酿、建构和完善阶段。最初编写这本书，来自我的导师国家督学成尚荣先生的鼓励，在我园申报的江苏省十二五规划课题"生态幼儿园建设的理论与实践研究""儿童博览园的实践与研究"的结题评审中，成所对我们开展二十多年的生态教育和课程研究给予了充分肯定，并鼓励我们把二十多年的研究和实践进行高度提炼和概括，形成独具特色的园本课程，申报各级的基础教育教学成果奖。在他的鼓励下，我们尝试着收集整理、归纳提炼生态博览课程的相关内容。

在幼儿园课程研究和本书编写的过程中，我们得到了南京师范大学博士生导师虞永平教授的帮助和指导。虞教授十分关心我园的课程建设，十分赞同我们开展生态教育，建构生态文明要求和可持续发展理念下的园本课程，不仅在课程理念方面引领我们，让我们对课程的建构有清晰的思路，还在我们研究的过程中，帮助我们分析，指导我们总结，将二十多年的实践研究和课程思考联系起来，形成带有本园特色的园本课程。从书的立意和框架结构，到目录和内容，虞教授不厌其烦地一次又一次指导和修改，用先进的理念、科学的方法、专业的指导，推动这本书的出版。伴随着这本书的出版，我们的课程理念不断更新，课程智慧不断生成，课程质量不断提升，真正实现了"和谐生长"的课程目标。

这本书凝聚了扬州市机关第三幼儿园全体教师的辛勤汗水和实践智慧。园长和副园长全部参与了本书的编写，总园长沐文扬策划了本书，其他各章的负责情况如下：沐文扬，撰写第一章课程概况与背景、第二章课程理念与文化、第三章课程目标和结构、第七章课程评价;冯德菲(书记兼总园执行园长),撰写第四章课程保障;冯德菲、许琳琳(总园执行副园长),撰写第五章课程资源;许琳琳撰写第六章课程实施的第一节、第二节,殷萍撰写课程实施的第三节,高俊、王霞敏撰写课程实施的第四节;陈建华、夏妮妮负责第八章幼儿园与家庭、社区协同育人。书中的案例由许琳琳、殷萍、成雪琼、赵雯、张璇、张建民、孙宇婕、任莹、管吕伦乐、尤厚清、王霞敏、高俊、王金梅、胡燕、夏妮妮、姜梦周、管静老师提供。

  本书的编写历程充满了酸甜苦辣。从着手准备到编写完成,我们经历了讨论思考、收集整理、分工协作、初次书写、多次修改,一遍又一遍讨论、修改,再讨论再修改,从最初的害怕,不知如何着手,初步书写后的忐忑不安,到得到肯定的动力增强,再到完稿后的欣慰和欣喜。梅花香自苦寒来,宝剑锋从磨砺出,汗水换来的是收获,勤奋换来的是智慧,努力换来的是成果,我们精心孕育的花儿终于绽放了,由此,我们实践和研究课程的信心更足了,在未来的课程研究征程上,还会阔步向前。

  感谢所有的专家和导师,是你们百忙之中抽出宝贵时间不厌其烦地指导帮助;感谢所有的编写人员,是你们克服重重困难,坚持利用业余时间编写本书;感谢所有参与实践和研究的教师,是你们用行动帮助我们编写本书,用行动研究支撑了本书出版;要感谢的人还有很多很多……

  虽然研究、实践生态课程已经二十多年,但我们不会因为本书的出版而结束。实践会继续,研究会继续,课程仍然会继续,把生态文明建设的要求和可持续发展理念贯彻到课程中,永远是我们的任务,建设高质量的课程永远是我们的追求。

  由于主要书写者皆为幼儿园一线管理者,事务繁杂、工作忙碌,又受到疫情的影响,任务加重,静下心来思考写作的时间不多,加之水平有限,书中难免有不妥之处,敬请专家、同行批评指正!

沐文扬

2022 年 10 月 20 日